마스터링 블록체인

마스터링 블록체인

블록체인 기술과 암호화폐 생태계 이해

반장현 · 유동민 옮김　론 랜츠 · 다니엘 코위리 지음

에이콘

에이콘출판의 기틀을 마련하신 故 정완재 선생님 (1935-2004)

추천의 글

블록체인은 엄청난 기술적 잠재력을 보는 사람에게는 다소 위압적이고 이해하기 어려운 주제다. 이 책은 블록체인 마스터를 배우고 바로 실행할 수 있도록 기초를 견고하게 설명한다. 론과 다니엘의 수년 간의 경험과 관련 커뮤니티의 활발한 관계에서 비롯된 이해가 녹아 있다.

– 제프 플로워 Jeff Flowers, 탈중앙화 재단 CSM VP(d24n.org)

초보자나 암호학자가 쉽게 소화할 수 있는 내용을 담은 훌륭한 책이다. 블록체인의 핵심 개념, 암호화폐 시장 인프라, 규정 등 다양한 주제를 다룬다. 적극 추천한다.

– 게빈 로우 Gavin Low, 투자자

블록체인의 역사, 기술적 기초, 주제를 이해하기 쉽게 제시한다. 기술 분야 및 비기술 분야 진출자라면 빠르게 움직이는 블록체인 분야의 다양한 주제를 이해할 수 있는 귀중한 자료라는 것을 알게 될 것이다.

– 알론 카스웰 Aaron Caswell, 블록체인 엔지니어 전문가

론, 다니엘과 함께 비트코인, 이더리움, 알트코인, 다른 블록체인과 포크 안에 무엇이 있는지 알아본다.

– 카렌 킬로이 Karen Kilroy, 킬로이 블록체인

기본부터 엔터프라이즈 환경까지, 블록체인을 실제 구현하는 것부터 사용하는 단계까지 나아간다.

– **조지 레메스**Jorge Lesmes, NTT 데이터 자회사 에버리스, 블록체인 글로벌 헤드

우주와 같은 블록체인의 광범위한 주제를 명확하게 다룬다. 블록체인 기술이 세상에 미치는 놀라운 영향에 관한 포괄적인 시각을 얻으려는 사람에게 훌륭한 출발점이 될 것이다.

– **제레미 알레어**Jeremy Allaire, USD 스테이블코인 컨소시엄 센터, 서클 인터넷 금융 공동 창립자이자 CEO

기존의 블록체인 책들보다 훨씬 종합적인 내용을 담고 있어, 이 책은 블록체인을 가르칠 때 유용한 보조 교재로 쓰일 것이다.

– **지미 렌즈**Dr. Jimmie Lenz, 듀크대학교 공과대학

과대 광고, 허황된 꿈, 실현 불가능한 아이디어 같아 보였던 블록체인 기술에 본질적으로 접근한 합리적이고 균형잡힌 책이 나왔다. 애플리케이션에서 블록체인을 어디에, 어떻게 사용해야 하는지 파악하기 위한 IT 전문가에게 필요한 책이다.

– **존 월퍼트**John Wolpert, IBM 블록체인 글로벌 제품 경영진, 컨센시스 공동 창립자

방대한 양의 도메인별 지식을 쉽게 이해할 수 있도록 자료를 편집해 제공하고 있다. 블록체인 분야를 빠르고 세밀하게 정확한 기술 개요를 얻을 수 있도록 이 책을 비트액세스에서 신입사원의 참고 자료로 제공할 예정이다.

– **모에 아드함**Moe Adham, 비트코인 ATM 공급사 비트액세스 대표

옮긴이 소개

반장현(bjh0921@gmail.com)

현재 NFT 마켓플레이스인 모던라이언에서 블록체인 개발자로 활동하고 있다. 퍼미션리스 블록체인 말고도 퍼미션드 블록체인 중 하나인 하이퍼레저 관련 강의도 진행하는 등 블록체인 자체 기술에 관심이 있다. 인공지능 연구원을 시작으로 백엔드 및 데브옵스 영역까지 확장하며 새로운 기술들을 폭넓게 씹고 뜯고 맛보고 즐기는 꿈 많은 개발자다.

유동민(nyk0916@gmail.com)

현재 NFT 마켓플레이스인 모던라이언의 온보딩 부서장Division Head이며, 2017년부터 빗썸 결제사업본부 기획팀장을 비롯해, 캐리프로토콜, 부산 블록체인 특구 사업에 참여하는 등 다양한 블록체인 관련 프로젝트의 플랫폼 기획 및 서비스를 운영했다.

옮긴이의 말

이 책은 다양한 책을 탐색해 블록체인 기술을 더 깊이 이해하려는 사람에게 귀중한 자료입니다. 블록체인 세계의 알 수 없는 어려운 어휘를 두고 초보자와 숙련자 모두가 이해할 수 있도록 블록체인 세계와 현실을 이어주는 종합적인 책입니다.

블록체인 기술의 기초부터 고급 개념 및 응용 프로그램에 이르기까지 광범위한 주제를 다룹니다. 가장 영향력 있고 통찰력 있는 블록체인 관련 프로젝트에 대한 포괄적인 개요를 제공해 독자는 주제의 친숙도에 관계없이 풍부한 지식에 접근할 수 있습니다.

주목할 만한 강점은 명확성과 접근성입니다. 복잡한 기술 용어와 개념을 이해하기 쉬운 언어로 능숙하게 설명해 블록체인의 복잡성을 더 쉽게 이해할 수 있습니다. 블록체인에 대한 기술적 깊이와 가독성 사이의 균형을 유지해 블록체인 업계에 익숙하지 않은 사람들도 쉽게 따라하고 이해할 수 있도록 구성돼 있습니다.

간결한 개념 설명과 함께 주요 핵심 영역, 프로젝트만의 고유성 및 블록체인 생태계와의 관련성을 강조합니다. 이를 통해 독자는 특정 관심사 및 학습 목표에 맞는 프로젝트를 선택할 수 있으므로 방대한 블록체인 문헌을 탐색하는 데 드는 시간과 노력을 절약할 수 있습니다.

저자의 통찰력이 녹아있는 논평과 분석을 통해 귀중한 맥락과 관점을 볼 수 있습니다. 설명한 개념의 실제 사례 및 실무에서의 적용을 제공해 학습 경험이 향상시킵니다. 또한 빠르게 진화하는 블록체인 환경에 대한 지속적인 학습과 최신 정보 유지의 중요성을 강조합니다. 최신 간행물에 대한 참조를 언급해 최신 동향을 알 수 있습니다.

개발자, 기업가, 연구원 또는 단순히 투자자이든 이 책은 광범위한 블록체인 세계를 탐색하는 데 없어서는 안 될 안내자 역할을 합니다. 혁신적인 기술과 산업 전반에 걸친 무수한 응용 프로그램을 더 깊이 탐구하는 데 필요한 도구와 지식을 제공할 것을 의심하지 않습니다.

블록체인 기술과 변형 잠재력에 대한 이해를 더하려는 이에게 훌륭한 안내자로서, 블록체인 세계를 통해 새로운 세상에 대한 여정을 시작하려는 모든 사람에게 이 책을 적극 권합니다.

지은이 소개

론 랜츠 Lorne Lantz

블록체인을 조사하는 도구인 브레드크럼스를 설립했다. 『Mastering Bitcoin』(O'Reilly, 2017)의 기술 편집자로 활동했으며 블록체인의 교육 영상을 제작했다. 실리콘밸리에서 아시아에 이르기까지 10년 가까이 블록체인 경험을 쌓은 후 비트코인 송금 서비스, 암호화폐 지갑, 비트코인 판매 시점 시스템, 암호화폐 거래 플랫폼 등 여러 스타트업을 창업했다. 매니토바대학교University of Manitoba에서 컴퓨터공학 학위를, 맥마스터대학교University of McMaster에서 MBA 학위를 취득했다.

다니엘 코위리 Daniel Cawrey

암호화폐 업계 최대 정보 자원인 코인데스크에서 블록체인 기술을 처음 접한 이후 2013년부터 종사했다. 10여 년 동안 암호화폐 헤지펀드를 운영하는 등 블록체인 기반 프로젝트를 수행했다. 센트럴미시건대학교Central Michigan University에서 정보과학 학위를 받았다.

감사의 글

J.R. 윌렛J.R. Willett, 프레스톤 바이른Preston Byrne, 조이 크루그Joey Krug, 톰 메너Tom Menner, 대니얼 페이팅거Daniel Feichtinger, 애디슨 카메론-허프Addison Cameron-Huff, 스콧 로빈슨Scott Robinson, 엘리엇 윌리엄스Elliott Williams, 닐 라이터Neal Reiter, 모에 아드함Moe Adham, 알렉스 워터스Alex Waters, 찰리 리Charlie Lee, 프란시스코 지오다노Francisco Giordano, 케이시 디트리오Casey Detrio, 벤 찬Ben Chan, 폴 브로디Paul Brody, 팀 스완슨Tim Swanson, 제이크 브루크만Jake Brukhman, 케빈 오워키Kevin Owocki, 비텍 라돔스키Witek Radomski, 마이클 윅스너Michael Weiksner, 타리크 루이스Taariq Lewis, 개러스 매클라우드Gareth MacLeod, 존 울퍼트John Wolpert, 제프 플라워스Jeff Flowers, 카렌 킬로이Karen Kilroy, 개빈 로우 제 뱅Gavin Low Zhe Bang, 애런 캐스웰Aaron Caswell, 조지 레스메스Jorge Lesmes, 콜린 골트라Colin Goltra, 르우벤 브라마나단Reuben Bramanathan, 디 고엔스Dee Goens, 카라 마일리Kara Miley에게 감사한다.

차례

3장 포크와 알트체인 95

들어가며

사실과 데이터를 활용해 블록체인의 모든 영역을 전달하는 것이 이 책의 목표다. 여러 데이터 소스를 사용해 연구했으며, 블록체인 업계에서 실제로 어떤 일이 일어나고 있는지 보다 총체적이고 정확한 시각을 제공하기 위해 해당 분야의 전문가 수십 명을 인터뷰했다.

표기법

다음과 같은 표기법을 사용했다.

이탤릭체

  새 용어, URL, 전자메일 주소, 파일 이름 및 파일 확장명을 나타낸다.

일정한 폭

  프로그램 목록뿐 아니라 변수 또는 함수명, 데이터베이스, 데이터 유형, 환경변수, 구문 및 키워드와 같은 프로그램 요소를 참조하기 위해 문단에서 사용된다.

일정한 너비 굵기

  프로그램 목록에서 중요한 요소를 강조 표시한다.

팁이나 제안을 나타낸다.

일반적인 메모를 나타낸다.

코드 예제 사용 및 주의사항

코드 예시와 예제 등 보충 자료는 다음 주소에서 다운로드할 수 있다.

https://github.com/Mastering-Blockchain-Book

예제 코드에 기술적인 질문이나 문제가 있을 때는 다음 주소로 메일을 보내면 된다.

bookquestions@oreilly.com

예제 코드가 책과 함께 제공됐다면 프로그램 및 설명서에서 사용할 수 있다. 코드를 사용할 때는 상당 부분을 복제하지 않는 선에 사용을 허가한다. 가령, 여러 개의 코드를 사용하는 프로그램을 작성할 때는 허가가 필요 없다. 단, 책의 예제를 판매하거나 배포하려면 허가를 받아야 한다. 책의 예제 코드를 인용해 질문에 대답하는 일에 인용을 허가한다. 상당량의 예제 코드를 제품 설명서에 포함시키려면 허가를 받아야 한다.

출처를 적을 때는 다음과 같이 제목, 저자, 출판사 및 ISBN을 기재한다.

"Mastering Blockchain by Lorne Lantz and Daniel Cawrey (O'Reilly). Copyright 2021 Lorne Lantz and Daniel Cawrey, 978-1-492-05470-2."

예제 코드를 사용할 때 위의 사항에 해당된다면 다음 주소로 문의하면 된다.

permissions@oreilly.com

문의

정오표, 예제 및 추가 정보는 https://oreil.ly/mastering-blockchain에서 확인할 수 있다.

한국어판의 정오표는 에이콘출판사의 도서정보 페이지 http://www.acornpub.co.kr/book/master-blockchain에서 확인할 수 있다.

책의 기술적인 내용에 관한 의견이나 문의는 bookquestions@Oreilly.com으로 보내주길 바란다. 한국어판에 관해 질문이 있다면 에이콘출판사 편집 팀(editor@acornpub.co.kr)이나 옮긴이의 이메일로 연락주길 바란다.

표지 설명

표지의 동물은 남부바위뛰기펭귄Eudypteschrysocome이다. 남아메리카, 호주, 뉴질랜드 해안의 남극의 섬과 주변 바다에서 발견되는 펭귄이다. 대다수는 파타고니아에서 떨어진 포클랜드 제도에서 번식한다.

평균 키가 약 50.8센티미터, 몸무게가 약 2.7킬로그램인 가장 작은 펭귄 중 하나다. 붉고 작은 눈 위에 있는 노란 줄무늬가 가장 두드러진 특징이며, 특이한 노란 볏 형태로 뻗어있다. 파랑과 검정의 방수 털은 작은 깃털로 이뤄져 있다. 갑각류, 오징어, 작은 물고기를 먹이로 삼으며, 때로는 9100미터 이상의 깊이까지 집단으로 다이빙을 하기도 한다.

보통 배 위에서 미끄러지거나 지느러미를 사용해 장애물을 탐색하는 다른 펭귄들과는 달리 바위를 뛰어넘거나 틈을 가로질러 뛰어오르는 펭귄의 모습에서 그 이름을 얻었다. 매년 큰 무리를 지어 번식하며, 가능하면 같은 집단으로 돌아오는데, 심지어 같은 둥지와 짝에게로 회귀한다.

ICUN은 남부바위뛰기펭귄의 보전 상태를 상업적 어획으로 인한 먹이 감소 때문에 위협받고 있는 것으로 보고 있다. 오라일리 표지에 실린 동물은 멸종 위기에 처해 있다. 모든 종은 지구에서 중요하다.

표지 글꼴은 길로이 세미볼드Gilroy Semibold와 가디언 샌즈Guardian Sans다. 본문 글꼴은 어도비 미니언 프로Adobe Minion Pro, 제목 글꼴은 어도비 미리어드 콘덴서Adobe Myriad Condensed, 코드 글꼴은 달튼 마그Dalton Maag의 우분투 모노Ubuntu Mono다.

1장
블록체인의 기원

'블록체인'이라는 용어는 처음에는 낯설고 심지어 이상하게 들리기도 한다. 블록체인은 문자 그대로 이해하면 '정보를 블록에 담아 체인으로 엮은 형태'라고 볼 수 있다. 의미와 함께 블록체인이 무엇을 위한 것인지, 블록체인이 필요한 이유를 알아본다.

해답을 찾으려면 웹의 탄생 시점으로 접근해야 한다. 인터넷은 많은 사람에게 정보를 유통해 저장한다. 블록체인도 인터넷과 비슷한 목표를 두고 정보를 유통하는 방식을 개선하기 위해 탄생했다.

전자시스템과 신뢰

블록체인, 암호화폐와 같은 시스템이 현실로 다가오기 전까지 인터넷은 안정적이고 분산된 방식으로 인터넷을 사용했다. 1960년대 초기에 인터넷은 단순하고 상대적으로 작은 네트워크였으며 주로 대학 연구원이나 미국 정부에서 정보를 디지털 방식으로 공유하는 도구로 사용됐다.

시간이 지나면서 초기 인터넷 사용자들은 시스템을 더 유용하게 만들었다. 가장 큰 영향을 미친 것은 통신 표준을 확립한 TCP/IP, 웹 브라우징을 가능하게 하는 HTTP, 전자 메일을 전달하는 SMTP 프로토콜의 개발이었다. 프로토콜은 특정 연구원이 아닌 일반 사람을 위한 용도로 만들었고, 컴퓨터 이후에 태블릿, 스마트폰 등 많은 장치에서 사용하게 됐다.

인터넷의 발전은 사람들의 삶을 완전히 바꿔놓았다. 믿을 수 없을 만큼 많은 정보와 서비스를 누구나 손 안에서 사용되는 세상이 됐다. 인터넷만 가능하다면 대부분 무료로 정보를 사용할 수 있다. 반면 온라인 제품이나 서비스 대부분 제3자인 개인 또는 법인이 중개자 역할을 수행해야 했다. 여기에는 두 가지 유형의 신뢰가 필요하다.

중개자 신뢰

합리적이고 공정한 결정을 내리기 위해 제3자인 개인 또는 법인의 신뢰에 의존한다.

신탁 발행

모든 가치의 안전과 보안을 보장하기 위해 제3자인 개인 또는 법인의 신뢰에 의존한다.

돈은 디지털화됐으며, 금융 거래는 중개자의 신뢰와 신탁 발행자의 신뢰에 의존해 주요 영역에서 사용됐다. 여러 이유로 법정화폐 또는 정부에서 발행한 실물 현금의 사용이 줄어들고 있다. 요즘 사람들은 체크카드나 신용카드와 같은 전자 금융 도구를 사용하기 때문이다. 스웨덴과 같은 일부 국가에서는 결제 시스템이 거의 대부분 전자식이며, 사람들은 스마트폰과 카드로 결제하고 있다. 소비자에게 지불하는 방식이 아날로그에서 디지털로 전환된 것은 비교적 최근의 추세지만, 결제를 지원하는 시스템은 디지털로 운영된 지 꽤 오래다. 여전히 현금을 쉽게 구할 수 있으나 많은 사람들이 느끼지 못한 사이에 '돈'은 종이화폐와 동전에서 숫자로 변했다.

아날로그에서 디지털로 가치가 이동할 때 관련된 여러 당사자 간에 신뢰 요소가 있어야 한다. 디지털로 가치를 저장하는 사람들이 브랜드를 신뢰할 수 있다는 생각에 전 세계에 거대 결제 회사들이 탄생했다. 하지만 '신뢰'가 항상 금융에서 신뢰할 수 있는 요소였던 것은 아니다. 2008년 금융위기는 사람들을 잠시 멈추게 했고, 금융기관을 바라보는 맹목적인 신뢰와 믿음은 생각했던 것과는 다르다고 생각하기 시작했다.

블록체인은 잃어버린 신뢰를 회복하기 위한 노력이다. 여러 기술 중에 암호화 기술로 제3자에 관한 신뢰를 자동화하고 강화한다.

블록체인을 사용하는 최초의 작동 시스템은 비트코인이었다. 그러나 비트코인이 있기 전에, 선행 연구자들은 비슷한 개념을 만들려고 시도했지만 실패했다. 인터넷 시스템만으로는 진정으로 분산된 신뢰 시스템을 구축할 수 없었기 때문이다.

분산화 vs 중앙집중화 vs 탈중앙화

인터넷은 분산 기술로 설계됐지만 중앙집중화 애플리케이션과 분산화 애플리케이션이 혼합된 형태다. 초기 인터넷 설계자들은 하나의 장애 지점이 있는 중앙집중화 구조를 구축하기보다는 좀 더 탄력적인 시스템을 지향했다. 분산화 인터넷에 관한 아이디어는 군대에서 영감을 받아 '시스템의 한 부분이 공격받더라도 적절하게 분배된다면 여전히 시스템은 작동될 수 있다'는 목표에서 나왔다.

자전거 바퀴(그림 1-1 참조)에서는 많은 바퀴살이 단일 허브(축)에 연결된다. 분산 방식을 사용해 바퀴살 일부가 파손돼도 바퀴는 계속 작동하는 설계 방식이다. 분산은 어떤 단일 장애 지점도 전체 시스템을 무너뜨릴 수 없다는 것을 의미한다.

그림 1-1. 분산된 디자인을 가진 자전거 바퀴

수십 년 전 설계된 초기 인터넷은 어떤 종류의 장애가 있더라도 네트워크를 보호하기 위해 배포된 시스템의 형태로서 오늘날까지 존재 자체로 검증됐다. 최근에는 구글, 페이스북, 애플, 아마존과 같은 중앙 집중화된 기업들이 인터넷을 크게 지배하고 있다. 블록체인 기술의 분산 특성은 개별 사용자에게 더 많은 통제권을 줌으로써 소수의 대기업에 의한 웹의 지배력을 완화하는 데 도움이 될 수 있게 하는 것이다. 관련 내용은 책의 뒤에서 다룬다.

컴퓨팅 분야에서 분산화 시스템Distributed System은 하나의 컴퓨터에서만 처리되지 않는 시스템을 말한다. 계산은 여러 컴퓨팅 자원에 걸쳐 공유된다. 분산화 시스템은 메시지를 사용해 서로 통신한다. 그림 1-2는 3개의 네트워크 설계를 보여준다. 분산 시스템은 단일 노드Node의 고장이 전체 네트워크의 고장을 뜻하지 않는다는 점에서 분산화의 특성이 있다. 다수의 컴퓨터에 책임을 분산시키고 처리 능력을 활용해 공동으로 작업을 수행하는 것이 목표다. 그러나 분산은 공통 목표와 메시징의 개념을 변화시킨다. 완전히 탈중앙화된 시스템에서는 특정 노드가 자신의 목표를 달성하기 위해 반드시 모든 다른 노드와 협력할 필요는 없으며, 결정은 합의를 통해 이뤄지며 단일한 개체에 책임을 맡기지 않는다.

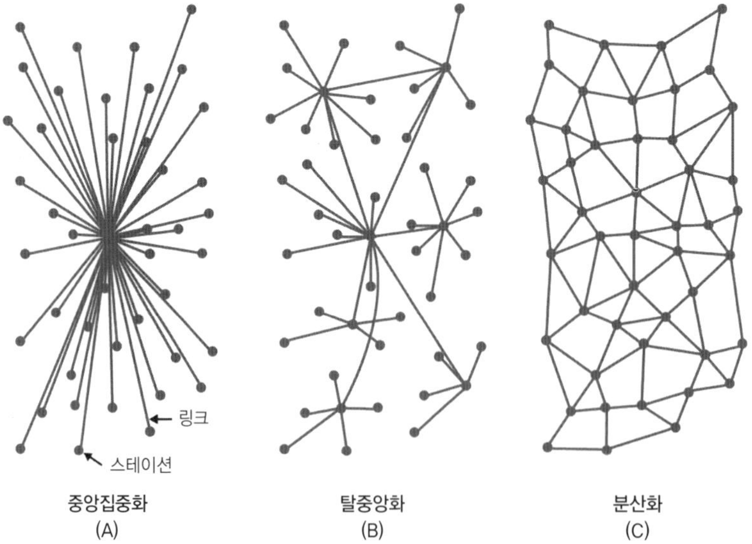

그림 1-2. 중앙집중화, 탈중앙화 및 분산화 네트워크 설계

그림 1-3부터 그림 1-5까지는 정보를 저장하는 데이터베이스의 형태로 중앙집중화, 탈중앙화 및 분산화 시스템 간의 차이를 보여준다.

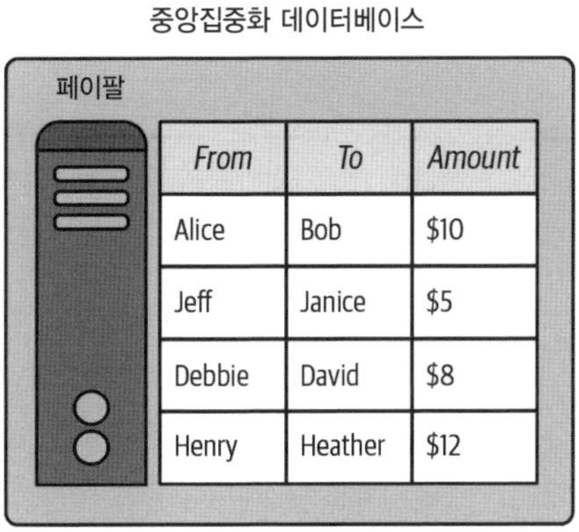
중앙집중화 데이터베이스
페이팔
From
To
Amount
Alice
Bob
$10
Jeff
Janice
$5
Debbie
David
$8
Henry
Heather
$12

그림 1-3. 페이팔과 같은 중앙집중화 데이터베이스에서 모든 노드는 하나의 개체에 의해 제어되는 단일 중앙 노드에 연결된다.

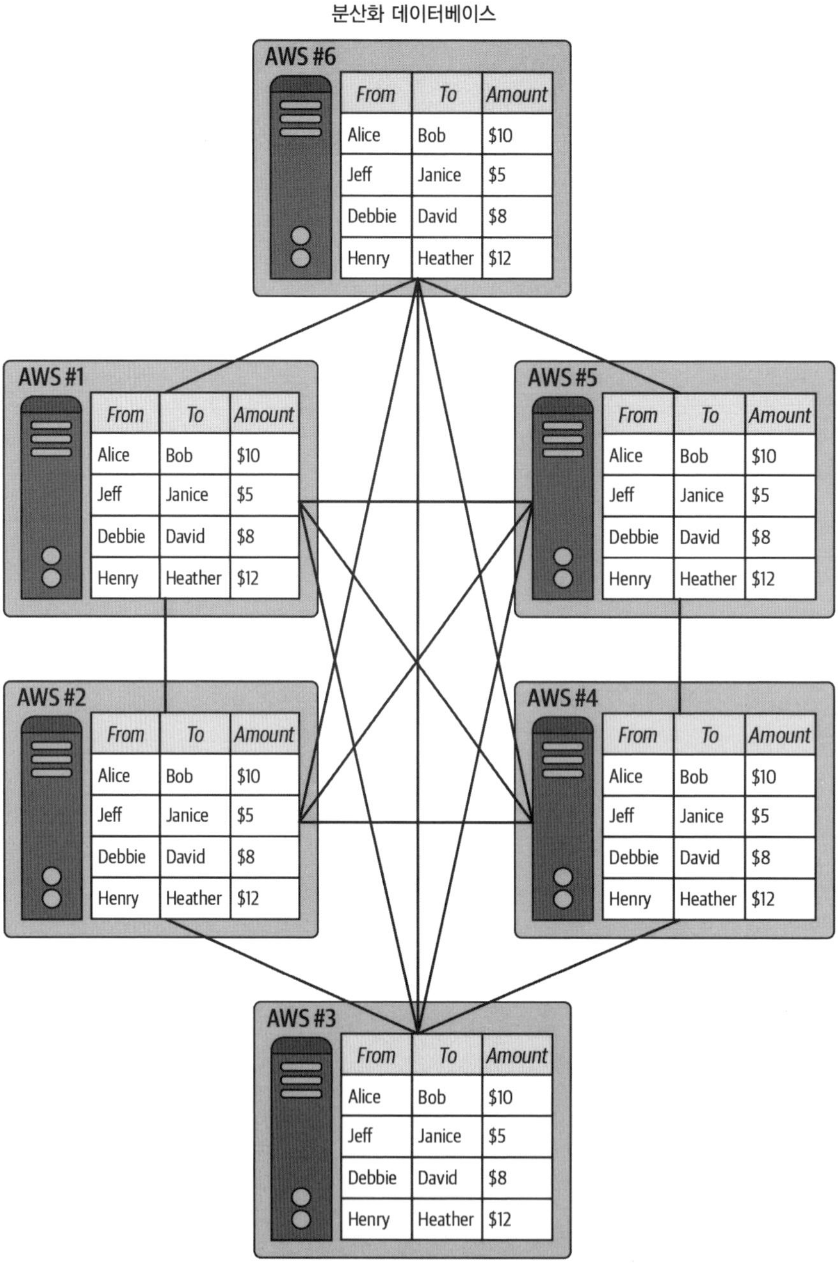

그림 1-4. AWS(Amazon Web Services)에 호스팅되는 여러 데이터베이스와 마찬가지로 분산 데이터베이스에서 각 노드는 같은 데이터의 복제된 복사본을 유지할 수 있다. 각 노드는 다른 노드의 ID를 알고 있으며, 모든 노드는 하나의 개체에 의해 제어된다.

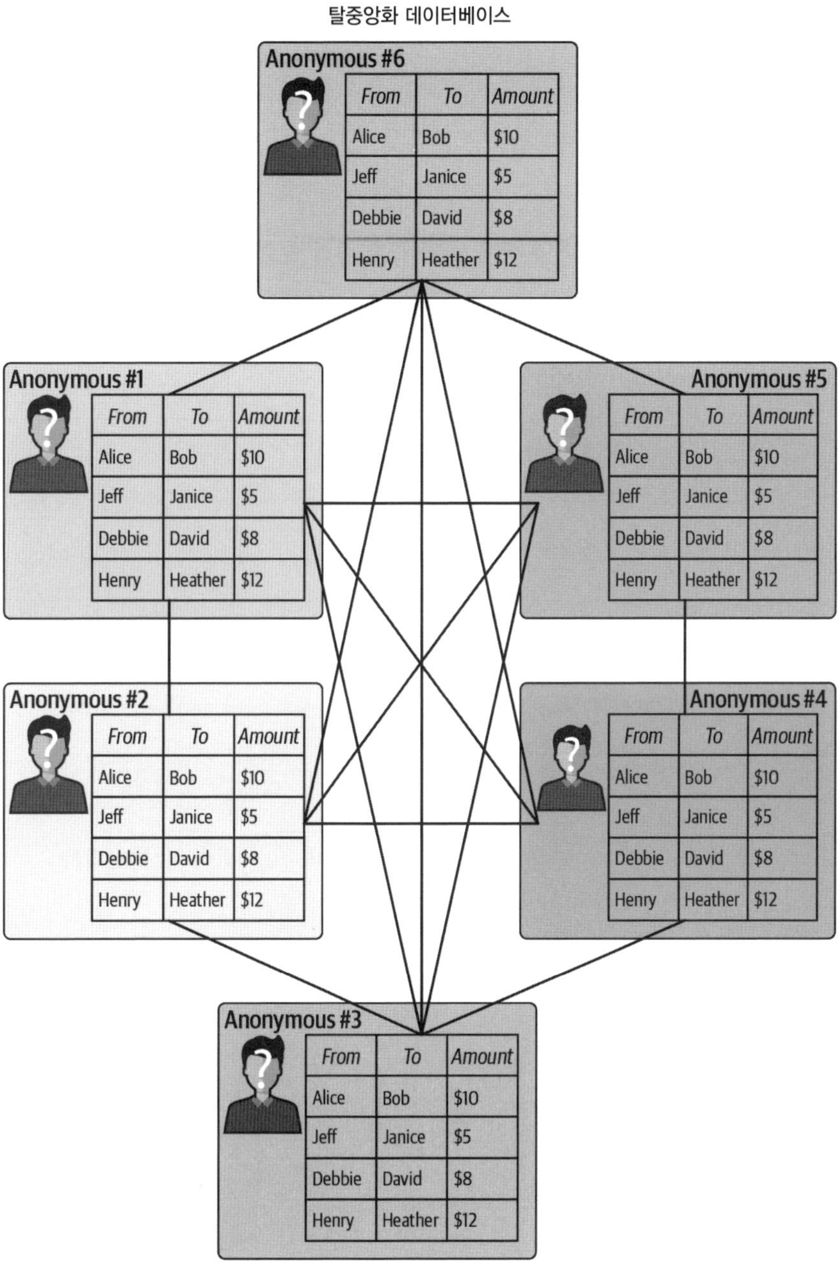

그림 1-5. 비트코인의 블록체인과 같은 분산화 데이터베이스에서 각 노드는 같은 데이터의 복제된 복사본을 유지할 수 있고, 각 노드는 다른 노드의 식별을 모를 수 있으며, 모든 노드는 익명의 많은 개체에 의해 제어된다.

비트코인 이전 모델들

인터넷의 편재성[1]은 파괴적이었고 많은 산업을 변화시켰다. 지난 수십 년 동안 위키피디아는 백과사전을 거의 대체했고, 미국 회사인 크레이그리스트Craigslist[2]는 신문 광고의 자리를 대신했으며, 구글 지도는 대부분 인쇄된 지도들을 쓸모 없게 만들었다.

금융업계는 한동안 인터넷의 격동적인 변화에 저항할 수 있었다. 비트코인이 출시되기 전인 2009년 이전까지만 해도 사용자의 화폐 통제는 아날로그(현금 또는 수표)에서 디지털(인터넷뱅킹 등 전자금융)로 전환한 것 외에는 큰 변화가 없었다. 변화 때문에 디지털 화폐의 개념은 익숙한 개념이었지만, 여전히 중앙집중식이었다. 비트코인 이전에 많은 디지털 통화 개념이 다양한 이유로 실패했지만, 최종목표는 항상 같았다. 재정권리를 증가시키거나, 사용자(서비스 사용자)의 돈에 관한 더 나은 통제를 하고자 했다. 초기에 실패한 서비스 몇 가지를 살펴보면 비트코인의 인기가 높아지는 이유를 알 수 있다.

디지캐시

1989년 데이비드 차움David Chaum이 설립한 디지캐시DigiCash는 온라인에서 익명 디지털 결제를 가능하게 하는 회사였다. 차움은 온라인 결제의 프라이버시를 보호하기 위해 암호학을 사용할 것을 제안한 블라인드 서명 기술의 발명가다. 암호학Cryptography은 암호화 기반의 수학을 사용해 민감한 정보를 모호하게 하고 오랫동안 세계 정부에 의해 통신 도구로 사용됐다. 2장에서는 암호학과 암호화를 좀 더 자세히 설명한다.

디지캐시 플랫폼은 사이버벅스cyberbucks로 알려진 자체 통화를 갖고 있었다. 서비스에 가입한 사용자는 '토큰'이나 '코인'이라고 하는 사이버벅스로 100달러를 받았다. 디지캐시는 오늘날 대부분의 신용카드에 사용되는 시스템과 유사한 보안 마이크로칩 스마트 카드를 개척했다. 또한 가치를 저장하기 위한 디지털 지갑 개념을 만들어 내기도 했는데, 그게 사이버벅스다.

---

1 편재성(Ubiquity) : 어디에서나 실시간으로 정보를 검색할 수 있는 기능으로, 시간과 장소에 구애받지 않는 인터넷 기술의 가용성 – 옮긴이

2 크레이그리스트(Craigslist): 판매를 위한 개인 광고, 직업, 주택 공급, 이력서, 토론 공간 등을 제공하는 웹사이트다. 한국에선 구인구직은 '사람인', 중고 구입은 '중고나라' 등이 있다. – 옮긴이

도이치 은행Deutsche Bank을 포함한 몇 개의 은행은 디지캐시 시스템을 시험 운영했다. 브리태니커 백과사전 출판사를 포함한 소수의 상인들 또한 사이버벅스를 받아들이기로 서명했다. 하지만 1990년에는 인터넷 상거래는 매우 낯선 개념이었고, 사기에 대한 우려로 사람들 대부분은 사용하기를 주저했다. 인터넷에서 신용카드를 사용하는 것조차 꺼리던 시대였다. 하지만 사생활에 민감한 많은 사용자들이 사이버벅스를 사용하기 시작했고 심지어 한동안 운영됐던 메일링 리스트 마켓 플레이스를 개발하기도 했다. 그럼에도 디지캐시는 시대의 장벽에 부딪혀 1998년에 파산했다.

E골드

1996년에 설립된 디지털 상점인 E골드E-Gold는 실제 귀금속 단위의 지원을 받았다. 골드 앤 실버 리저브Gold & SiverReserve Inc.라는 회사가 운영하는 E골드는 인터넷에서 사용자 간의 실시간 전송을 가능하게 했다. 플랫폼에 있는 모든 것은 금이나 다른 귀금속 단위로 표시했다. 2006년까지 350만 개가 넘는 E골드 계정이 있었다. 당시 이 회사는 하루 590만 달러의 물량을 처리하고 있었다.

1만분의 1그램의 금만큼 작은 액면가로, 인터넷에서 소액 결제를 하는 개념을 도입한 최초의 플랫폼이었다. 당시 혁신적이었던 E골드는 개발자에게 플랫폼 위에서 다른 사람들이 추가 서비스를 만들 수 있는 API[3]를 제공하기도 했다. 판매자는 온라인 쇼핑 카트에서 신용카드와 함께 E골드를 결제하는 형태로 받아들였다. 모바일 결제 지원은 1999년에 도입됐다. E골드는 1990년대와 2000년대 초반이라는 점에서 기술적으로 뛰어난 기술이었다. 그러나 시스템은 처음부터 문제에 시달렸고 결국 파국을 맞이했다. 중앙집중형 시스템인 E골드는 어떤 개인의 신원과 계정을 연결하는 메커니즘이 없었다. 플랫폼을 통해 악의적인 목적으로 사용돼 돈세탁, 온라인 사기 및 기타 불법 활동이 쉬워졌다. 미국 정부는 2008년 E골드를 폐쇄하고, 자산을 압류했으며 계좌 소유자를 위한 상환 시스템을 구축했다.

3 API(Application Programming Interface): 운영체제와 응용프로그램 사이의 통신에 사용되는 언어나 메시지 형식 – 옮긴이

해시캐시

1997년에 아담 백Adam Back이 고안한 해시캐시Hashcash는 인터넷에만 존재하는 돈의 개념을 포함해 디지털 자금의 타당성을 확인하기 위해 작업 증명proof-of-work이라는 방식을 도입했다. 작업 증명은 컴퓨터가 전자화폐가 어떤 가치를 가지려면 일종의 검증 가능하고 계산 집약적인 출력을 생성해야 한다는 것을 의미한다(2장에서 더 자세히 설명한다). 해시캐시는 작업 증명을 위해 SHA1[4] 해시 알고리듬을 사용했다.

아담 백은 '디지캐시가 디지털 화폐로 이메일에 수수료나 우편 요금을 부과하면 스팸을 줄일 수 있다'는 아이디어에서 창안했다. 해시캐시의 주요 아이디어는 컴퓨터에서 어떤 처리를 요구하는 함수로 해시를 만들어 보내면서 경제적 비용을 부과시켜 전자 메일 시스템의 스팸을 제한하는 것이다. 디지털 화폐에서 해시를 사용하는 개념은 이중지출Double Spending 문제를 해결할 수 있다. 이중지출 문제는 디지털 단위를 파일처럼 복사해 두 번 이상 지출되는 결함을 의미한다. 컴퓨터는 파일을 쉽게 복제할 수 있고 누구나 이미지 파일을 복사해 반복 재생할 수 있다. 해시캐시에서 해시의 사용은 작업 증명이나 컴퓨팅 파워를 사용해 디지털머니로 비용을 부과해 이중지출의 가능성을 제한하기 위한 것이다.

해시캐시는 마이크로소프트와 오픈소스 소프트웨어 공급자인 아파치의 이메일 시스템에서 테스트했지만 결국 성공하지는 못했다. 개념적으로 해시캐시는 인터넷 기반 화폐에 필요한 디지털 희소성을 어떻게 도입하는지를 보여주는 좋은 사례였지만 기술 자체는 디지털 화폐의 좋은 형태가 아니었다.

비머니

1998년 웨이 다이Wei Dai가 제안한 비머니B-Money는 정부 시스템 외부의 화폐 창출을 촉진하기 위해 컴퓨터 과학을 사용하는 개념을 도입했다. 해시캐시처럼, 비머니는 디지털 머니가 계산 또는 작업 증명서를 통해 생산될 수 있다고 제안했다. 웨이는 아담과 비슷하게 디지털머니를 만드는 비용이 사용된 컴퓨터 파워로부터 계산될 수 있다고 제안했다.

4 SHA1 (Secure Hash Algorithm-1): 미국의 국가안보국(National Security Agency,NSA)가 전자 서명 알고리듬 – 옮긴이

비머니는 금 및 기타 상품과 같은 실제 자산 바구니를 기반으로 가격이 책정되며 인플레이션 또는 시간이 지남에 따라 가치가 손실되는 것으로부터 보호하기 위해 공급을 제한한다.

비머니는 거래 내용을 네트워크 전체로 전파하는 아이디어로 발전시켰다. 예를 들어, 한 낭사자가 나른 당사사에세 돈을 지불하기를 원하면 "사람 A가 사람 B에게 X원를 보낼 것입니다"라는 메시지가 네트워크에 전송된다. 이 시스템은 디지털 계약 시스템에서 실행될 것이다. 계약들은 이론적으로 신용카드 회사들이 사기와 같은 문제를 다루는 방식과 비슷하게 분쟁을 해결하는 데 사용한다. 결제와 계약상 문제 시행을 위해 중앙집중화 시스템 대신 암호화로 네트워크 사용자들의 익명성을 보장한다.

비머니의 개념은 디지털 캐시의 많은 구성요소를 결합시켰다. 익명 분산화 시스템에서 실행하는 계약 개념을 적용했다. 그리고 그것은 돈을 벌기 위해 작업 증명서를 사용하는 개념을 도입했다. 그러나 비머니는 대부분 웨이 다이의 이론에 불과했다. 비머니의 목적은 통제된 통화 공급을 통해 인플레이션의 영향을 받을 수 없는 비非정부 화폐의 개념을 탐구하는 것이었다.

비트골드

컴퓨터 과학자인 닉 재보Nick Szabo가 2005년에 제안한 비트골드Bit Gold의 아이디어는 귀금속의 희소성을 디지털 영역으로 가져오는 것이었다. 닉 재보는 금과 같은 재료는 가치가 있지만 광업 및 운송과 같은 희귀 성 및 고정 비용으로 인해 위조가 불가능하거나 위조하기가 매우 어렵다고 지적했다. 그래서 금의 가치를 받아들여 디지털로 만들고 싶어 했다.

닉 재보의 아이디어는 디지털 가치를 뒷받침하기 위해 금을 사용한 E골드의 출현 이후에 나왔다. 작업 증명 중 '클라이언트 퍼즐 함수' 유형을 활용했다. 사용자의 클라이언트 퍼즐 함수는 컴퓨터에서 생성된 도전 문자열Challenge String을 사용해 분산된 방식으로 안전하게 타임스탬프를 표시하는 방법이다. 그 후 디지털 방식으로 소유권 증명을 제공하기 위해 분산 소유권 등기처에 제출한다.

대부분 닉 재보의 아이디어처럼 비트골드는 주로 지적 활동이었다. 이는 확실히 비트골드로 신뢰할 수 없는 버전의 E골드를 개념화하고 있었다.

비트코인 실험

2008년까지 세계는 분산된 주체로서 많은 인터넷 서비스에 의존했다. 가령 A지점에서 B지점으로 이동하기 위해 전자지도와 GPS 앱을 사용했다. 이메일, 문자, 스카이프, 왓츠앱, 그리고 다른 통신 앱들은 가까운 곳과 멀리 있는 친구나 가족과 곧바로 연결될 수 있게 해줬다.

게다가 사람들은 오프라인 매장보다는 온라인에서 점점 더 많은 상품과 서비스를 구매하기 시작했다. 신용카드, 체크카드는 페이팔과 같은 서비스와 함께 결제 시스템으로 사용했다. 많은 사람들은 여전히 인터넷으로 위변조를 방지하고 분산된 방법으로 전송하는 방법을 원했지만 놀랍게도 이때까지 그 방법은 고안되지 않았다.

2008년 금융위기

2006년 초, 세계 경제는 요동치고 있었다. 경제 성장기였지만 그해 금융 시스템은 균열이 생기기 시작했다. 미국 주택 시장은 처음으로 가치가 하락했는데, 대출에 대한 규칙이 너무 느슨해서 많은 채무자들이 채무를 상환할 수 없었기 때문이다.

이로 인해 은행들은 담보 대출과 다른 유형의 불안정한 대출을 금융기관 간에 주식이나 채권처럼 거래하고 보유한 개인 증권으로 분할하면서 금융 시장은 대혼란에 빠졌다. 이렇게 탄생한 자산들 중 많은 자산이 가치가 없는 것으로 판명됐고, 금융 시스템이 붕괴되면서 전세계 정부들은 세계 정세를 살리기 위해 시스템에 현금을 투입해야 하는 상황이 벌어졌다.

미국에서는 그림 1-6이 보여주듯이, 현대 주택 거품은 연방준비제도이사회FRB가 금리를 인상함으로써 통제할 수 있었다. 하지만 2008년 위기는 금융시스템의 투명성이 부족해 통제 불능 상태였다.

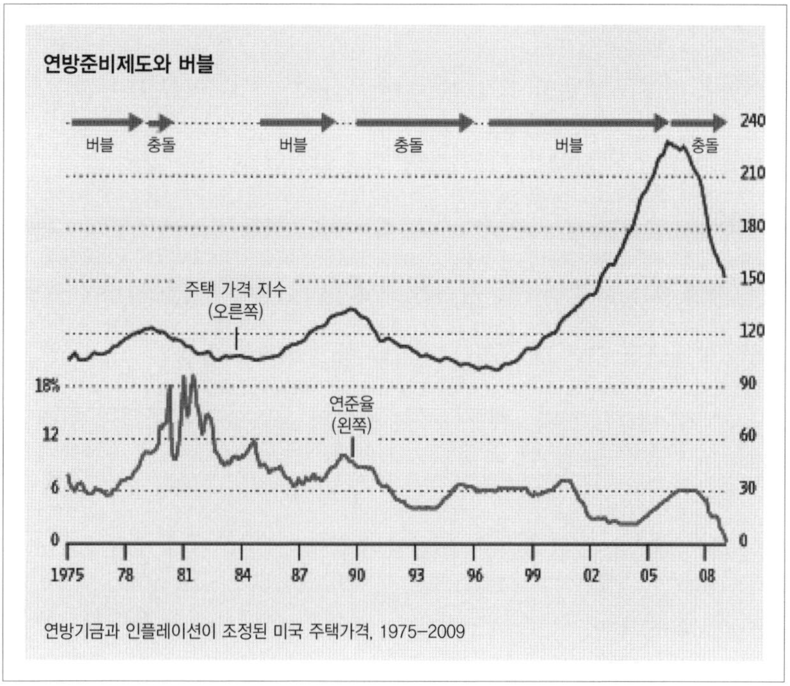

그림 1-6. 주택 거품을 억제하기 위해 금리를 인상하는 연방준비제도(Federal Reserve)

금융 역사가 비트코인에 관한 논의와 관련이 있는 이유가 무엇일까? 비트코인의 기초가 되는 많은 개념과 기술이 2008년에 이미 존재했지만, 아무도 디지털 신뢰와 투명성을 가능하게 하는 시스템을 만들기 위해 이전의 전자화폐 개념의 모든 조각들을 합친 적이 없었기 때문이다.

백서

2008년 8월 18일, bitcoin.org 도메인이 등록됐다. 이후 사토시 나카모토라는 가명을 쓴 개인 또는 그룹이 2008년 10월 31일에 백서Whitepaper를 작성해 수많은 소프트웨어 개발자 메일링 리스트에 공유했다. 「비트코인 : 피어 투 피어 전자 현금 시스템」이라는 제목의 논문은 인터넷에만 존재하는 가치 시스템을 만들기 위한 구체적인 방안을 제시했다. 은행이나 중앙 정부와 아무런 연결 없이 운영될 수 있는 디지털 화폐를 만들고, 금융위기와 같은 사건이 다시는 일어나지 않도록 보다 투명한 금융 시스템을 구축하는 것이 백서의 목표였다.

비트코인 제안은 이전 시스템에서 가져온 다음과 같은 아이디어를 특징으로 삼았다.

- 닉 재보가 설명한 스마트 콘트랙트와 같은 안전한 디지털 거래
- 디지캐시와 같은 거래를 확보하기 위해 암호를 사용
- E골드처럼 적은 양의 안전한 가치를 보낼 수 있는 이론적인 능력
- 비머니가 제안한 것과 같이 정부 시스템 밖에서 돈을 창출
- 해시캐시가 설계한 것과 같이 디지털 자금의 유효성을 검증하기 위해 작업 증명 사용

백서는 또한 다음 내용을 포함해 많은 사람들에게 생소한 몇 가지 개념을 소개했다.

이중 지출(Double spending)

위조된 복제를 통해 통화 단위가 두 번 이상 지출될 위험.

작업 증명(Proof of Work)

계산 능력으로 해결해야 하는 수학적 문제

해시(Hash)

다양한 크기와 시퀀스 데이터를 구성할 수 있도록 고정된 길이의 출력이 생성

논스(Nonce)

특정 통신을 한 번만 사용할 수 있는 난수

주조 기반 통화 모델의 초월

정부 지원 통화는 익숙한 조폐국 기반 모델을 사용하는데, 중앙 당국은 주조라고 알려진 거래가 이중으로 사용될 수 없다는 것을 검증한다. 화폐는 조폐국에 반환되고 새로운 화폐를 만들기 위해 주기적으로 파괴된다.

비트코인 백서는 디지털 전용 네트워크에 모든 거래를 게시함으로써 조폐국 기반의 중앙 권한을 제거할 것을 제안했다.

> 신뢰할 수 있는 당사자 없이 이를 달성하려면 거래를 공개적으로 발표해야 하며, 참가자들이 자신이 받은 순서에 대한 단일 이력을 합의할 수 있는 시스템이 필요하다. 수취인은 각 거래의 시점에 노드 대다수가 최초 수취인이라는 데 동의했다는 증거가 필요하다.

타임스탬프 서버 소개

사토시는 비트코인 네트워크를 보호하기 위해 작업 증명서를 사용하는 것 외에도 파일 시스템 및 데이터베이스와 유사한 트랜잭션을 검증하기 위해 타임스탬프 시스템을 사용할 것을 제안했다. 트랜잭션 중에 생성된 정보를 해시 알고리듬을 사용해 실행하면 해시라고 알려진 고정된 숫자와 문자의 문자열이 생성된다. 사토시는 비트코인에 암호학에서 인기 있는 해시 알고리듬인 SHA-256을 사용할 것을 제안했다.

해시 알고리듬의 예를 들면 다음과 같다.

```
keccak256("hello") = 1c8aff950685c2ed4bc3174f3472287b56d9517b9c948127319a09a7a36deac8
```

여기서 1이란 글자 하나만 추가해도 다음과 같이 해시 값이 변한다.

```
keccak256("hello1") = 57c65f1718e8297f4048beff2419e134656b7a856872b27ad77846e395f13ffe
```

많은 양의 정보를 보존할 때 해시로 정보를 저장하는 것도 중요하다. 예시처럼 해시화했을 때 서로 다른 입력도 고유한 고정 길이 문자열을 출력하고 해시로 검색할 수 있는 저장된 데이터 일부를 더 쉽게 참조할 수 있다.

조폐국 기반 모델에서 정부나 중앙 당국은 거래를 추적하기 위해 표준 회계 관행을 사용한다. 비트코인 백서는 연쇄 서명 즉, 해시로 거래를 추적하는 개념을 소개한다. 블록들이 연결돼 시간 순으로 구성된 구조다.

이 방식은 본질적으로 트랜잭션을 추적하기 위해 요구하지 않는 회계의 단위를 어떤 단일 노드에 만든다. 대신, 블록체인은 디지털 시스템에서 트랜잭션을 추적하기 위해 암호수학적 신뢰를 사용한다. 네트워크는 블록체인을 확인하고 게시하기 위해 피어 투 피어 Peer-To-Peer 시스템을 사용하기 때문에 복잡한 구조가 필요하지 않다. 기본적으로 저장용 분산 데이터 구조와 인터넷상의 공용 네트워크를 구성하는 메시징 시스템 프로토콜이 필요하다. 블록체인은 여러 트랜잭션 블록으로 구성되며, 트랜잭션 블록은 해시를 통해 서로 연결된다(관련 내용은 2장에서 자세히 다룬다). 인터넷에서 자유롭게 이용할 수 있는 블록체인은 많지만 공개적이지 않은 것도 있는데 비즈니스 환경에서 사용되는 블록체인은 더욱 그러하다. 프라이빗 블록체인에 관한 내용은 9장에서 자세히 알아본다.

비트코인은 '서로를 알지 못하고, 신뢰하지 않는 여러 당사자가 어떻게 협력할 수 있을까?'에 관한 난제를 극복하려고 한다. 어떤 거래가 유효하고 처리돼야 하는지 모두가 동의하는 글로벌 원장을 유지하는 방법이 비트코인의 해결책이다. 비트코인 블록체인은 비트코인 네트워크의 모든 당사자들이 동의하는 글로벌 원장이다. 의견 불일치는 체인의 포크와 새로운 길의 생성을 의미하며 이는 3장에서 자세히 다룬다.

결제 네트워크에서 원장[5]은 끊임없이 변화하는 문서다. 누군가가 트랜잭션을 전송하려고 할 때마다 새로운 데이터 행이 원장에 추가된다. 비트코인을 사용하면 약 10분마다 새로운 거래 블록이 원장으로 정의될 수 있는 것에 추가된다.

다음은 모든 비트코인 블록의 중요한 속성이다.

Block hash

블록의 고유 식별자다. 블록 해시는 256비트 데이터 안에서 블록체인의 현재 상태에 대한 스냅샷[6]을 제공하는 입력 데이터에서 생성된다. 스냅샷은 전체 비트코인 블록체

5 원장[ledger, 元帳]: 회계상 거래 발생의 내용을 계정과목별로 정리해 놓은 장부 – 옮긴이

6 스냅샷(snapshot): 주어진 시간에 데이터베이스 상태를 기록하기 위한 데이터베이스의 질의. 블록체인에선 특정한 시점에서 각 사용자들이 보유하고 있는 암호화폐의 수량을 '마치 사진을 찍듯이' 별도로 저장해 두는 행위 – 옮긴이

인에 관한 대차대조표[7]의 기술 버전과 같다. 비트코인 블록은 자체 블록 해시를 포함하지 않지만, 블록이 체인으로 연결된 이전 블록의 해시를 포함한다. Block hash는 블록 헤더를 해시화해 찾을 수 있다.

Coinbase transaction

네트워크에서 채굴된 새로운 블록의 첫 번째 트랜잭션이다. Coinbase transaction은 블록 공급에 의해 새로운 비트코인을 추가하는데, 체인에 블록을 추가하는 마이너Miner에게 보상으로 주며 블록을 공급해주는 방식이다. 이를 채굴이라고 하며 채굴은 2장에서 더 자세히 설명한다.

블록 높이 번호(Block hight number)

현재 블록과 체인의 첫 번째 블록(제네시스Genesis 블록) 사이에 얼마나 많은 블록이 있는지 식별한다.

머클루트(Merkle root)

블록체인의 유효성을 증명할 수 있는 해시 값이다(2장에서는 머클루트를 자세히 설명한다).

블록체인 시스템의 이름은 일반적으로 고유명사로 사용된다. 하지만 화폐의 단위는 일반 명사로 사용된다. 따라서 암호화폐 네트워크는 대문자를 쓰며('엘리스는 비트코인의 탈중앙화된 측면을 좋아한다'), 암호화폐의 화폐 단위는 소문자를 쓴다. ('엘리스는 밥에게 비트코인 두 개를 보냈다').

7 대차대조표 [balance sheet]: 한 쪽에는 자산의 사항을 표시하고 다른 한 쪽에는 부채와 자본에 관한 사항을 표시한다. 일정 시점의 기업의 재무상태를 집약한 표로 회계가 산출해 내는 중요한 보고서 중 하나 – 옮긴이

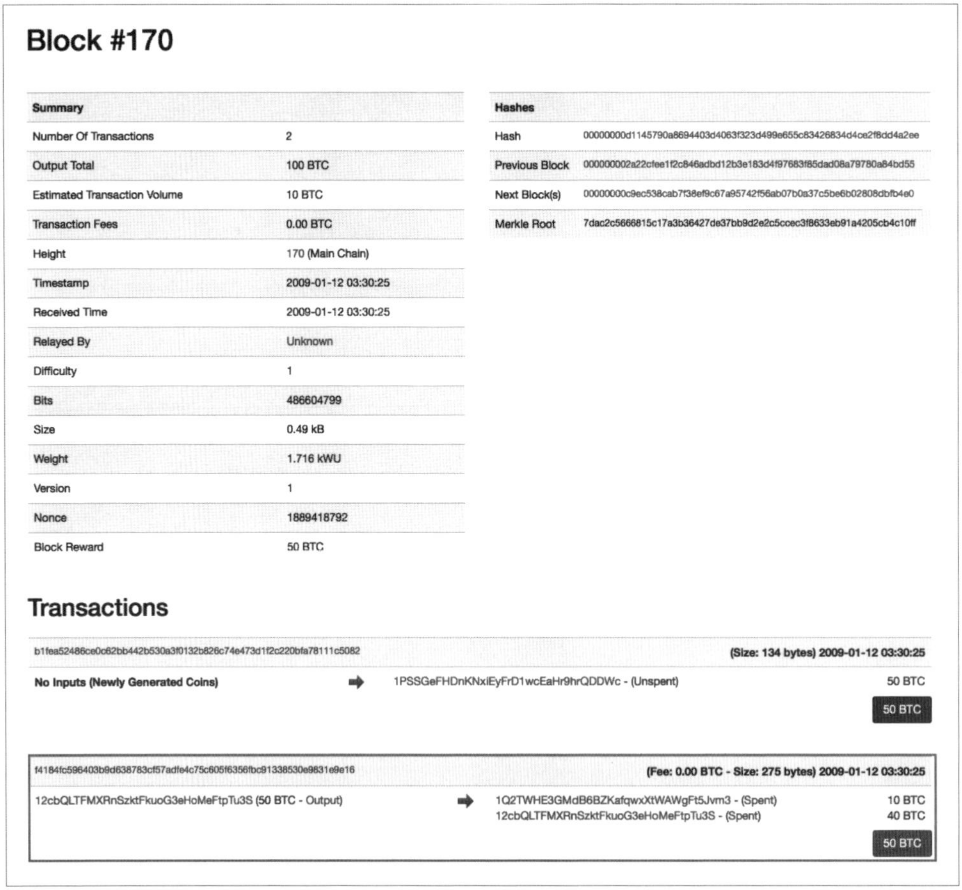

그림 1-7. 사토시 나카모토가 개발자이자 초기 블록체인 개척자인 할 피니에게 보낸 10BTC의 거래를 기록한 비트코인 블록 #170

그림 1-8은 과거 거래를 바꾸기가 어려운 이유를 보여준다.

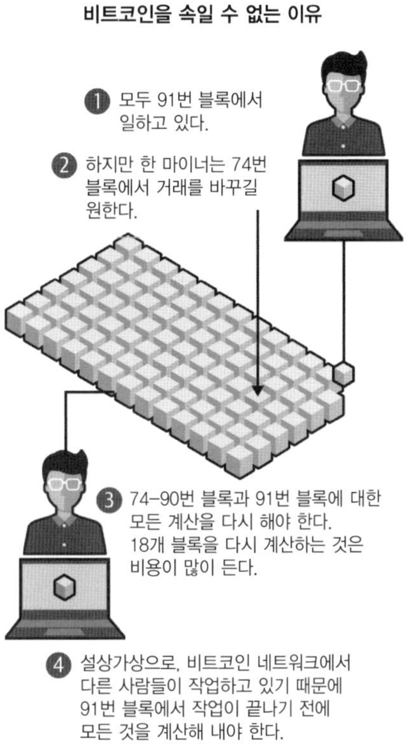
비트코인을 속일 수 없는 이유
1 모두 91번 블록에서 일하고 있다.
2 하지만 한 마이너는 74번 블록에서 거래를 바꾸길 원한다.
3 74-90번 블록과 91번 블록에 대한 모든 계산을 다시 해야 한다. 18개 블록을 다시 계산하는 것은 비용이 많이 든다.
4 설상가상으로, 비트코인 네트워크에서 다른 사람들이 작업하고 있기 때문에 91번 블록에서 작업이 끝나기 전에 모든 것을 계산해 내야 한다.

그림 1-8. 비트코인 거래를 되돌리기 어려운 이유

사토시 나카모토의 실종

비트코인 백서가 발표된 후, 사토시는 2012년까지 지역사회에서 계속해서 등장했고, 비트코인을 기능 체계로 만들었다. 이 과정에서 사토시 나카모토의 신원을 궁금해 하는 사람이 많아졌다.

기자들은 오랫동안 사토시 나카모토의 정체를 밝혀내려고 노력했다. 2008년 금융 위기 때 이에 대한 해결책으로 블록체인을 제안했고 기회로 생각했다는 것을 보면 개인이 아니라 여러 사람이 작업했을 가능성도 있다. 암호화폐 커뮤니티에선 사토시의 진짜 정체성에 관한 관심이 줄어들고 비트코인과 블록체인이 탄생할 수 있었던 아이디어에 더 집중하고 있다.

사토시 나카모토는 비트코인의 창시자로서, 초기 오픈소스 비트코인 개발자 커뮤니티에 큰 영향을 미쳤다. 비트코인이 존재하기 시작한 첫 2년 동안 활동했으며, 닉 재보, 웨이 다이, 컴퓨터 과학자 할 피니 같은 사람들과 메시지 보드, 개발자 목록, 그리고 백서에 있는 이메일 주소satoshin@gmx.com를 통해 소통했다. 사토시는 활동 기간 동안 약 100만 비트코인을 채굴했다.

2010년 12월, 비트코인 커뮤니티의 일부 회원들은 전통적인 결제 처리로 어려움을 겪고 있던 비영리 단체 위키리크스의 기부 메커니즘으로 암호화폐를 사용할 것을 제안했다. 비트코인으로 위키리크스가 공백을 메우는 데 도움을 줄 수 있다는 생각이었다. 사토시는 한 인기 포럼에 올린 글을 게시했는데, 위키리크스가 논란이 될 것이며 기술적인 진보에 집중하는 것이 더 중요하다고 생각한다고 내용이었으며, 이에 동의하지 않았다. 위키리크스의 아이디어가 떠오른 지 일주일 만인 2010년 12월 13일에 사토시는 비트코인 클라이언트의 사소한 새로운 릴리스를 발표하는 마지막 메시지를 게시했다. 당시에 1 비트코인은 20센트의 가치가 있었다.

비트코인을 되살리다

2008년 백서에 설명된 초기 비트코인 개념은 금융 플랫폼을 재고하기 위해 암호화, 개인정보 보호 및 분산 컴퓨팅 기술을 결합했다. 하지만 아이디어를 실현시키기 위해 해야 할 많은 일들이 남아 있었다. 다행히도, 오픈소스 소프트웨어와 비트코인의 이상에 헌신한 많은 컴퓨터 프로그래머들은 비트코인의 잠재력을 믿었다. 네트워크를 되살리는 것이 다음 과제였으며, 초기 개척자들의 노력이 필요했다.

매력적인 구성요소

가치(Value)

BTC[bitcoin]라고 하는 계정 단위는 비트코인 블록체인으로도 알려진 원장에 거래를 기록하는 데 사용된다.

분배(Distribution)

비트코인 백서가 요약한 바와 같이, 비트코인 네트워크는 거래 기록을 유지하기 위해 탈중앙화된 노드를 사용한다.

합의(Consensus)

비트코인 네트워크의 마이너들은 분산된 거래 기록의 보안과 안정성을 유지하기 위해 작업 증명을 함께 사용한다.

비트코인의 세 가지 구성 요소는 소그룹의 개발자들에게 더 매력적으로 다가왔다. 개발자들은 협력해 인터넷에서 안전하게 데이터를 저장할 수 있는 모델을 만들려고 노력했다. 비트코인은 완벽하지는 않지만, 이전 시도들과 비교했을 때 완전히 디지털화된 형태로 데이터를 분산화하는 영역에서 거대한 발전을 이룬 것으로 평가된다.

합의를 이루다

2009년 1월 3일, 사토시 나카모토는 50 비트코인을 채굴해 최초의 비트코인 블록을 만들었다. 제네시스 블록으로 알려진 첫 번째 블록은 금융 위기를 블록체인 네트워크로 되살리는 목적을 전달했다. 제네시스 블록에서 코인베이스 트랜잭션 입력 내용은 다음과 같은 정보가 저장돼 있다.

```
2009년 1월 3일 더 타임스, 은행들의 두 번째 구제금융을 앞두고 있는 U.K. 재무장관
```

비트코인은 분산된 네트워크로, 사람들이 시스템에서 마이너 역할을 하기 위해 필요했다는 것을 의미한다. 그래서 사토시는 최초의 비트코인 클라이언트를 만들었다. 클라이언트를 실행하면 사용자가 노드를 실행하고 비트코인 블록을 채굴할 수 있다. 사토시는 '비트코인 v0.1 출시 - P2P e-cash'라는 제목의 소프트웨어를 게시한 메시지에서 '들어오는 연결을 받아들이는 노드를 계속 실행할 수 있다면 네트워크에 정말 많은 도움이 될 것'이라고 썼다.

블록체인은 살아있고 끊임없이 업데이트되는 문서다. 시간이 지날수록 여기에 더 많은 트랜잭션이 추가된다. 페이팔과 같은 중앙 결제 네트워크의 사용자들은 중앙 당국이 시간이 지나면서 새로운 거래로 원장을 업데이트할 것이라고 믿는다. 그러나 비트코인과 같은 탈중앙화 결제 네트워크에는 중앙 권한이 없다. 단지 수천 명의 익명의 마이너들이 네트워크에 힘을 실어주고 있을 뿐이다.

그렇다면 사용자들은 비트코인의 블록체인을 새로운 거래 블록으로 업데이트하기 위해 누구를 신뢰해야 하는가? 신뢰를 얻는 것을 합의 달성이라고 한다. 네트워크에 전력을 공급하는 모든 마이너가 다음 두 가지 목적으로 사용하는 프로세스다.

블록 발견

트랜잭션 블록을 추가할 수 있는 권한을 갖는 마이너를 합의한다.

트랜잭션의 유효성

새 블록에 포함된 트랜잭션이 합법적이라는 데 동의한다.

암호화에 사용되는 대부분의 블록체인은 합의를 달성하기 위한 두 가지 접근법 중 하나를 따른다(2장에서 이 내용을 더 자세히 다룬다).

- Proof-of-work: 작업 증명
- Proof-of-stake: 지분 증명

엔터프라이즈 블록체인은 9장에서 논의할 다른 합의 방법을 사용한다.

공개키 암호학과 개인키 암호학

비트코인은 공개키 암호화와 개인키 암호화를 이용해 거래의 타당성을 증명한다. 비트코인의 개인키는 비트코인 거래에 디지털로 서명하는 데 쓰이고, 비트코인 주소의 소유자가 해당 주소의 정당한 소유자임을 네트워크에 증명하는 데 사용된다. 또한 개인키는 거래를 승인하는 데 쓰인다. 개인키는 비밀번호처럼 사용돼 비밀키라고도 한다.

비트코인의 공개키는 비트코인 주소를 생성하는 데만 사용된다. 주소는 본질적으로 공개키의 압축 버전이므로 읽기가 다소 쉽다. 비트코인 주소는 보통 누군가에게 비트코인을 보내라고 하면 누구와도 공개적으로 공유할 수 있는데 쓰인다. 비유하자면 이메일 주소와 비슷하다.

키 생성

개인키는 무작위로 선택된 256비트 숫자다. 개인키는 거의 항상 16진수 형식으로 표시돼 있다. 개인키는 컴퓨터에 의해 생성된다. 프로그래밍 언어 대부분 무작위로 숫자를 생성하는 기능이 있다.

개인키는 공개키와 페어링(한 쌍으로 묶인)돼 비트코인 네트워크에서 거래할 수 있다. 개인키가 없으면 설계상 거래를 할 수 없다. 암호학에서 공개키는 타원 곡선 디지털 서명 알고리듬[ECDSA] secp256k1 기능을 통해 개인키를 실행해 생성된다. 공개키 해시는 암호화 SHA256 및 RIPEMD160 기능을 통해 공개키를 실행해 생성된다. 비트코인 주소는 먼저 공개키 해시 값에 '00'을 추가한 다음 베이스 58Check 함수를 이용해 생성된다. 그림 1-9는 개인키가 공개키와 주소를 생성하는 과정을 보여준다.

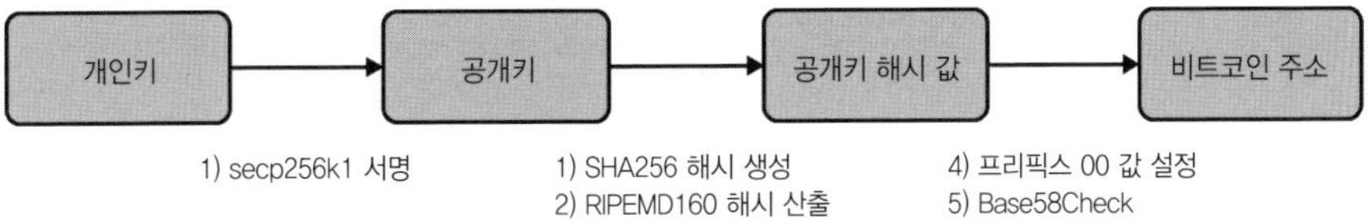

그림 1-9. 개인키에서 비트코인 주소를 생성하는 과정

특정 규칙에 따라 주소를 생성할 수 있는 옵션이 있는 비트코인 클라이언트를 사용하기도 한다.

- bc1 또는 1,3으로 시작한다.
- 나머지 문자열은 25-34 사이다.
- 유효한 문자는 0-9, A-Z, a-z 다.
- 주소 대부분 시각적 모호성을 방지하기 위해 소문자 L(l), 대문자 I, 대문자 O, 0(제로)이 포함되지 않는다.

대안으로 사용자의 마우스 이동에 따라 주소에서 무작위성을 생성하는 웹사이트인 https://www.bitaddress.org를 사용하는 방법도 있다. 그러나 사용자는 웹사이트 소유자가 개인키를 기록하지 않을 것이라고 믿어야 한다. 사람들 대부분 내부 소프트웨어를 사용해 비트코인 주소를 생성하는 코인베이스와 같은 거래소에서 새로운 비트코인 주소를 생성한다.

트랜잭션 생성

비트코인 거래는 UTXO라고 하는 독특한 유형의 회계를 따르는데, UTXO는 사용되지 않은 거래 산출물을 의미한다. 트랜잭션은 기본적으로 입력 목록과 출력 목록이 존재한다. 각 입력은 과거에 받은 주소와 자금의 원천으로 작용하는 비트코인 주소의 미지출 거래를 식별한다. 또한 해당 주소의 소유자가 트랜잭션을 승인했다는 것을 증명하는 디지털 서명이 포함돼 있다. 출력은 받는 비트코인 주소와 주소가 받을 금액을 보여준다.

2장에서는 비트코인 거래의 구조를 설명하면서 모든 개념을 더 자세히 살펴본다.

조기 취약성

초기에는 새 프로토콜은 문제가 되지 않았다. 비트코인 클라이언트를 사용하기가 어려워 다운로드한 사람이 적었기 때문이다. 비트코인의 초기 지지자들 중 일부는 이미 비트코인 이전의 전자화폐를 사용했던 개념 중 일부를 제안한 사람들이었다. 비머니를 제안한 웨이 다이와 비트골드 개념으로 거래 확보에 많은 발전을 이끈 닉 재보 정도였다. 또한 초기에 사토시 나카모토로부터 첫 비트코인을 받은 할 피니도 있었다.

비트코인이 나온 지 2년도 채 안 돼 주요 보안 결함이 발견됐다. 2010년 8월 6일, 한 커뮤니티 회원이 비정상적으로 많은 양의 출력 거래를 발견하고 인기 게시판에 글을 올렸다. 개발자인 제프 가르지크Jeff Garzik는 블록 중 #74638 번이 매우 이상하다고 알렸다. 예제 1-1은 #74638번 거래를 보여준다.

예 1-1. 비정상으로 큰 비트코인 거래

```
CBlock(hash=0000000000790ab3, ver=1, hashPrevBlock=0000000000606865, hashMerkleR
oot=618eba, nTime=1281891957, nBits=1c00800e, nNonce=28192719, vtx=2)
  CTransaction(hash=012cd8, ver=1, vin.size=1, vout.size=1, nLockTime=0)
    CTxIn(COutPoint(000000, -1), coinbase 040e80001c028f00)
    CTxOut(nValue=50.51000000, scriptPubKey=0x4F4BA55D1580F8C3A8A2C7)
  CTransaction(hash=1d5e51, ver=1, vin.size=1, vout.size=2, nLockTime=0)
    CTxIn(COutPoint(237fe8, 0), scriptSig=0xA87C02384E1F184B79C6AC)
    CTxOut(nValue=92233720368.54275808, scriptPubKey=OP_DUP OP_HASH160 0xB7A7)
    CTxOut(nValue=92233720368.54275808, scriptPubKey=OP_DUP OP_HASH160 0x1512)
vMerkleTree: 012cd8 1d5e51 618eba
```

취약점은 이후 패치됐고 블록체인은 체인을 분산시키기 위해 포크됐다. 블록체인에서 잘못된 거래를 반영하지 않도록 하는 걸 포크라고 한다. 포크에 관한 자세한 내용은 3장에서 다룬다. 현재까지도 2010년 발견된 취약점은 비트코인 역사상 가장 큰 보안 결함으로 남아 있는데, 이는 암호화폐 커뮤니티의 힘이 커지고 있다는 증거다.

채택

사토시의 실종은 비트코인을 완전히 탈중앙화된 실체로 만드는 데 기인한다. 그 이유는 효과적인 리더의 지시를 따르는 경향이 있는 이더리움이나 다른 블록체인의 경우와 다르게 창조자가 시스템의 일부가 아니게 됐기 때문이다.

사토시가 사라진 시기에 비트코인이 어느 정도 실질적인 매력을 얻고 있었던 것은 우연이 아닐 것이다. 비트코인 공동체는 꾸준히 성장 중이었다. 사토시가 떠난 뒤 결국 주도적인 역할을 맡은 컴퓨터 과학자 개빈 안드레센Gavin Andresen은 채택을 늘리기 위해 소량의 BTC를 나눠주는 '비트코인 수도꼭지faucet'를 만들었다. 안드레센은 미국 중앙정보국Central Intelligence Agency, CIA에 비트코인에 관한 프레젠테이션을 했고, 지금은 없어졌지만 암호화폐에 헌신하는 초기 비영리 단체인 비트코인 재단의 수석 과학자로 있었다.

2010년 5월 22일 프로그래머 라즐로 하네츠Laszlo Hanyecz는 비트코인을 사용해 재화나 서비스를 위한 첫 거래를 한 공로를 인정받았다. 하네츠는 두 개의 피자를 배달하는 대가로 10,000 BTC(당시 약 32,000원)를 지불했다. 이 날을 커뮤니티에서 비트코인 피자의 날로 기념하고 있다.

2010년 7월, 암호화폐 거래소인 마운트곡스Mount Gox는 원래 '매직: 더 개더링'의 온라인 카드를 거래하기 위해 만들어진 거래소 플랫폼이었다. 마운트곡스를 개발한 개발자인 제드 맥칼렙Jed McCaleb이 거래소에서 비트코인 교환 서비스를 제공하기 시작했다. 비트코인을 전통적인 통화로 교환하는 개념은 투기와 그에 따른 가격 상승을 부채질하면서 탄력을 받기 시작했다.

요약

비트코인은 블록체인 기술의 탄생에 근본적으로 중요한 역할을 했다. 하지만 비트코인이 기술적으로 기반을 두고 성장한 것은 갑자기 일어난 것이 아니다. 훌륭한 아이디어는 하루 아침에 만들어지지 않는다. 비트코인도 그렇고, 블록체인도 그렇다.

비트코인의 현재 성숙도 수준은 헌신적인 소프트웨어 개발자들이 구축하는 데 수십 년이 걸렸던 수많은 기술에 의존하고 있으며, 집단적인 노력으로 블록체인 기술이 현재 위치에 도달했다. 비트코인의 오픈소스 성격과 이를 중심으로 성장한 커뮤니티도 비트코인의 조기 도입을 뒷받침했다. 암호화폐의 근본적인 측면은 비트코인에서 비롯된다. 2장에서 비트코인에 관해 더 알아본다.

2장

암호화폐에 내재된 가치

새로운 기술들과 함께 암호화폐 또한 금융에 관해 새로운 사고방식을 보여줬다. 암호화폐로 가치를 저장하는 새로운 방법들이 고안되고 있다. 암호화폐는 금과 같은 소중한 자산뿐 아니라 명목화폐, 주식, 채권과도 어느 정도 유사점이 있다. 그러나 암호화폐를 취득하고 이전하고 저장하는 방법은 기존 자산과 차이점이 많다.

암호화폐는 보안 및 송수신에서 주요 차이점이 있다. 블록체인 시스템에서는 의지할 곳 없이 자금을 잃을 수 있다.

암호화폐를 사용하면 전통적인 금융권 사람들조차 잘 모르는 새로운 용어가 대거 등장해서 혼란스럽다. 오늘날 암호의 기본 토대를 소비자들이 더 쉽게 이해할 수 있게 해주는 서비스가 들이 많지만, 적어도 암호화폐 시스템의 작동 방법의 기본을 숙지하면 새로운 시스템의 다른 점을 이해하려 할 때 도움이 된다. 2장에서는 이 책의 나머지 부분을 이해할 수 있도록 설정하는 기본 용어와 프로세스를 설명한다.

주로 비트코인을 예제로 설명하지만, 비트코인의 개념 대부분 다른 암호화폐로 바꿔 해석해도 된다. 4장에서는 이더리움으로 비트코인과 다른 새로운 아이디어를 소개한다.

암호화폐 시스템의 공개키와 개인키

암호화의 사용은 수천 년 전으로 거슬러 올라간다. 주된 용도는 정보를 보호하는 것이었다. 20세기까지 암호화는 필기도구로 필기하는 형태였으며 보통 기초적인 코드를 만드는 데 사용됐다. 현대에는 기계와 컴퓨터의 사용이 암호화의 사용을 촉진시켰다. 예를 들어, 연합군이 제2차 세계대전에서 독일의 암호 해독에 성공한 것이 전쟁 종료에 기여했다.

현대 암호학은 1970년대까지 정부에 의해 주로 사용됐다. 컴퓨터 네트워크의 확산과 함께 공개키 즉, 비대칭 암호화가 발명됐다. 공개키 암호화는 수신자의 공개키로 누구나 쉽게 메시지를 암호화할 수 있으며, 수신자의 개인키를 사용해야만 암호화한 메시지를 해독할 수 있다.

암호학은 인터넷을 뒷받침하는 주요 시스템에 중요한 요소로 사용됐다. 공개키 암호화 기법은 비트코인과 같은 암호화폐의 필수 요소다. 예를 들어, 비트코인 지갑에 생성하면 공개키와 개인키, 비트코인 주소가 생성된다. 비트코인 주소는 공개키를 변환한 것으로, 자금을 받을 수 있고 다른 주소로 보낼 수 있는 지갑의 ID다. 비트코인 주소는 수신 및 전송을 위해 사용자 이름 또는 이메일 주소와 같이 누구와도 공유할 수 있다. 개인키는 비밀로 유지되며 저장된 암호화폐를 잠금 해제하는 데 사용된다. 이는 마치 은행 계좌에 액세스하기 위해 암호를 사용하는 것과 같다. 다음은 시스템의 예를 보여준다.

개인키	Kyc9JCPPKNPrMUopkCc7ng9PU5Bp9SGsjVkh8Hpfx4tCr5LGXgBf
공개키	033b368bfccf5921f8a5a42b81b0f5ecdc66583fac8dc13bcf860cf31290964c64
비트코인 주소	19PacjCFSSt9guX4zZ3GPpXpDrvDNQ7DC4

1장에서 언급했듯이 비트코인 개인키는 디지털로 거래에 서명하는 데 사용된다. 비트코인 주소의 소유자는 비트코인 네트워크에 주소의 정당한 소유자임을 증명하고, 거래가 어떻게 승인되는지 증명한다. 현실에서 은행카드 사용자는 ATM으로 걸어가 카드를 삽입하고 개인 식별번호[PIN]를 입력한다. PIN은 비공개이므로 사용자만 알 수 있다. ATM 네트워크의 경우 유효한 PIN은 ATM 사용자가 트랜잭션에 서명했음을 나타낸다.

비트코인 공개키는 비트코인 주소를 생성하는 데만 사용된다. 비트코인 주소는 본질적으로 공개키의 압축 버전이므로 읽기가 훨씬 쉽다. 비트코인 주소는 누군가가 비트코인을 주소로 보내달라고 요청할 때, 종종 누구와도 공개적으로 공유할 수 있다.

비트코인의 개인키는 무작위 생성기에 의해 생성된 무작위 256비트 숫자다. 개인키는 16진수 형식으로 표시돼 있다. 사용자가 개인키를 갖고 있다면, 공개키와 페어링해 비트코인 주소를 잠금 해제할 수 있다. 모든 것이 개인키에서 시작된다. 개인키로 사용자는 공개키와 비트코인 주소를 생성할 수 있다. 그림 2-1은 비트코인 주소를 생성하는 프로세스와 각 단계에서 어떤 암호화 알고리듬이 사용되는지 보여준다.

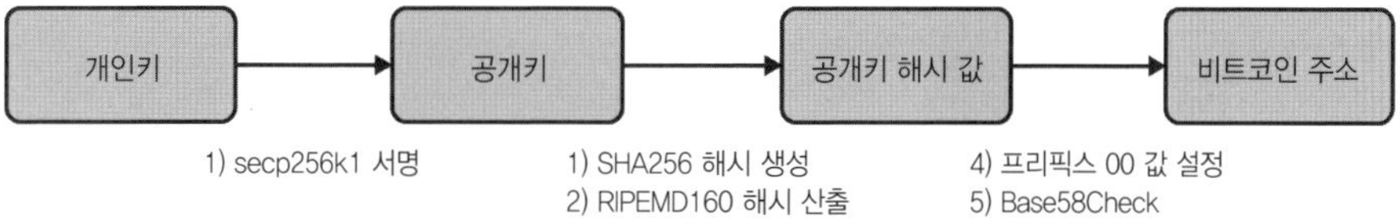

그림 2-1. 개인키에서 비트코인 주소를 찾는 과정

공개키는 ECDSA secp256k1 함수를 써서 개인키가 생성된다. 공개키 해시는 SHA256 및 RIPEMD160 함수로 공개키가 생성된다. 비트코인 주소는 먼저 공개키 해시에 00을 추가한 다음 Base58Check 함수로 생성된다.

UTXO 모델

비트코인 거래는 미지출 트랜잭션 출력Unspent Transaction Outputs, UTXO이라는 독특한 방식을 따른다. 비트코인 거래는 입력 목록과 출력 목록으로 구분된다. 각 입력은 과거에 받은 주소와 함께 자금을 제공하는 비트코인 주소가 있는 미지출 트랜잭션을 식별한다. 각 출력은 비트코인 주소와 주소가 얼마나 많은 돈을 받는지 보여준다. 입력값과 출력값의 차이는 비트코인 마이너가 받게 되는 거래 수수료를 의미한다. 각 입력에는 비트코인 주소의 소유자가 그 거래를 승인한다는 것을 증명하는 디지털 서명이 포함돼 있다. 그림 2-2는 비트코인 거래의 사례를 보여준다.

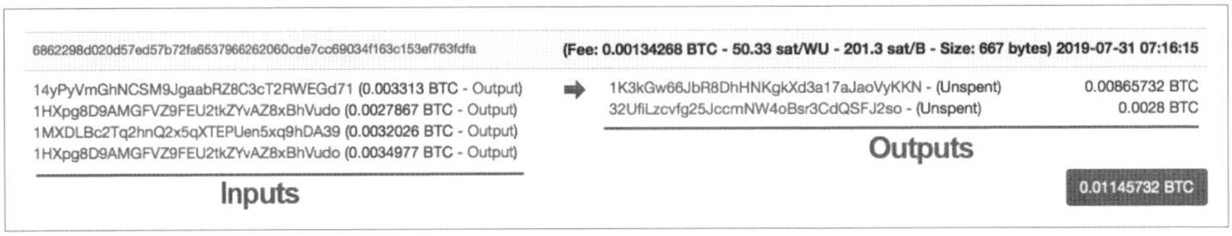

그림 2-2. 비트코인 블록 익스플로러의 모습과 샘플 트랜잭션

그림 2-2에는 4개의 입력이 있다. 입력 중 두 개는 같은 주소 1HXpg8D9AMGFVZ9FEU2tkZYvAZ8xBhVudo에서 왔다. 두 입력은 과거에 받은 주소와 0.0027867 BTC에 대한 거래, 0.0034977 BTC에 대한 거래 두 가지를 가리킨다. 다른 입력 14yPyVmGhNCSM9JgaabRZ8C3cT2RWEGd71과 1MXDLBc2Tq2x5qXTEPUen5xq9hDA39 주소는 과거에 수신한 트랜잭션을 나타낸다.

입력은 총 0.0128 BTC이고 총 출력은 0.01145732 BTC다. 입력 값에서 출력 값을 뺀 차액은 0.00134268 BTC로 블록체인에 블록을 발견한 마이너에게 수수료로 지급된다. 트랜잭션을 만들어 낸 사람은 수수료를 가장 빠르게 발견한 마이너에게 인센티브로 지급하고 메모리 풀Memory Pool에 남아있는 다른 트랜잭션보다 먼저 이 트랜잭션을 포함하도록 한다. 먼저 비트코인 거래가 어떻게 구조화되는지 로우 트랜잭션Raw Transaction을 분석해 볼 필요가 있다.

다음은 로우 트랜잭션의 예다.

```
01000000017967a5185e907a25225574544c31f7b059c1a191d65b53dcc1554d339c4f9efc010000006a473
04402206a2eb16b7b92051d0fa38c133e67684ed064effada1d7f925c842da401d4f22702201f196b10e6e4
b4a9fff948e5c5d71ec5da53e90529c8dbd122bff2b1d21dc8a90121039b7bcd0824b9a9164f7ba098408e6
3e5b7e3cf90835cceb19868f54f8961a825ffffffff014baf2100000000001976a914db4d1141d0048b1ed1
5839d0b7a4c488cd368b0e88ac00000000
```

표 2-1는 로우 트랜잭션의 구성요소를 설명한다.

표 2-1. 비트코인 거래의 해부

항목	내용
버전 정보(Version no.)	4바이트로 트랜잭션을 생성하는 노드가 사용하는 프로토콜 버전을 식별한다. 현재 버전은 1이다.

항목	내용
플래그(Flag)	0001 값을 나타내는 플래그가 있는 경우 노드는 트랜잭션에서 서명 정보를 제거하는 세그윗[1](SegWit, Segregated Witness)을 사용하고 있다는 것이다.
입력 개수(In-counter)	입력 개수
입력 목록(List of inputs)	입력된 데이터 목록
출력 개수(Out-counter)	출력된 데이터 개수
출력 목록(List of outputs)	출력된 데이터 목록
증인(Witnesses)	세그윗을 사용하면 필드에는 증인 목록이 표시된다.
잠금시간(Lock time)	4바이트로 필드가 비어 있지 않으면, 트랜잭션을 블록체인에 추가할 수 있는 가장 이른 시간을 식별한다. 이 필드는 블록 높이 또는 유닉스와 같은 타임스탬프로 표시될 수 있다.

트랜잭션

암호화폐에서 트랜잭션은 한 주소에서 다른 주소로의 값 이동을 나타낸다. 블록체인에 게재된 트랜잭션은 '컨펌Confirmed됐다'고 표현한다. 자금의 통제권을 양도하려면 개인키로 트랜잭션에 서명해야한다. 그 후, 해당 공개키는 수신자가 서명을 확인하고 트랜잭션을 검증하는 데 사용된다. 사용자들은 대부분의 암호화폐에서 트랜잭션이 성사되기 위해 네트워크에 소정의 수수료를 지불해야 한다. 통상 거래가 포함된 블록을 발견한 마이너에게 돌아가는 수수료는 마이너들이 지속적으로 네트워크를 보호할 수 있도록 장려하기 위한 것이다. 비트코인 수수료 추정기 및 계산기Bitcoin Fee Estimator & Calculator와 같은 온라인 도구는 원하는 시간에 블록체인에 기록하기 위해 트랜잭션에 얼마나 많은 수수료를 포함해야 하는지 추정하는 데 도움이 될 수 있다(그림 2-3 참조).

1 세그윗(Segregated Witness, SegWit): 비트코인에서 채굴 전 해제 스트립트의 OP 코드 조작 시 스크립트 규칙에 어긋나지 않기 때문에 기존 트랜잭션 아이디가 변경돼 전파될 수 있는 가단성(Malleability) 문제를 근본적으로 해결하기 위해 BIP-0141, BIP-0142, BIP0143, BIP-0144, BIP- 0145에서 제안된 방식 – 옮긴이

Next Block Fee: fee to have your transaction mined on the next block (10 minutes).	$1.53
3 Blocks Fee: fee to have your transaction mined within three blocks (30 minutes).	$1.53
6 Blocks Fee: fee to have your transaction mined within six blocks (1 hour).	$1.32

그림 2-3. 블록체인에 포함된 트랜잭션에 대한 수수료 추정

비트코인 트랜잭션 수수료는 네트워크 용량과 신속한 확인이 얼마나 필요한지 등에 따라 달라질 수 있다. 블록에 기록할 수 있는 트랜잭션의 수에는 제한이 있으므로(현재 제한은 데이터 1MB 또는 블록당 약 3,500개의 트랜잭션) 긴급성을 높이기 위해 더 높은 수수료가 필요할 수 있다. 마이너들이 트랜잭션을 확인하도록 강요하는 경쟁이 본질적으로 일어나고 있다. 수수료가 인상되면 더 빠른 확인이 이루어진다. 그림 2-4는 비트코인 트랜잭션을 실행할 때 일어나는 일련의 사건을 보여준다.

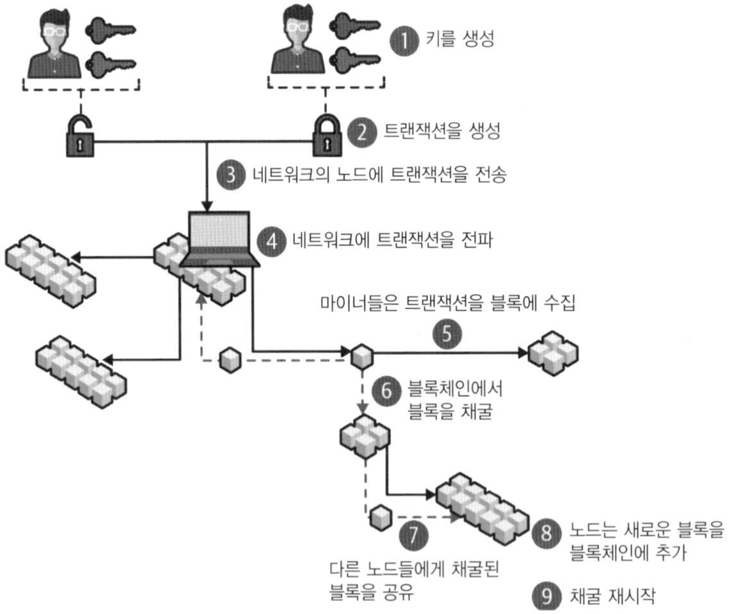

그림 2-4. 비트코인 트랜잭션 실행에 관련된 일련의 이벤트. 6번 '블록체인에서 채굴'은 마이너들이 네트워크에서 컨펌할 새로운 블록을 추가하는 것을 의미한다.

머클루트

머클루트는 256 비트로 저장된 현재 블록의 모든 트랜잭션 상태를 스냅샷으로 보여줄 때 사용된다. '머클루트'란 컴퓨터 과학자 랄프 머클Ralph Merkle이 디지털 서명 데이터 구조인 머클트리를 고안한 데서 유래됐다. 머클루트는 트랜잭션 스냅샷을 찍는 것 외에도 특별한 목적이 있다. 만약 네트워크의 모든 노드가 정확히 같은 트랜잭션 목록을 갖도록 해야 한다면 각 트랜잭션을 개별적으로 비교해야 하지만 그럴 필요가 없다.

머클루트를 사용하면 다른 모든 노드의 머클루트와 비교하기만 하면 되기 때문이다. 이로써 전체 블록체인을 저장할 필요가 없는 가벼운 소프트웨어 클라이언트를 구축해 자체 트랜잭션을 검증할 수 있다.

머클루트를 계산하려면 먼저 머클트리를 작성한다. 여기서 잎leaf은 현재 블록의 트랜잭션이다. 그림 2-5는 머클트리의 구조를 보여준다.

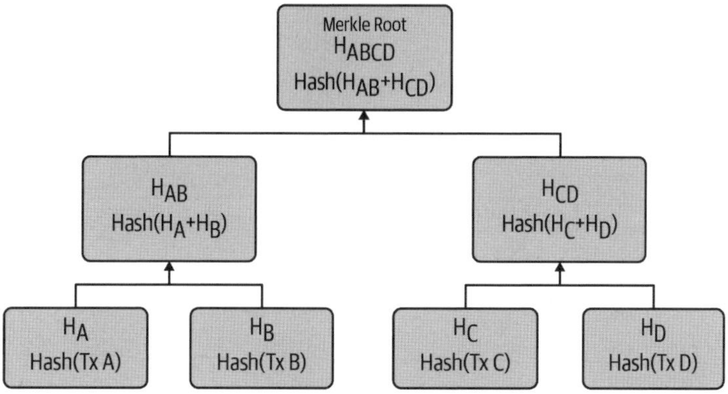

그림 2-5. 샘플 머클트리의 흐름도

H_A는 첫 번째 트랜잭션의 해시, H_B는 두 번째 트랜잭션의 해시다(33페이지의 '해시'에서 더 자세히 다룬다). H_{AB}는 $H_A + H_B = H_{A+B} = SHA256(H_A + H_B)$의 해시다.

> 비트코인의 해시 함수는 더블 SHA-256다.

머클트리를 위로 옮기고 모든 잎에 해시를 구하면 머클루트에 도달한다 (머클트리는 거꾸로 된 나무다). 트랜잭션 수가 홀수이면 프로세스를 계속하기 위해 마지막 트랜잭션이 복제된다. 머클루트는 블록 해시를 생성하는 데 도움이 되는 중요한 값이다(34 페이지의 블록 해시 참조).

그림 2-6은 표본 블록에 대해 생성된 머클루트를, 그림 2-7은 머클트리의 흐름도를 보여준다.

Block 125552

Hash	0000000000000001e8d6829a8a21adc5d38d0a473b144b6765798e61f98bd1d
Confirmations	518,890
Timestamp	2011-05-22 01:26
Height	125552
Miner	Unknown
Number of Transactions	4
Difficulty	244,112.49
Merkle root	2b12fcf1b09288fcaff797d71e950e71ae42b91e8bdb2304758dfcffc2b620e3

그림 2-6. 비트코인 블록 #125552의 정보

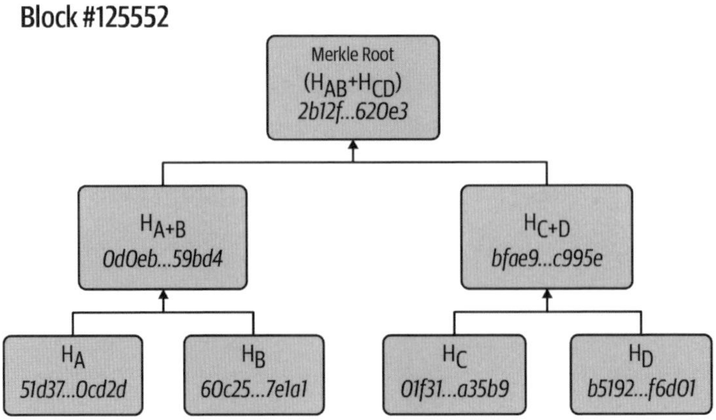

그림 2-7. 머클트리의 흐름도

머클루트에 도달하는 방법은 다음과 같다.

첫 번째 트랜잭션의 tx 해시

H_A = 51d37bdd871c9e1f4d5541be67a6ab625e32028744d7d4609d0c37747b40cd2d

두 번째 트랜잭션의 tx 해시

H_B = 60c25dda8d41f8d3d7d5c6249e2ea1b05a25bf7ae2ad6d904b512b31f997e1a1

세 번째 트랜잭션의 tx 해시

H_C = 01f314cdd8566d3e5dbdd97de2d9fbfbfd6873e916a00d48758282cbb81a45b9

네 번째 트랜잭션의 tx 해시

H_D = b519286a1040da6ad83c783eb2872659eaf57b1bec088e614776ffe7dc8f6d01

머클루트까지의 해시

H_{A+B} = 0d0eb1b4c4b49fd27d100e9cce555d4110594661b1b8ac05a4b8879c84959bd4
H_{C+D} = bfae954bdb9653ceba3721e85a122fba3a585c5762b5ca5abe117b30c36c995e
H_{A+B} + H_{C+D} = Merkle root = 2b12fcf1b09288fcaff797d71e950e71ae42b91e8bdb2304758dfcffc2b620e3

여기서 머클루트를 사용해 블록체인 노드에서 조작을 신속하게 감지할 수 있다는 점이 가장 중요하다. 주어진 노드의 블록체인에 어떤 변조나 부패가 생긴다면, 머클루트 해시는 더 이상 다른 노드와 일치하지 않을 것이다.

트랜잭션 서명 및 검증

각 트랜잭션 입력에는 보내는 주소의 소유자가 트랜잭션을 승인했다는 증거를 제공하는 서명이 포함된다. 서명은 그림 2-8에서와 같이 개인키와 트랜잭션 데이터를 입력으로 하는 암호화 알고리듬인 ECDSA를 사용해 생성되고 암호화된다.

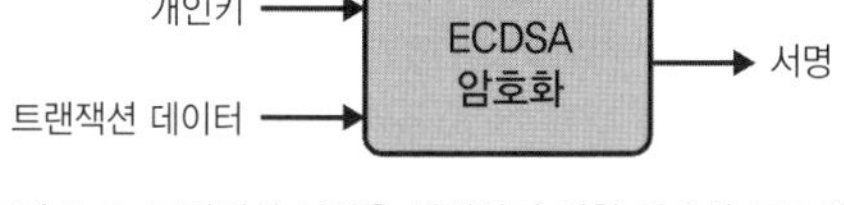

그림 2-8. 트랜잭션 서명을 생성하기 위한 암호화 프로세스

모든 노드가 트랜잭션을 검증할 때 그림 2-9와 같이 ECDSA 검증 함수를 사용해 서명의 유효성을 쉽게 검증할 수 있다.

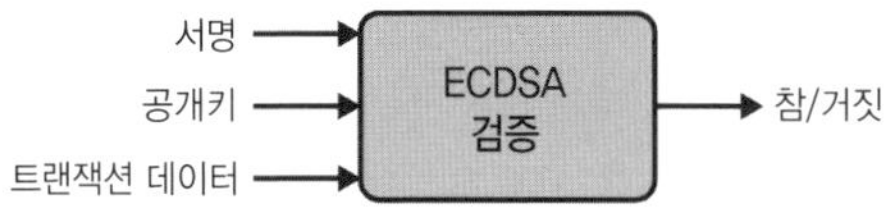

그림 2-9. 트랜잭션의 서명 확인

중요한 것은 트랜잭션를 허가하는 디지털 서명이 유효한지 확인하는 데 개인키는 필요하지 않다는 점이다. 모든 노드가 공개 정보를 사용해 트랜잭션을 쉽게 검증할 수 있지만 개인키가 필요하기 때문에 서명 자체를 생성할 수는 없다.

코인베이스 트랜잭션

모든 블록에 기록된 첫 번째 트랜잭션을 코인베이스 트랜잭션이라고 한다. 코인베이스 트랜잭션은 두 가지 값으로 구성된다.

블록보상

마이너가 비트코인 네트워크 유지를 위해 블록 발견 작업을 수행하고 네트워크로부터 받는 보상이다. 보상은 새로운 비트코인이 전체 공급에 추가되는 형태로 이뤄진다.

거래 수수료

현재 블록에 추가되는 각 트랜잭션 수수료의 총합을 의미한다. 블록에 들어갈 수 있는 것보다 더 많은 트랜잭션이 처리 대기 중이어서 빠른 처리를 위해 트랜잭션 수수료 시장이 형성되는 경우가 많다. 마이너에게 트랜잭션 처리를 빠르게 원할수록 거래 수수료Transaction fees는 높아진다. 비트코인 수수료 사이트는 현재 평균 거래 수수료가 얼마인지를 보여준다.

코인베이스 트랜잭션은 코인베이스라는 입력이 하나 있는데, 입력이 비어 있다. 예를 들어, 이전 트랜잭션은 0의 32바이트이며 스크립트 서명은 논스 헤더 오버플로와 같이 마이너가 선택할 수 있는 임의의 데이터를 포함하도록 허용된다(47페이지의 '채굴 과정'에서 자세히 다룬다).

그림 2-10은 비트코인 블록 익스플로러에서 코인베이스 트랜잭션이 어떻게 보이는지를 보여준다.

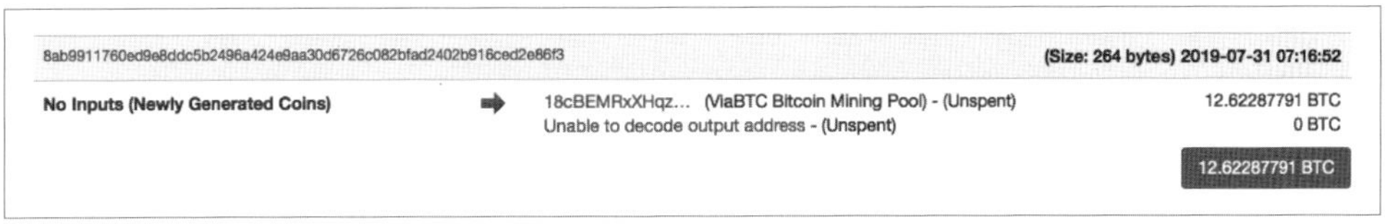

그림 2-10. 코인베이스 트랜잭션 예

비트코인 트랜잭션 보안

비트코인 트랜잭션은 푸시 거래로, 송금자(계좌에서 자금을 보내는 사람)이 거래를 시작하는 사람을 의미한다. 대조적으로, 풀 트랜잭션은 수신자에 의해 시작된다. 예를 들어 신용카드 거래를 들 수 있는데, 이때 자금을 받고 있는 가맹점이 거래를 개시한다.

풀 트랜잭션은 보낸 사람이 자신의 계정 세부 정보를 수신자와 공유하도록 요구하기 때문에 보안성이 현저히 떨어진다. 약점을 보완하기 위해, 풀 결제 네트워크(비자와 같은)는 과금 또는 거래에 이의를 제기하고 환불을 요청할 수 있는 기능을 제공한다.

푸시 트랜잭션으로 비트코인 트랜잭션의 안전성이 월등히 높아졌다. 거래를 시작할 때 송금자는 자신의 계좌 정보를 노출할 필요가 없다. 부정 거래가 일어날 수 있는 유일한 방법은 허가 받지 않은 사람이 누군가의 개인키를 복제해 송금하는 것이다.

인증되지 않은 사용자가 개인키를 얻는 가장 일반적인 방법은 보안이 없는 서버 또는 데이터베이스에 침입하는 것이다.

오늘날 사용 가능한 기술로는 누군가의 개인키가 무엇인지 추측하거나 역 설계하는 것이 불가능하다고 본다. 개인키를 추측할 수 있는 유일한 방법은 가능한 모든 조합을 시도하는 방법 즉, 무차별적인 생성을 하는 것이다.

개인키는 256비트 숫자인데, 이는 시도할 수 있는 2^{256}개의 잠재적 조합이 있다는 뜻이다.

$$2^{256} = 1.15^{77} = 4\ \text{billion}^{8}$$

2020년 비트코인 네트워크의 총 전력은 세계의 어떤 슈퍼 컴퓨터보다 크다. 현재 비트코인 해시 레이트(모든 마이너가 주어진 블록을 해결하려고 시도하는 해시 수)은 초당 90 엑사시 정도에 이른다. pow(2,128)/(90000000000000000*3600*24*365)=119,892,034,120과 같은 효과를 볼 수 있다(pow(2,128)는 비트코인 개인키를 생성하는 데 사용되는 암호화 알고리듬으로, ECDSA가 키의 제곱근에 비례해 해독될 수 있기 때문이다).

비트코인 네트워크의 모든 채굴자의 처리 능력을 활용한다면, 모든 조합을 확인하는 데 걸리는 시간은 다음과 같다.

$$4{,}589{,}678{,}828{,}851^{37}\text{년}$$

무차별 공격brute force attack은 일반적으로 컴퓨터 시스템을 해킹하는 데 사용되며 공격자는 수많은 사용자 암호를 시도한다. 비트코인 개인키는 시도할 수 있는 조합이 너무 많기 때문에 무차별적인 공격에 강하다.

해시

암호화 해시는 어떤 형태의 데이터든 고정된 크기의 문자열로 암호화하는 함수다. 해시는 블록체인에서 다음과 같은 특성이 있다.

- 입력에 관계없이 결과 해시는 항상 고정된 길이다. 예를 들어 SHA-256에 의해 생성된 해시의 길이는 항상 256비트다.
- 해시는 단방향 암호화로 데이터를 쉽게 암호화할 수 있다.
- 반대로 해시를 원래 입력 데이터로 다시 해독하는 것은 불가능하지는 않지만 매우 어렵다. 개인키 없이 해시를 해독하는 유일한 방법은 브루트 포스brute force[2]를

2 브루트 포스(brute force): 무차별 대입 공격은 특정한 암호를 풀기 위해 가능한 모든 값을 대입하는 것을 의미 – 옮긴이

사용하는 것인데, 이는 기본적으로 가능한 모든 입력 데이터 조합을 시도하고 결과 해시가 유효한 해시와 일치하는지 확인하는 것을 의미한다.

- 해시는 결정적deterministic이다. 이는 같은 입력 데이터가 입력될 때마다 결과 해시가 항상 같다는 뜻이다. 동일한 입력을 사용해 나중에 해시를 다시 만들고 원본과 비교해 데이터의 변조나 손상이 발생했는지 확인하는 것도 쉽다.
- 입력 데이터에 약간의 변경이라도 결과 해시를 매우 다르게 보이게 한다. 이것은 해시의 암호를 해독하는 어려움을 가중시킨다.
- 암호 해시는 충돌에 강하다. 같은 해시를 산출하는 두 개의 다른 입력 값을 찾을 가능성은 매우 낮다. 즉, 모든 고유한 입력은 고유한 출력을 가진다.

다양한 암호화 해시 알고리듬이 존재한다. 가장 일반적인 두 가지는 다음과 같다.

- SHA-256: 비트코인에서 일반적으로 사용됨
- Keccak-256, 이더리움에서 일반적으로 사용됨

해시의 일반적인 사용 사례는 암호의 해시를 데이터베이스에 저장하는 보안 웹 사이트다. www.store.com 웹사이트의 비밀번호가 'FNj{:;k#F43rQ\'라고 가정하면, 추가 보호를 위해 웹사이트의 데이터베이스는 암호가 아닌 암호의 해시를 저장한다. 웹사이트가 해시 함수 SHA-256을 사용할 때 데이터베이스에 저장된 문자열은 다음과 같다.

```
SHA-256("FNj{:;k#F43rQ\") =
6586BC035202DFF98A67B814ACA615E613CBBFAE8FFA8F4A475DA0FAEF079C9D
```

로그인할 때 웹사이트는 입력한 문자열의 해시를 데이터베이스에 저장된 해시와 비교해 입력한 암호만 확인하면 된다. 해커가 데이터베이스에 침입하면 고객 비밀번호 해시만 얻을 수 있기 때문에 이 과정은 웹사이트를 더 안전하게 만든다.

블록 해시

블록 해시는 블록이 생성되는 순간에 전체 블록체인이 어떤 모습이었는지 보여주는 스

냅샷이다. 회계 용어로 말하면 전체 네트워크에 대한 대차대조표와 같다. 네트워크의 모든 노드는 블록 해시를 참조해 네트워크를 보는 시각이 다른 모든 노드와 정확히 일치하는지 확인한다(그림 2-11 참조). 노드의 원장에 사소한 차이점이 하나라도 있다면, 그 해시는 상당히 다르게 보일 것이다. 블록 해시로 비교해 블록체인이 변조되거나 손상되는 것을 방지하는 것이다. 내용이 변조되거나 손상된다면, 해시는 더는 동일하지 않을 것이다.

예를 들어 그림 2-11에서 서버 #4는 다른 모든 노드와 다른 블록 해시를 가진다. 이는 네트워크에 대한 노드의 시각이 잘못됐음을 의미한다. 블록 해시를 확인하는 것은 각 노드가 다른 모든 노드의 트랜잭션 기록을 확인하는 과정보다 훨씬 빠르다.

비트코인 블록 해시는 'Block Header'에서 SHA-256 해시 함수를 사용해 생성된다.

```
SHA256( SHA256( Block_Header ) )
```

Block Header는 표 2-2 항목의 데이터로 구성된다.

표 2-2. 비트코인 블록 버전의 해부

항목	내용	바이트 크기
버전(Version)	블록 버전 번호	4
이전 블록 해시 (hashPrevBlock)	이전 블록 헤더의 256비트 해시	32
머클루트 해시 (hashMerkleRoot)	현재 블록의 모든 트랜잭션을 기반으로 한 256비트 해시	32
시간(Time)	1970-01-01T00:00 UTC이후 블록 타임 스탬프(초 단위)	4
비트 수(Bits)	현재 대상의 콤팩트 형식	4
논스(Nonce)	32비트 숫자 (시작은 0)	4

'Block Header'에서 가장 중요한 두 필드는 이전 블록에서 비트코인 네트워크가 어떻게 생겼는지 스냅샷을 제공하는 'hashPrevBlock' 필드와 현재 블록에 포함된 모든 트랜잭션의 스냅샷인 'hashMerkleRoot' 이다.

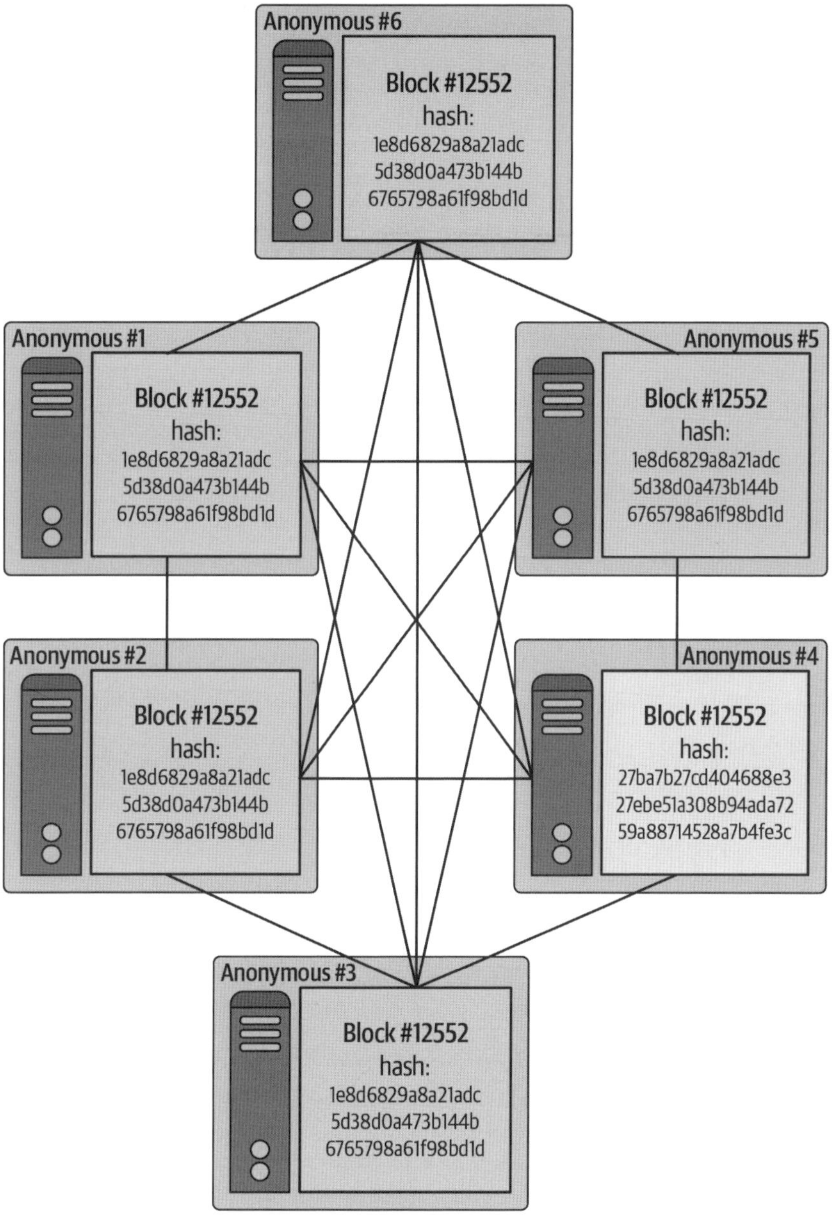

그림 2-11. 네트워크 안의 모든 노드는 같은 블록 해시를 갖고 있다.

그림 2-12에서 볼 수 있듯이 새로운 블록 해시를 생성할 때, 이전 블록 해시를 포함해 모든 블록이 이전 블록에 연결되거나 체인화가 되도록 한다.

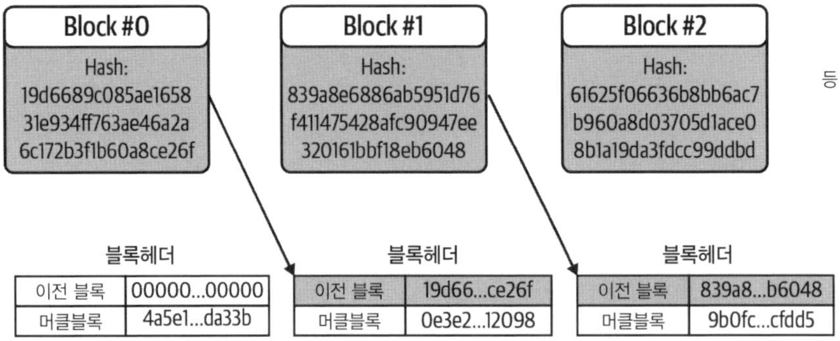

그림 2-12. 블록 해시는 연속적인 블록을 하나의 큰 체인으로 연결

커스터디: 개인키는 누가 갖고 있는가

금융서비스에서 커스터디는 자산을 보유, 이동, 보호할 수 있는 능력을 말한다. 암호화폐 자산을 저장하는 방법이 다양하므로 커스터디를 지원하는 개념을 아는 것이 좋다.

지갑 유형 : 수탁형과 비수탁형

사람들이 보통 가죽과 같은 재질로 만든 지갑에 현금이나 신용카드를 넣는다. 암호화폐도 이와 비슷한 개념으로 암호화폐 지갑에 저장된다. 암호화폐 지갑은 암호키를 저장하고 안전하게 유지하기 위한 인터페이스이다. 암호화폐 자체는 어떤 장치에도 물리적으로 존재하지 않으며, 지갑은 암호키와 연관된 키를 저장하기 위해만 사용된다. 많은 사람들이 암호화폐와 블록체인이 '수학에 의해 보안된다'고 말하는데, 앞서 설명한 내용을 짧게 표현한 것이다.

일반적으로 암호화된 지갑에는 수탁형 및 비수탁형 두 가지 유형이 있다. 수탁형^Custodial^ 지갑은 신뢰할 수 있는 엔티티에 의해 제어되며 사용자는 일반적으로 웹 인터페이스를 통해 내용에 접근해야 한다. 사이트는 사용자를 위한 개인키를 저장한다. 이때 사용자는 개인키 분실을 걱정하지 않아도 된다.

거래소는 수탁형 지갑의 일반적인 예다. 계정에 암호화폐를 갖고 있으며 키를 소유하고 제어한다. 유명한 수탁형 지갑 제공업체는 2012년 설립돼 시장에서 가장 오래된 코인베이스Coinbase다.

수탁형의 분명한 단점은 거래소가 파산하거나 자금을 가지고 도망칠 경우 사용자가 키를 직접 소유하거나 통제하지 않기 때문에 할 수 있는 조치가 없다는 것이다. 따라서 신뢰는 중요한 문제다. 사용자는 자신의 키를 보호하고 책임감 있게 행동하기 위해 서비스를 신뢰해야 한다.

비수탁형Noncustodial 지갑은 사용자에게 열쇠를 완전히 제어할 수 있게 해 준다. 하지만 여기 아래쪽에 있다. 사용자는 개인키의 보안에 전적으로 책임이 있다. 사용자가 열쇠를 잃으면 사용자의 자금에 완전히 접근할 수 있게 된다. 2011년 설립된 블록체인닷컴Blockchain.com은 시장에서 가장 오래되고 가장 큰 비고객 지갑 제공 업체 중 하나다.

> 비수탁형 지갑을 사용하려면 노력이 필요하며, 컴퓨터 보안 경험이 없는 사람에게는 권장되지 않지만 상당히 간단한 단계로 수행할 수 있다.

지갑 유형 변형

두 가지 주요 지갑 유형은 다양한 방법으로 구현될 수 있다.

- 핫 월렛은 인터넷에 연결돼 있어 거래를 생성할 때 키를 쉽게 사용할 수 있다. 자금 이동이 쉽다는 의미다. 교환용 지갑, 웹 지갑 등 많은 커스텀 다이얼 지갑이 핫 월렛이다.
- 콜드 월렛은 개인키가 완전히 오프라인으로 저장되는 지갑이다. 이것은 종이 조각이나 인터넷과 완전히 분리된 다른 물체에 있을 수 있다. 대형 암호화폐 업체들은 안전한 보관을 위해 자금 대부분을 콜드 월렛에 보관한다.
- 하드웨어 지갑은 개별 사용자에게 자금을 콜드 월렛으로 보관할 수 있게 해 준다. 하드웨어 지갑 장치는 인터넷에 지속적으로 연결되지 않는 비수탁형 지갑으로 암

호화된 키의 안전한 저장을 보장한다. 가령 레저Ledger와 킵키KeepKey를 포함하면 둘 다 수십 가지 암호화 자산을 지원한다.

장점

— 다중 자산을 위한 지원

— 많은 양의 값을 저장하기 위한 좋은 콜드 스토리지 방법

단점

— 다른 월렛에 비해 사용하기가 쉽지 않음

— 자금은 쉽게 접근할 수 없음

- 페이퍼 월렛은 개인키가 인쇄되거나 쓰이고 물리적으로 안전한 오프라인 어딘가에 저장되는 일종의 비수탁형 지갑이다. 이를테면 비트코인의 Walletgenerator.net과 이더리움의 MyEtherWallet이 있다.

장점

— 오랜 시간 저장하기 좋은 콜드 스토리지 방법

— 키가 오프라인이라 온라인 탈취 위험도 최소화

단점

— 온라인 월렛만큼 쉽게 접근할 수 없음

— 키를 제대로 저장하지 않으면 물리적 손상이 발생할 수 있음

- 웹 월렛은 브라우저를 통해 연결되는 웹사이트 기반 지갑이다. 가령 코인베이스(수탁형)와 블록체인닷컴(비수탁형)을 말한다.

장점

— 컴퓨터에서 쉽게 접근

— 구매/판매 능력 보유

단점

— 사용자는 보통 키를 제어하지 않음

— 보안을 위해 웹사이트 운영자를 신뢰해야 함

- 데스크톱 월렛은 윈도우Windows, 맥Mac 또는 리눅스Linux 컴퓨터에서 실행되는 소프트웨어다. 비트코인은 일렉트럼Electrum이 있고 이더리움은 메타마스크MetaMask가 있다.

  장점

  — 사용자가 키를 제어

  — 보안 개선을 위해 오프라인으로 사용할 수 있음

  단점

  — 모든 암호화폐에 가장 적합한 데스크톱 지갑은 없음

  — 데스크톱 보안은 사용자가 유지해야 함

- 모바일 월렛은 앱 기반 지갑으로 안드로이드나 iOS용 앱스토어에서 확인할 수 있다. 비트코인은 마이셀리움Mycelium이 있고 여러 자산을 지원하는 앱은 에지Edge가 있다.

  장점

  — 어디서든 트랜잭션을 보낼 수 있음

  — 모바일 지갑이 많은데 키를 조절

  단점

  — 누군가 장치에 액세스하면 보안이 되지 않음

  — 대량의 가치를 저장하는 좋은 방법은 없음

보안 기본사항

개인키를 비공개로 하는 것이 중요하다는 점은 말할 것도 없다. 개인키에 접근할 수 있는 사람이 있다면, 지갑에 있는 코인으로 거래를 하고 옮길 수 있는 권한이 생기는 것과 마찬가지기 때문이다.

사람들이 암호화폐를 잃는 가장 흔한 방법 중 하나는 인증 발급 과정에서 발생한다. 그것은 암호화폐 지갑과 관련된 개인키나 비밀번호의 노출을 의미한다. 암호화폐 분실 문제를 방지하는 데 도움이 되는 방법을 소개한다.

신원 검증[3]

오늘날 너무나 다양한 메신저 서비스가 사용되고 있어서, 누가 누구인지 구별하기는 어렵다. 누군가가 암호화폐를 요구하는 것처럼 이상한 요청을 하기 시작하면, 누구와 대화하고 있는지 개인적으로 알려진 정보를 통해 확인해야 한다.

2단계 인증

암호를 사용하는 것 외에도 2단계 인증Two-factor을 하는 것이 좋다. 2단계 인증은 웹사이트가 사이트에서 계정에 접근하기 위해 휴대폰에 인증 문자 메시지를 보낼 때와 같은 다른 확인 방법이 필요하다. 2단계 인증을 하는 방법은 여러 가지다. 2단계 인증은 제대로 수행하지 않으면 포팅(다음 참조)에 영향을 받을 수 있다. 어씨Authy나 구글 OTPGoogle Authenticator와 같은 앱을 이용한 검증도 좋은 방법이다. 또 유비키YubiKey 등 하드웨어 기기를 인증할 수도 있다.

주의해야 할 공격 유형은 다음과 같다.

휴대폰 포팅

포팅은 누군가가 공격할 대상의 전화번호를 받아서 들어오는 메시지를 가로채도록 하는 일반적인 공격이다. 휴대폰 포팅은 종종 통신사에 전화를 걸어 공격자가 배운 개인정보를 제공함으로써 이뤄진다. 공격 벡터의 위험 때문에 2단계 인증에 SMS 검증을 사용하지 않는 것이 좋다. 좋은 대안은 구글 보이스 같은 텍스트를 지원하는 휴대용 VoIP 전화 번호를 설정하는 것이다.

피싱

피싱은 해커들이 계좌(그리고 암호화)를 장악하는 방법이다. 해커는 일반적으로 정부 기관이나 잘 알려진 회사와 같은 친숙하고 신뢰할 수 있는 조직이라고 주장하며 사

3 신원 검증의 사례: 암호화폐 전문매체 비트코인닷컴은 20일(현지시간) 오픈씨의 공동 설립자이자 CEO인 데빈 핀저(Devin Finzer)가 NFT 시장의 코드베이스가 침해됐고 공격자가 2억 달러(약 2391억 원)를 훔쳤다는 루머를 일축하면서 피싱 공격에 불과한 사건임을 밝혔다고 보도했다. 이번 공격은 회사의 e메일로 가상한 피싱에 의한 것으로 사용자 17명이 속았고, 이들 중 일부가 보유 NFT를 도난 당했다. 데빈 핀저 오픈씨 최고경영자(CEO)는 "이번 사건은 피싱 사건이며 오픈씨 웹사이트에서 시작된 것이 아니라고 결론 내렸다"고 말했다. (https://www.fnnews.com/news/202204290932135512) – 옮긴이

용자에게 암호와 같은 개인정보를 공개하도록 권장하는 링크가 포함된 메시지를 보낸다. 예를 들어, 상사가 보낸 것처럼 이메일을 보내 주민등록번호를 요구하거나, 질문을 하면서 신뢰를 쌓을 수도 있다. 피싱은 해커들이 할 수 있는 방법 중 가장 효과적인 방법이다. 해커들이 필요로 하는 것은 개인정보를 얻는 것이다. 가장 좋은 해결방안은 검증되지 않은 이메일이나 문자에 응답해 누구에게도 개인정보를 제공하지 않는 것이다. 요청이 오면, 항상 전화와 같은 통신 수단으로 진짜인지 확인해야 한다.[4]

기본을 반드시 명심해야 한다. 애플의 공동 설립자인 스티브 워즈니악Steve Wozniak 조차도 페이팔PayPal에서 신용카드 정보를 획득해 비트코인을 결제하고 해커에게 자금을 보내 사기를 당했다. 카드 거래가 번복됐지만 비트코인은 이미 발송된 상태였다. 암호화폐는 해커들에게 큰 매력이기 때문에 조심해야 한다.

복구 시드

복구 시드는 비수탁형 지갑에 저장된 개인키를 검색하는 데 사용할 수 있는 일련의 단어다. 시드는 무작위 숫자와 문자열인 개인키를 기억하기가 매우 어려우므로 보통 메모리 보조 장치로 사용된다. 시드 문구는 일반적으로 사용자가 지갑을 되찾을 수 있도록 충분한 정보를 저장한다. 시드 구절은 다음과 같이 보이기도 한다.

```
witch collapse practice feed shame open despair creek road again ice least
```

반드시 안전한 곳에 비수탁형 지갑의 시드 문구를 보관해야 한다. 시드 문구는 월렛과 같고, 공격자가 파악하면 자금에 쉽게 접근할 수 있다. 암호화폐는 잔고를 완전히 통제할 수 있게 해주지만, 제어하는 것은 본인에게 달려있다.

4 아주 유사한 사례로 글로벌 최대 NFT 마켓플레이스인 오픈씨도 잇따라 해커들의 공격 대상이 됐다. 지난 1월 75만달러(약 9억원) 상당의 NFT가 도난당한 데 이어, 2월에도 해킹으로 170만 달러(약 21억원) 규모의 피해가 발생했다. 이번 공격은 회사의 이메일로 가장한 피싱에 의한 것으로 사용자 17명이 속았고, 이들 중 일부가 보유 NFT를 도난당했다. https://www.fnnews.com/news/202204290932135512 – 옮긴이

종이에 시드를 적고 코팅을 하는 방식으로 필체가 희미해지지 않도록 해야 한다. 그림 2-13과 같은 금속 시드 저장 장치를 사용하는 것도 유용할 수 있지만 부식이나 습도와 같은 요소를 고려해야 한다.

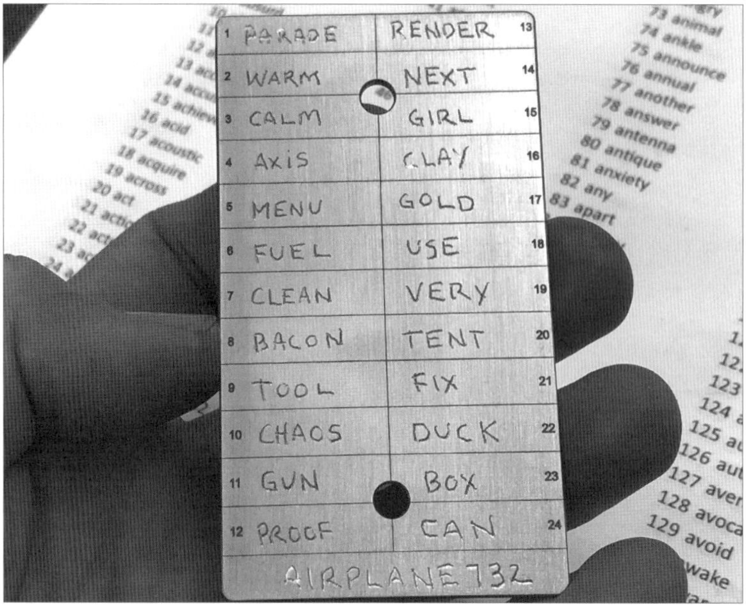

그림 2-13. 샘플 콜드 스토리지, 금속에 복구 시드 내장(이미지 출처: http://www.coldti.com)

월렛 시드로 사용할 니모닉(Mnemonic)[5]을 생성하는 가장 일반적인 메커니즘은 주소에서 구문을 만드는 표준인 BIP39이다.

사용자가 개인키를 제어하든 그렇지 않든 암호화폐는 탈취당할 수 있다. 안전한 통신 도구를 사용하고, 2단계 인증을 설정하고, PIN이 있어야 하며, 피싱을 인지하는 것이 중요하다. 지갑에서 암호화폐가 떠나면 되찾을 수 없을 정도다.

5 니모닉(Mnemonic): 지갑을 복구하기 위한 12~24 단어로 표현된 단어 모음집 – 옮긴이

채굴

처음에는 암호화폐 채굴은 사람들의 취미로 하는 차원이었다. 얼리어답터들은 비트코인 코어 소프트웨어를 다운로드받아 실행했고, 컴퓨터에서 소프트웨어를 실행하는 것만으로도 여기저기서 비트코인을 채굴할 수 있었다.

2010년 1BTC는 0.30달러의 가치가 있었기 때문에 마이너들은 돈을 많이 벌지 못했다. 당시 블록 보상은 50 BTC 이었으므로 마이너가 하루에 한 블록을 발견하면 15 달러를 벌 수 있다. 그러나 취미로 하던 사람들이 전문가들에게 자리를 내주면서 시간이 지남에 따라 채굴 생태계의 변화가 생겼다.

채굴은 인센티브에 관한 것

시간이 흐르면서 비트코인당 가격이 오르고 전문 채굴 하드웨어에 대한 관심이 높아지면서 채굴의 '난이도'도 높아졌다. 얼마 지나지 않아 일반 컴퓨터를 내 컴퓨터에 사용하는 것만으로는 충분하지 않았다. 마이너들은 경쟁하기 위해 그래픽 처리 장치GPU로 알려진 특별한 컴퓨터 하드웨어가 필요했다. 그런 다음 효율성을 향상시키기 위해 응용 프로그램별 집적회로ASIC라고 하는 특수 마이크로 프로세서를 사용하기 시작했다. 오늘날 대부분의 암호화폐 채굴은 거대한 데이터 센터에서 이루어지며, 많은 양의 전력이 쓰이며, 냉각이 필요한 기계 선반에 랙Rack까지 설치해서 운영해야 한다.

채굴을 가능하게 하는 동기는 인센티브에 있다. 처음에는 마이너들이 기본적으로 퍼즐이라고 하는 것을 해결하기 위해 개인용 컴퓨터를 사용해 서로 경쟁하고 있었다. 이에 대한 보상금은 50 비트코인이었고, 체인에 새로운 블록이 등록됐다. 그러나 시간이 흐르면서 이런 퍼즐을 해결한 암호보상은 심각한 수익(그림 2-14)으로 전환됐다.

비트코인을 대규모로 채굴하면 엄청난 이점이 있다. 값싼 전력과 데이터 센터에 접근하면 암호화폐 채굴이 수익성이 높아질 수 있다. 결과적으로, 마이너는 대부분 취미 생활자의 범위를 넘어섰다. 취미생활로 채굴을 환영하는 새로운 암호화폐가 등장할 수도 있지만 비트코인은 대규모 데이터센터 기반 채굴의 엔터프라이즈 수준에 도달했다.

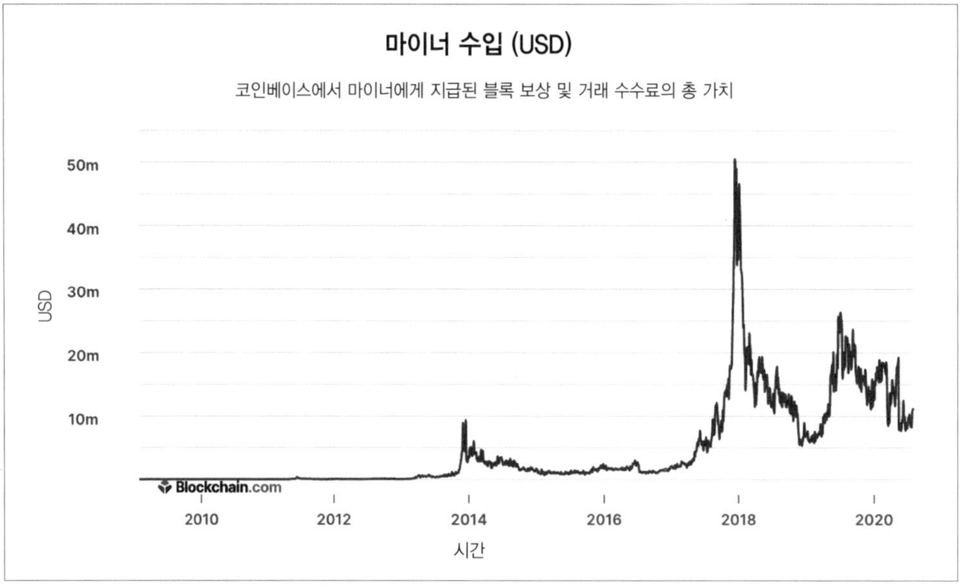

그림 2-14. 가격만큼 변동성이 큰 비트코인의 채굴 수익

블록 제너레이터

왜 채굴이 존재하는가? 많은 암호화폐는 작업 증명이라는 합의 알고리듬을 사용하기 때문에 채굴이 필요하다(다음 절에서 '합의'에 관해 알아본다). 비트코인의 경우 특정 패턴과 일치하는 해시를 만들어 퍼즐을 풀기 위해 계산을 실행함으로써 '작업'이 '증명'된다. 해시는 완성되면 채굴되는 블록의 주소를 보여준다. 현재 퍼즐이 해결된 후에만 블록체인에 새로운 블록이 추가된다.

블록을 만드는 작업을 증명하는 과정을 채굴이라고 한다. 블록을 채굴하는 데 필요한 순전한 컴퓨팅 파워가 비트코인을 안전하게 만드는 데 충분한 억제제 역할을 한다는 생각이다. 그림 2-15에서 알 수 있듯이 암호 퍼즐을 푸는 데 필요한 컴퓨팅 파워의 양이 빠르게 증가하고 있다.

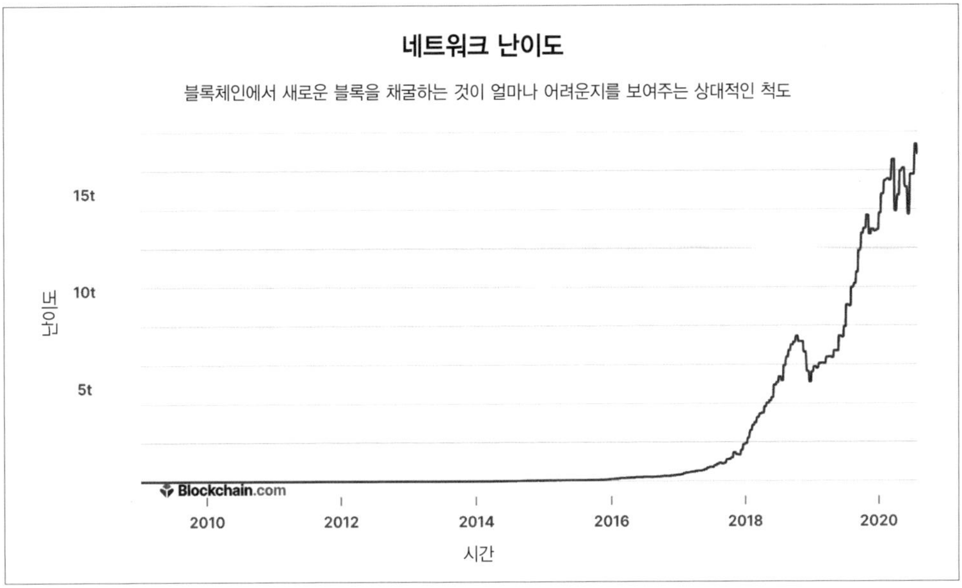

그림 2-15. 비트코인 네트워크의 채굴 난이도 역사

그래프에서 급격하게 올라가는 난이도는 사고가 아니다. 비트코인은 2,116 블록마다 채굴 난이도를 조절하도록 설계돼 있어 퍼즐을 따라 시간이 흐르면서 실제로 해결하기가 어려워진다. 수학은 마이너들이 더 많이 가입하면서 생성되는 블록 사이의 시간 간격이 10분 정도 똑같이 유지되도록 설계됐다.

합의

합의는 블록체인 네트워크의 가치와 목표를 공유한 다양한 참가자들 사이에서 합의를 도출하는 방법으로 어떻게 블록체인 네트워크가 성공적으로 동작하는지에 관한 중요한 요소다. 합의를 도출하는 방법은 있지만 블록체인에서 가장 인기 있는 두 가지 합의 방식은 작업 증명과 지분 증명이다. 암호화폐는 채굴에 주력하고 있기 때문에 작업 증명과 비트코인에 어떻게 적용되는지에 초점을 맞출 것이다. 블록체인을 사용하는 엔터프라이즈 애플리케이션은 보통 작업 증명 합의를 사용하지 않으며 마이너도 필요하지 않다.

작업 증명

작업 증명Proof of Work은 암호화폐 트랜잭션을 확인하고 비트코인 블록체인에 블록을 넣을 수 있게 한다. 벨Bell 연구소의 마커스 제이콥슨Markus Jakobsson과 RSA 연구소의 아리 주엘스Ari Juels 연구 논문에서 작업 증명이 처음 등장했다. 작업 증명은 처음에는 스팸을 막기 위해 컴퓨터 처리를 통해 경제적 가치를 만들어 전자우편과 같은 무료 서비스에 묶기 위해 만들어졌다. 작업 증명은 컴퓨팅 파워가 필요하기 때문에 시스템을 공격하는 동기를 감소시킨다. 작업 증명에서 제공되는 경제적 가치는 채굴 과정에서 사용되는 전력의 가격과 직접적인 상관 관계가 있다.

암호화폐에서 작업 증명 채굴은 해시 함수를 사용해 데이터를 검증한다. 해시는 해시 알고리듬을 사용해 블록체인에서 공개 증명으로 출력된다. 이 작업이 수행되는 컴퓨터 속도를 해시레이트Hash Rate라고 한다. 많은 암호화폐들이 네트워크를 보호하는 방법은 작업 증명 기반 컴퓨터 파워이며, 파워는 상당히 강력해졌다. 해시레이트는 변동하고 있으며, 비트코인은 과거 초당 7천만 테라헤시를 넘어섰다(그림 2-16 참조).

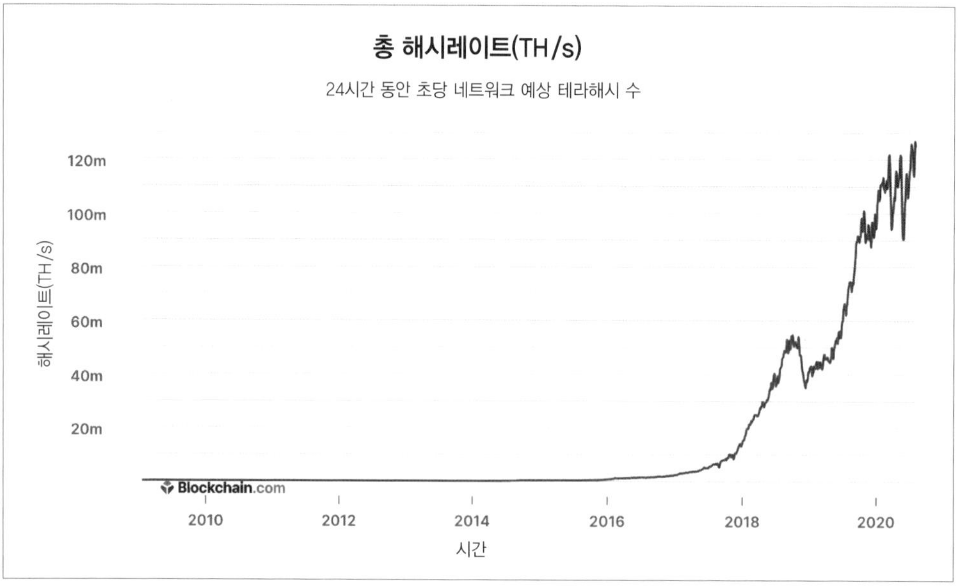

그림 2-16. 비트코인 네트워크의 해시레이트 역사

암호학에서는 많은 다른 종류의 작업 증명이 고안됐다. 암호화폐의 경우 몇 가지를 사용한다. 비트코인은 SHA-256 해시 알고리듬을 사용하는 반면, 라이트코인은 메모리 집약적인 스크립트 알고리듬을 사용한다.

블록 발견

비트코인 트랜잭션의 새로운 블록은 10분마다 한 마이너에게 확인된다. 네트워크 안에 수천 명의 마이너가 있으므로 네트워크는 어떤 마이너가 새로운 블록을 확인할 권리를 얻는지에 관해 합의를 이끌어 내야 한다.

마이너가 새로운 블록을 발견하기 위해서는 먼저 다음을 기준으로 네트워크에서 유효한 것으로 간주되는 비트코인 블록 해시를 생성해야 한다.

1. 유효한 블록 헤더의 해시다.
2. 결과 블록 해시는 현재 네트워크 목표치보다 낮은 숫자다.

대상target은 항상 유효한 블록 해시보다 높게 유지해야 하는 끊임없이 변화하는 숫자다. 난이도difficulty는 유효한 블록 해시를 발견하는 데 필요한 평균 시도 수다. 네트워크 해시 레이트hash rate는 네트워크의 마이너들이 유효한 블록 해시를 생성하기 위해 초당 시도하는 횟수다.

비트코인의 초기 매개변수를 설정한 네트워크의 목표는 10분 간격으로 새로운 유효블록을 찾아야 한다는 것이다. 시간이 지남에 따라 컴퓨터 처리 능력을 사용해 전기 사용 및 처리 전력과 같은 변수와 함께 블록 변경을 발견하는 마이너 수는 다른 요인들 중에서도 마찬가지다. 마이너들이 소비하는 처리 능력을 해시레이트라고 한다. 마이너들의 컴퓨터는 이 힘을 이용해서 효과적인 비트코인 블록 해시를 만들고 있다.

비트코인 네트워크의 해시레이트 증가 즉, 유효 블록 해시를 생성하기 위해 더 많은 컴퓨터 처리 능력을 적용하면 네트워크가 블록을 발견하는 데 시간이 줄어든다. 따라서 비트코인 네트워크는 10분마다 평균 1개의 블록이 발견되도록 네트워크 대상을 바꿔 마이너 네트워크가 유효한 블록 해시를 발견하는 것을 다소 어렵게 만든다.

첫 번째 비트코인 블록이 생성됐을 때 목표값은 다음과 같다.

```
00000000ffff0000000000000000000000000000000000000000000000000000
```

가능한 가장 높은 목표값이다. 첫 번째 블록의 해시를 비교하면 그 순간 목표보다 낮은 16진수 숫자라는 것을 알 수 있다.

초기 목표값	**00000000**ffff0000000000000000000000000000000000000000000000000000
블록 #0 해시	**0000000000**19d6689c085ae165831e934ff763ae46a2a6c172b3f1b60a8ce26f

어떤 숫자가 16진수보다 작은지 확인하려면 해시의 시작 부분에 0이 몇 개 있는지 세면 된다. 첫 번째 블록 해시는 0이 10개 있는 반면, 첫 번째 블록 해시는 0이 10개이므로 블록 #0 해시는 더 낮은 숫자이므로 유효하다.

블록 #0이 발견됐을 때 비트코인 네트워크에서 블록을 발견하기 위한 경쟁은 거의 없었다. 그래서 목표값이 높았다. 그 순간의 난이도는 1이었고, 이는 평균적으로 유효한 해시를 생성하기 위해 1번의 시도가 필요하다는 것을 의미했다. 10년이 지난 지금, 수천 명의 마이너들이 한 블록을 발견하기 위해 해시력을 훨씬 더 많이 소비하고 있다. 따라서 10년 후의 목표는 더 낮은 가치로, 더 많은 시도가 필요하다.

2019년 7월 28일 이후 유효한 블록 해시와 목표를 비교하면 다음과 같다.

목표값	**0000000000000000000**1f3a0800000015667e3e2c52a81e977a0b71f70e5af97
블록 #587409 해시	**000000000000000000000**1f57b098911a90b164b9812304f4f7615cf9f91f66a
난이도	9,013,786,945,891.68은 유효한 블록 해시를 찾는 데 필요한 것으로 추정된다.

비트코인은 2016개 블록(약 14일)마다 네트워크의 모든 노드가 새로운 타깃을 재계산하도록 설계됐다. 새로운 목표값은 정확히 10분 간격으로 이전 2,016 블록을 생성한 목표값을 기준으로 계산된다. 이는 비트코인 네트워크가 기존 2,016개 블록에 걸쳐 네트워크에 참여한 마이너들이 유효한 블록 해시를 생성하는 데 필요한 난이도를 스스로 수

정하는 방식이다.

난이도가 발생하는 주된 이유는 비트코인 공급이 예측 가능하고 특정 일정을 따르도록 하기 위함이다(그림 2-17 참조). 각각의 새로운 블록이 생성될 때, 새로운 비트코인도 생성되지만 시간이 지남에 따라 공급은 감소한다. 비트코인을 사용하면 공급이 채워질수록 보상 규모도 작아지도록 설계된다. 21만 블록마다 또는 대략 4년마다 블록 보상이 반으로 줄어든다. 50비트코인에서 25비트코인, 25비트코인에서 12.5비트코인으로 보상이 줄어들었고, 약 2100만 개의 총 비트코인(하드캡)이 채굴될 2140년까지 계속 감소할 것이다.

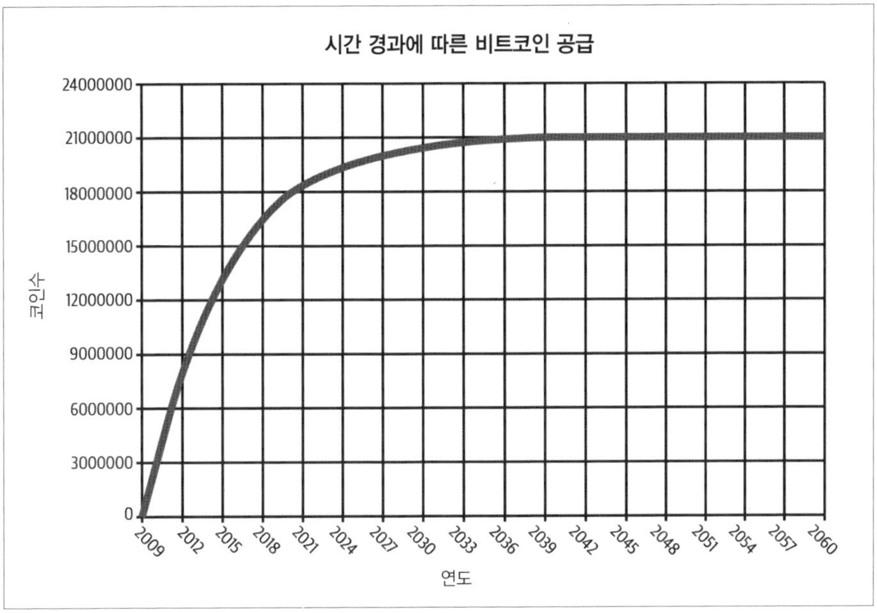

그림 2-17. 시간 경과에 따른 비트코인 공급

마이닝 프로세스

매순간 비트코인 네트워크의 수십만 마이너들이 블록체인의 유효한 다음 블록을 발견하기 위해 애쓰고 있다. 마이너들은 블록 보상과 트랜잭션 수수료를 받기 때문이다. 앞서 언급했듯이, 마이너는 유효한 블록 해시를 생성하기 위해 다음 사항을 확인해야 한다.

1. 유효한 블록 헤더의 해시다.

2. 결과 블록 해시는 현재 네트워크 목표치보다 낮은 숫자다.

유효한 블록 해시를 생성하기 위해 마이너는 표 2-3에 표시된 정보를 입력해야 한다.

표 2-3. 유효 비트코인 블록의 내용

필드	내용
버전(Version)	마이너가 현재 사용하고 있는 비트코인 클라이언트 버전
이전 블록 해시 (hashPrevBlock)	마이너가 지금 보고 있는 마지막 블록의 해시
머클루트 해시 (hashMerkleRoot)	마이너가 현재 블록에 포함하기로 결정한 모든 트랜잭션의 해시
시간(Time)	1970-01-01T00:00 UTC 이후 몇 초로 계산된 블록 타임스탬프
비트 수(Bits)	현재 비트코인 네트워크 대상
논스(Nonce)	0에서 시작. 결과 해시가 잘못되면 1을 추가하고 새 해시를 시도

논스를 제외한 모든 필드는 공공 정보 출처에서 가져온 것이다. 마이너가 유효한 블록을 발견하려고 할 때, 처음에는 논스를 0으로 설정한 다음 무작위로 생성된 블록 해시와 일치하는 해시를 생성하려고 한다. 마이너들은 해시 파워를 사용해 블록 해시를 계속 찾고 싶어한다. 다시 말해 마이너가 이러한 해시를 생성하는 데 효율적일수록 해시레이트가 더 높다는 것을 의미한다.

만약 결과 블록 해시가 유효하지 않다면, 마이너는 32비트 논스에 1을 더하고 유효하기를 바라는 새로운 블록 해시를 생성한다. 만약 마이너가 오버플로로 알려진 논스 공간이 부족하면, 그들은 코인베이스 트랜잭션에서 스크립트 시그 공간을 사용한다. 마이너가 대상 기준을 충족하는 유효한 블록 해시를 찾으면 유효한 블록을 발견한 것이다. 새로운 블록 해시를 지속적으로 시도하는 프로세스는 그림 2-18과 같이 모든 마이너가 노력을 기울이는 작업 증명이다.

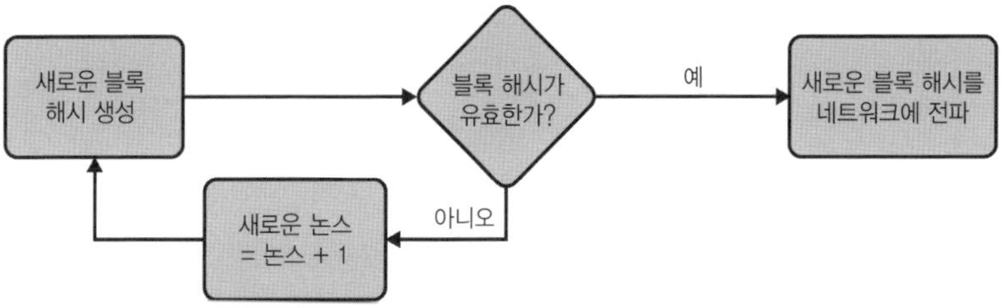

그림 2-18. 작업 증명 프로세스 마이너는 새로운 블록을 발견하려고 시도한다.

마이너가 유효한 블록 해시를 발견한 후 마이너는 네트워크의 다른 모든 마이너에게 새로운 블록 해시를 전파한다. 서로 다른 두 마이너가 유효한 블록을 발견하고 동시에 새 블록을 네트워크로 전파할 가능성이 있다. 이어 그림 2-19가 보여주듯 블록체인에 어떤 새로운 블록이 추가될지에 관한 합의를 이루는 것은 네트워크 내 다른 모든 마이너들의 몫이다.

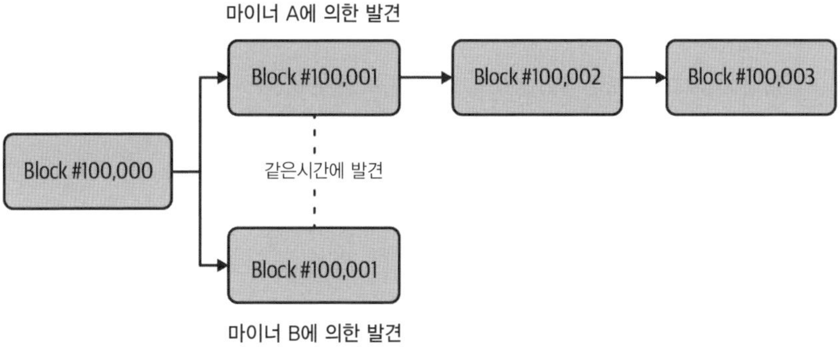

그림 2-19. 두 명의 마이너가 동시에 새로운 블록을 발견하는 이벤트

마이너가 블록체인에 새로운 블록을 추가하기 전에 마이너는 다음 사항이 참인지 확인한다.

1. 블록이 유효하다.
2. 블록 내 모든 거래가 유효하다. 이는 트랜잭션 출력을 잠금 해제하는 데 사용되는 데이터 서명을 확인하는 것을 포함한다.

네트워크 안에 다른 마이너 중 50% 이상이 같은 새로운 블록을 블록체인의 복사본에 포함할 때 합의에 도달한다. 마이너들은 그 순간 어느 블록을 추가할지 블록체인에 투표하고 모든 트랜잭션이 유효한지 검증한다.

> 가장 긴 체인 규칙은 마이너가 가장 많은 작업을 하는 체인을 따르도록 지시한다. 만약 두 마이너가 동시에 해결책을 찾을 때처럼, 두 가지 버전의 체인이 길이가 같다면, 마이너들은 첫 번째 체인에 머물다가 더 긴 체인을 보는 순간 전환한다. 가장 긴 체인 규칙은 대부분의 합의 형태, 특히 작업 증명에 필수적이다.

트랜잭션 라이프 사이클

페이팔과 같은 중앙집중식 결제 시스템에서는 트랜잭션의 라이프 사이클이 매우 간단하다. 페이팔 웹사이트나 앱에 로그인해 거래내역을 입력한 후 엔터 키를 누르면 된다. 페이팔이 완료를 응답하면, 트랜잭션은 처리되고 라이프사이클은 종료된다.

비트코인의 트랜잭션 라이프 사이클은 매우 다르고, 그 과정에는 여러 가지 단계가 있다. 다음은 트랜잭션이 거쳐야 하는 네 가지 주요 단계다.

1. **브로드캐스트**: 첫 번째 단계는 유효한 비트코인 트랜잭션을 생성한 다음 트랜잭션 내역을 비트코인 네트워크에 광범위하게 전파하는 것이다. 비트코인 사용자 대부분은 코인베이스와 같은 온라인 지갑을 사용할 것이고, 배경에는 비트코인 네트워크에 연결된 클라이언트를 구동하는 소프트웨어가 있어서 트랜잭션을 볼 수 있다.

2. **언컨펌드/멤풀**Unconfirmed/Mempool: 네트워크의 모든 마이너가 트랜잭션을 수신함에 따라 트랜잭션을 메모리풀mempool에 배치된다. 멤풀은 컨펌되지 않은 상태이며 여전히 활성 상태인 것으로 간주되는 모든 비트코인 트랜잭션의 모음이다. 기본적으로 트랜잭션이 2주 이상 멤풀에 있는 경우 비활성 상태로 간주돼 멤풀에서 삭제된다.

3. **마이너에 의해 컴펌됨**: 마이너가 새로운 블록을 발견하면, 마이너는 멤풀에 있는 트랜잭션 중에서 선택해 새 블록에 포함할 트랜잭션을 결정한다. 마이너들은 가장

높은 것부터 시작해서 거래 수수료 순으로 트랜잭션을 선택한다. 마이너가 해당 트랜잭션을 포함하는 블록을 자신의 블록체인에 추가하면 트랜잭션은 마이너에 의해 컨펌된 것으로 간주된다. 마이너는 다른 마이너들의 블록체인 사본을 볼 수 없고, 같은 블록의 트랜잭션이 체인에 추가됐다고 보장할 수 없다.

4. **네트워크에서 컨펌됨**: 블록이 새로운 블록 아래에 묻힐수록 비트코인 네트워크가 그 블록을 포함시키는 합의를 이룰 가능성이 커진다. 트랜잭션은 네트워크가 거래의 블록을 블록체인에 포함시키는 데 합의를 이뤘을 때 비트코인 네트워크 전체에 의해 컨펌되는 것으로 간주된다.

컨펌

비트코인 월렛, 그리고 업계 대부분의 사람들은 거래가 적어도 여섯 번의 컨펌에 이르렀을 때 네트워크에 의해 안전하게 컨펌되는 트랜잭션으로 간주한다. 컨펌은 마이너가 트랜잭션을 포함하는 블록을 체인에 추가하는 것을 포함한다. 그림 2-20은 블록을 포함하는 마이너의 의사결정 과정을 보여준다.

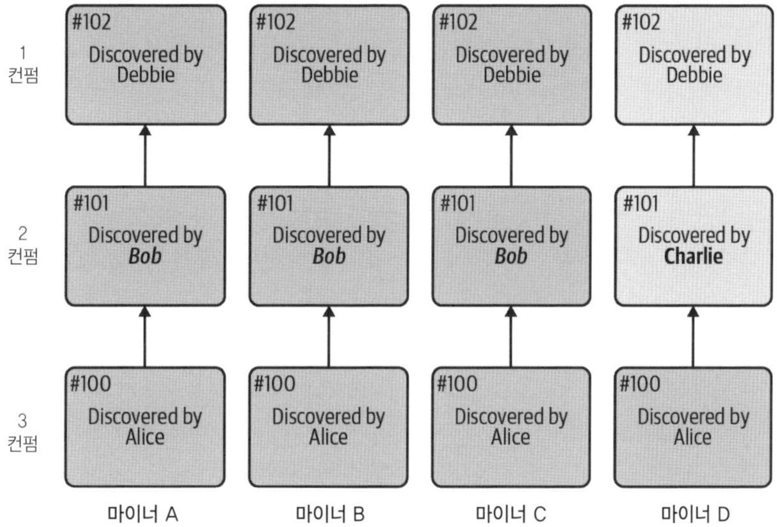

그림 2-20. 블록체인에 포함할 블록을 결정하는 작업 증명 마이너의 예

그림 2-20에서 블록 #100은 세 가지 컨펌에 도달했다. 네트워크에 있는 네 명의 마이너들은 모두 같은 블록을 포함했다. #101번 블록에서, 마이너 중 세 명(75%)은 밥Bob이 발견한 블록을 포함했지만, 한 명(마이너 D)은 찰리Charlie가 발견한 블록을 포함했다. 현재로선 마이너 D는 블록 #101 온에서 블록체인을 바라보는 시각이 바뀌어야 할 것임을 아직 깨닫지 못하고 있다. 마이너 D의 블록 #101에 다른 마이너의 블록 #101에 없는 트랜잭션이 있으면 해당 트랜잭션은 네트워크의 블록체인에 포함되지 않는다. 트랜잭션이 컨펌된 횟수가 많을수록 비트코인 네트워크의 블록체인에 포함될 가능성이 높아지는 이유다.

> 많은 서비스들이 각기 다른 암호화폐 컨펌 체계를 갖고 있다. 예를 들어, 어떤 서비스들은 트랜잭션이 컨펌된 것으로 간주되기 전에 적게는 3번의 비트코인 네트워크 확인을 필요로 하지만, 그 기준은 보통 6번의 확인이다. 일부 서비스는 다양한 요소(사용되는 암호화폐의 종류 포함)에 따라 훨씬 더 많은 컨펌이 필요할 수 있다.

지분 증명

지분 증명Proof-of-Stake은 채굴의 필요성을 제거해 작업 증명을 개선하는 것을 목표로 하는 합의 알고리듬이다. 암호화폐 보유자들은 의결권을 얻기 위해 잔고를 걸고 거래를 검증하기 위해 네트워크에 의해 선택될 기회를 갖는다. 따라서 스테이킹을 사용하면 노드 또는 벨리데이터Validator로 역할을 수행할 수 있다.

고가의 하드웨어 요구사항이나 어려운 계산 과정은 없지만 암호화폐 보유자들이 자금을 투입하는 데에서 경제성이 필요하다. 그리고 지분을 가진 사람들은 그들의 소유물에 비례해 보상을 받는 인센티브가 있다.

> 지분 증명 네트워크에서 노드는 블록을 발견하기 위한 작업을 수행하지 않기 때문에 마이너로 간주되지 않는다. 대신 네트워크에서 노드가 갖는 역할은 트랜잭션의 유효성을 검사하는 것이므로 블록을 생성하는 네트워크의 노드를 벨리데이터라고 한다.

작업을 수행해 유효한 블록 해시를 먼저 발견할 수 있는 마이너를 선택하는 대신, 지분 증명은 지분 크기(스테이킹한 액수), 기간(가장 오랫동안 암호화폐를 보유하고 있는 주소), 재산(특정 시간 이상 가장 많은 암호통화를 유지한 주소) 등을 포함한 다양한 스테이킹 기준에 따라 노드를 선택한다. 또는 일부 시스템에서는 일부 암호화폐가 저장된 주소가 임의로 선택된다.

웹 월렛은 브라우저를 통해 연결되는 웹사이트 기반 지갑이다. 가령 코인베이스(수탁형)와 블록체인닷컴(비수탁형)을 말한다.

장점

- 채굴이 없기 때문에 블록을 만드는 데 에너지가 거의 소모되지 않으므로 네트워크에 전력을 공급하는 데 낭비되는 에너지가 적다.
- 네트워크에 더 많은 투자를 하는 사람들에게 더 많은 통제권을 준다.

단점

- 네트워크의 통제는 네트워크의 부의 분배와 관련이 있다. 대부분의 암호화폐 자산은 소규모 그룹에 집중돼 있어, 네트워크의 통제는 작업 증명 네트워크보다 더 중앙 집중화돼 있다.
- 많은 일을 하는 사람보다 네트워크에 더 많은 투자를 하는 사람에게 많은 통제권을 줌으로써, 지분 증명PoS은 작업 증명PoW보다 부자와 가난한 사람들 사이의 차이를 더 크게 만들 수 있다.

작업 증명 모델에 관해 비판이 많았다. 비록 사토시 나카모토가 제안했을 때 암호화폐에 대한 참신한 아이디어가 있었지만, 가장 강력한 주문형 반도체ASIC를 개발하기 위한 하드웨어 군비 경쟁은 틀림없이 작업 증명을 필요 이상으로 사용했고, 자원 집약적으로 만들었다. 일각에서는 비트코인이 환경문제가 된다고 하는 이유가 트랜잭션을 컨펌하고 새로운 블록을 생성하는 데 필요한 전기량이 더 이상 경제적으로 효율적이지 않기 때문이라고 말한다. 다른 일각에서는 비트코인이 소비하는 전력의 대부분이 실제로 마이너들이 값싼 전력을 얻는 수력전기와 같은 재생 가능한 에너지원에서 나온다고 말한다.

작업 증명 시스템과 달리 지분 증명 시스템은 다음 블록을 생성할 차례인 사람을 결정하는 방식은 매우 다르다. 첫 번째 방법으로는 일부 암호화폐는 지분 규모(높을수록 좋은 것)와 해시(낮을수록 좋은 것)을 조합해 무작위로 블록 선택을 하기도 한다. 또 다른 방법은 코인 보관 기간과 코인 보유 일수(무작위 선택 방법과 결합)에 따라 코인을 선택하는 것이다. 난수를 안전하게 도입하기 위해 RANDAO 난수 생성기와 검증 가능한 지연 함수VDF를 함께 적용하는 것이다.

대시Dash, 네오Neo, 테조스Tezos 등 일부 암호화폐가 현재 스테이킹을 사용하고 있지만 아직 상대적으로 새로운 개념으로 작업 증명처럼 널리 쓰이지 않고 있다. 포크가 이론적으로 두 개의 다른 체인에서 같은 인센티브를 생성하기 때문에 지분 증명은 안전한 합의 메커니즘이 아니라는 비판이 있다. 포크fork란 블록체인이 분기되는 것을 의미하며 3장에서 더 자세히 다룬다. 검증이 작업 증명보다 훨씬 더 복잡하기 때문에 균형을 거의 맞추지 못한 스테이커가 네트워크를 교란시킬 수 있는 가짜 지분 공격의 위험도 있다.

'Nothing at Stake'라는 이론적 안전 문제도 있다. 마이너는 여러 블록을 자유롭게 생성해 포크 및 서비스 거부 공격 가능성을 유발시킨다. 네트워크의 규칙을 위반한 벨리데이터에게 불이익을 주기 위해 지분을 삭감시키는 슬래싱slashing 알고리듬으로 문제를 해결했다.

합의를 위한 다른 개념

작업 증명과 지분 증명 외에도 다른 아이디어가 있다. 합의를 달성하는 것은 여전히 새롭고 진화하는 기술 개념이며, 다양한 방법이 시험되고 있다. 합의 알고리듬이 블록체인과 자주 분리되는 이유 즉, 블록체인 기술 자체가 특정한 합의 방식에 얽매이지 않는다는 점이다. 이런 방식으로, 제3자는 일반적으로 사용되는 블록체인에 추가될 합의 사항을 구축하고 시장 합의를 도출할 수 있다.

대체 방법

검토 중인 접근 방식 중 하나는 스토리지 증명Proof of Storage이다. 계산적으로 수행할 수 있고 ASIC에도 저항적인 스토리지 증명은 트랜잭션을 검증하기 위해 파일 시스템을 통한 스토리지 검증을 사용한다. 퍼마코인Permacoin, 토르코인Torcoin, 치아Chia와 같은 프로젝트들은 저장 증명 방식을 활용하고 있다.

스케일링에 관한 흥미로운 합의 방법으로 기록 증명Proof of History이 있다. 예를 들어, 작업 증명에서 비트코인은 시계로써 재해석될 수 있다. 난이도 조정 덕분에 10분마다 한 번씩 시간이 경과하는데, 메시지의 순서는 10분이 지나고 네트워크가 합의에 도달할 때까지 합의되지 않는다. 지분 증명에서는 모든 사람이 네트워크로부터 메시지를 수신하며, 이러한 메시지의 순서와 타이밍을 합의하기 위해 다른 노드와 통신해야 한다. 최종적으로 합의에 도달하고 네트워크가 유지된다.

기록 증명은 네트워크의 노드가 의존할 수 있는 객관적인 타임스탬프를 생성하는 방법으로, 합의에 도달하기 전에 메시지의 순서와 타이밍을 신뢰할 수 있게 한다. 이후 합의가 이뤄진다. 네트워크의 참여자들은 주요 브랜치라고 믿는 것에 대해 투표하고, 일정 시간 동안 다른 브랜치에 투표하지 않기로 약속한다. 특정 브랜치에 투표할수록 다른 브랜치에 투표하지 않겠다는 의지가 기하급수적으로 커진다. 왜냐하면 하나의 특정 브랜치에 대해 32표를 쌓기 전까지는 어떠한 네트워크 보상도 받지 못하기 때문이다.

MIT 컴퓨터 연구소의 바바라 리스코프(Barbara Liskov)는 "동기화된 시계는 분산 알고리듬의 성능을 향상시키는 데 사용될 수 있기 때문에 흥미롭다. 로컬 컴퓨팅으로 통신을 대체할 수 있다."라고 말했다.

위임지분 증명Delegated Proof of Stake 합의는 사용자가 위임하고, 토큰을 후보와 배치하며, 투표를 사용해 네트워크를 관리하는 에너지 효율적인 합의 형태다. 투표 기반의 합의도 있는데, 복권 기반의 합의는 퍼블릭 블록체인보다 프라이빗 블록체인 구현에 사용된다.

이해관계자

프로토콜 네트워크, 지갑, 채굴기 외에도 암호화폐 생태계에는 다른 이해관계자들이 있다. 이해관계자는 중앙집중식 서비스이거나 영리 사업일 수 있으며, 그것들은 생태계에 필요한 중요한 기능을 제공한다. 보통 사용자가 암호화폐에서 상호 작용할 수 있는 이해관계자의 다섯 가지 범주는 브로커, 거래소, 보관 서비스, 분석 서비스 및 정보 제공자다.

브로커리지

암호화폐 거래의 원활한 진행을 돕는 중개 서비스로써 생태계에서 암호화폐를 사고 팔고 보유하는 중개자 역할을 한다. 서비스에는 가맹점 대금도 포함된다. 암호화폐를 구매할 수 있는 모바일 앱 로빈후드Robinhood와 스퀘어Square의 캐시Cash 앱과 같은 유명 브랜드 서비스에서는 브로커리지Brokerage 거래가 이뤄진다. 로빈후드는 사용자를 위해 암호화폐를 획득하고 저장하는 일을 하면서 중개 역할을 한다.

가맹점 거래의 경우 비트페이BitPay와 같은 회사가 모든 처리를 담당한다. 비트코인이나 다른 암호화폐를 받아들이는 모든 가맹점은 보통 브로커리지가 암호화폐를 소유하게 한다. 이는 급여, 임대료, 재고 등의 다른 비용을 지불하는 방법과 같기 때문이다.

BTCPay 서버는 비트코인 결제를 수용하기 위한 오픈소스 셀프 호스팅 솔루션이다. 체크아웃 시 송장 발행 기능을 통해 암호화폐 수납이 가능하며, 인기 웹 플랫폼용 플러그인이 다수 있다.

거래소

피아트(명목화폐) 기반 통화의 세계로 가는 길목으로, 거래소를 통해 사람들이 다른 사람들과 직접 거래할 수 있다. 미국의 코인베이스 프로Coinbase Pro나 유럽의 비트스탬프Bitstamp 같은 거래소는 매수자와 매도자를 매칭하는 거래 엔진을 갖추고 있다. 거래 쌍은 일반적으로 피아트(명목화폐)로 돼있지만, 암호화폐와 암호화폐가 될 수도 있다. 예를 들어 USD/BTC, EUR/BTC 및 BTC/ETH가 있다. 이는 업비트 / 빗썸 등의 거래소에 KRW 마켓, BTC 마켓, USDT 마켓 등으로 구성돼 있는 개별 거래 마켓 단위를 의미한다. 증권 거래소와 비교했을 때, 거래소는 위험요소가 있지만, 앞서 언급한 거래소는 수년 동안 존재해 왔고 정부 규제당국과 협력하고 있다.

거래소는 사용자의 키를 보관하고 거래 엔진을 제공한다. 암호화폐 거래소가 신뢰할 수 있고, 암호화폐의 문제인 시장(시장거래가격)을 조작하거나 자금(저장된 고객자금)을 오용하지 않을 것이라는 믿음을 가져야 한다.

거래소는 사용자들을 플랫폼을 이용하게 하기 위한 노력으로, 일부 거래소들은 이후에 다루는 주제인 부분 적립금에 대한 스테이킹과 기능을 제공하고 있다.

커스터디(보관 서비스)

다수의 기업이 사용자를 위한 암호화폐 장기 호스팅과 보호에 주력하고 있다. 간단히 말해 암호화폐 커스터디 솔루션으로 알려진 서비스들은 보통 보유 잔액이나 인출에 약간의 수수료를 부과한다. 커스터디 서비스는 암호화폐 보관을 어려워하는 사람들에게는 훌륭한 서비스다. 커스터디 기업들은 수년 동안 사용자들을 위해 암호화폐를 저장하기 위한 새로운 기술을 고안하기 위해 노력했다.

암호화폐 커스터디 사업에서 가장 유명한 곳은 비트고BitGo와 코인베이스다. 둘 다 다중 암호화폐 자산관리 제공 업체로 늘 새로운 암호화폐가 추가되며 다양한 수준의 핫, 웜 또는 콜드 스토리지를 제공한다. 콜드 스토리지는 서비스에서 암호화폐를 인출하는 데 다소 시간이 걸릴 수 있다는 점을 유의해야 한다.

분석(분석 서비스)

암호화폐 블록체인은 방대한 양의 정보를 생산한다. 원시 데이터를 가져다가 사람들이 사용하기 쉬운 형식으로 넣을 수 있는 제품과 서비스가 시중에 많이 나와 있다. 블록체인 익스플로러Blockchain Explorer가 가장 일반적이며, 사용자들이 트랜잭션을 더 잘 볼 수 있게 해준다. 두 가지 인기 있는 서비스 중 비트코인은 비트코인닷컴(http://blockchain.com/)과 이더리움은 이더스캔Etherscan으로 블록의 전체 내용을 볼 수 있다. 그림 2-21은 블록체인 익스플로러의 트랜잭션을 보여준다.

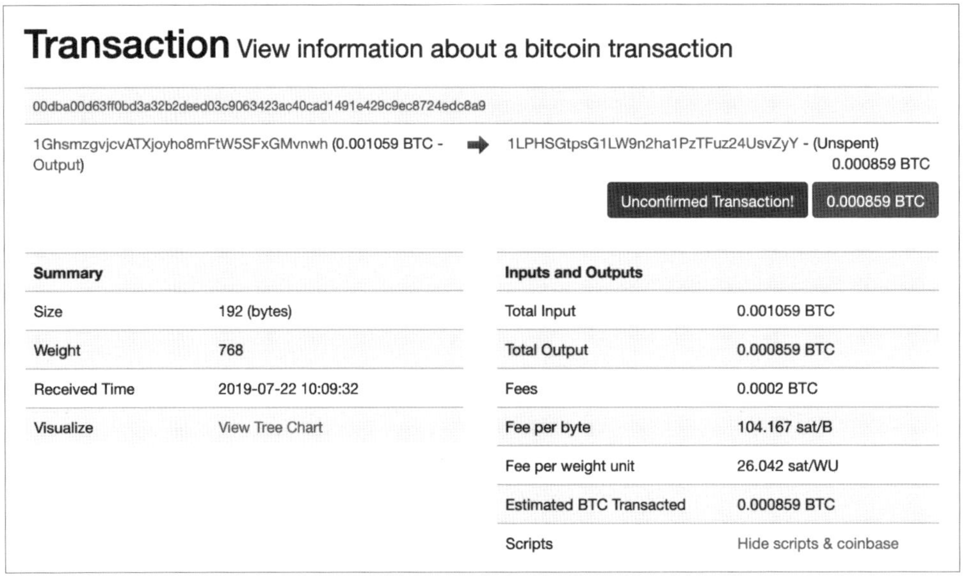

Transaction View information about a bitcoin transaction
00dba00d63ff0bd3a32b2deed03c9063423ac40cad1491e429c9ec8724edc8a9
1GhsmzgvjcvATXjoyho8mFtW5SFxGMvnwh (0.001059 BTC - Output)
1LPHSGtpsG1LW9n2ha1PzTFuz24UsvZyY - (Unspent) 0.000859 BTC
Unconfirmed Transaction!
0.000859 BTC
Summary
Size
192 (bytes)
Weight
768
Received Time
2019-07-22 10:09:32
Visualize
View Tree Chart
Inputs and Outputs
Total Input
0.001059 BTC
Total Output
0.000859 BTC
Fees
0.0002 BTC
Fee per byte
104.167 sat/B
Fee per weight unit
26.042 sat/WU
Estimated BTC Transacted
0.000859 BTC
Scripts
Hide scripts & coinbase

그림 2-21. 블록체인 익스플로러의 비트코인 트랜잭션의 모습

암호화폐 트랜잭션을 추적하는 기업도 있다. 가장 큰 회사 중 하나는 체이널리시스Chainalysis로, 거래소와 기타 이해관계자들이 거래를 식별하는 데 도움을 준다. 트레이딩 뷰와 같은 무료 툴도 있어 사람들이 트랜잭션 패턴을 추적할 수 있다. 트레이딩 뷰는 거의 모든 중요한 자산에 대한 암호화폐 차트를 제공하며, 글로벌 거래소 대부분에서 사용할 수 있다.

정보

블록체인 산업이 하루가 다르게 변화하고 있다. 새로운 기업, 새로운 아이디어, 완전히 새로운 암호화폐들이 항상 생긴다. 2013년에 설립된 코인데스크CoinDesk는 업계 소식과 기타 연구를 제공하는 데 전념하는 가장 오래되고 큰 기업이다. 뉴욕타임스, 월스트리트 저널, 블룸버그와 같은 주요 출판사들도 블록체인 전문 저널리스트들과 함께 암호화폐 산업을 취재하고 있다.

컨퍼런스는 훌륭한 교육 자원이지만 비용이 많이 든다. 예산에 민감한 사람이라면 밋업meetup.com은 지역 암호화폐 이벤트를 찾을 수 있는 좋은 자료다. 비트코인, 이더리움, 블록체인이라는 검색어를 사용하면 대개 일부 지역 미팅이 나타나는데, 대부분은 발표자

들이 시사, 모범 사례 또는 흥미로운 기술 주제를 말하는 것을 특징으로 한다.

요약

암호화폐의 기본 개념은 처음에는 다소 어려울 수 있다. 2장에서 블록체인의 기본 개념을 알아봤는데 어렵게 다가가지 않았기를 바란다. 여기서 다룬 내용을 잘 이해하면 앞으로 설명할 내용을다가 잘 이해할 수 있을 것이다. 암호화폐의 세계는 빠르게 변하고 있지만, 기본 개념은 대부분 2장에서 설명하고 있다. 3장에서는 2장의 내용을 바탕으로 다양한 주제를 다룬다. 2장을 참고용으로 자주 찾아보는 것도 좋겠다.

3장

포크와 알트체인

암호화폐는 연구 개발 단계에 있으며 개발자들은 또 다른 비트코인을 만들기 위해 노력 중이다.

확장성, 기능성, 투기성 등의 이유로, 비트코인 코드를 분기해 비슷한 특성이 있는 새로운 암호화폐를 만들기 위한 제안이 있었다. 아이디어 중 참신한 것도 있었지만, 가치 창출만을 위한 전략적 아이디어도 있었다.

비트코인 개선안

비트코인 코어는 오픈소스여서 개선을 위한 제안과 반영 과정을 거치면 끝날 것 같지만 실상은 말처럼 그리 쉽지 않다. 비트코인 프로토콜을 업데이트하려면 반드시 따라야 할 거버넌스 프로세스가 있다.

비트코인 개선 사항의 약자인 BIP^Bitcoin Improvement Proposals^는 소프트웨어 제품의 일반적인 개선 방식이다. 소스를 개선하기 위한 지속적인 내부 프로세스가 있다. 이 과정은 누가 제품을 소유하고 있는지, 누구에게 개발에 최종 결정권이 있는지와 같은 기준을 고려하고 새 기능을 추가해야 할 때를 결정한다.

비트코인 코어는 오픈소스다. 클라이언트 소프트웨어는 모든 사람에게 개방돼 있고 비트코인 커뮤니티가 소유하고 관리하도록 설계됐다. BIP는 비트코인 코어 코드를 지속적으로 관리하고 업데이트하는 커뮤니티의 과정이다. 지정된 위원회나 팀에 의해 결정되는 대신, 전체 공동체에 의해 이뤄진다.

비트코인을 개선하기 위한 아이디어가 생기면 커뮤니티의 누구나 새로운 BIP를 제안할 수 있다. BIP를 제안하면 제안한 커뮤니티에서 아이디어를 동의해야 채택된다.

BIP의 수명주기는 다음과 같다.

1. 커뮤니티의 누군가가 개선 아이디어를 제시하고 BIP 편집자에게 제안한다.
2. 편집자가 승인하면 초안 상태에 넣기 위해 새로운 BIP를 만든다.
3. 마이너들이 BIP에 관한 지지 신호를 보내면 최종 상태로 이동한다. 소프트웨어를 업그레이드해야 하기 때문에 새로운 BIP를 채택할 것을 동의해야 하는 대상은 마이너들이다.
4. BIP가 최종 상태에 있다면 나머지 커뮤니티는 새로운 소프트웨어로 업그레이드 해야 한다.

BIP가 지역 사회에 의해 받아들여지려면 다음 기준을 충족시켜야 한다.

1. 이 절차는 프로세스를 요약한 초기 제안서에 명시된 올바른 형식인 BIP-0001을 따른다.
2. 변경사항을 구현하는 코드가 제안서에 들어있다.
3. 지금까지 발견된 2,016개의 블록 중 95%는 마이너들이 새로운 BIP를 사용해 만든 것이다.

비트코인의 민주적인 과정은 다음과 같다.

- 누구나 새로운 개선사항을 제안할 수 있다.
- 마이너들은 유권자들이고, 마이너가 해시레이트를 많이 가질수록, 더 많은 표를 얻는다.
- 95% 이상이 해시파워를 얻으면 개선사항이 채택돼 반영된다.

그림 3-1은 BIP 프로세스를 보여준다.

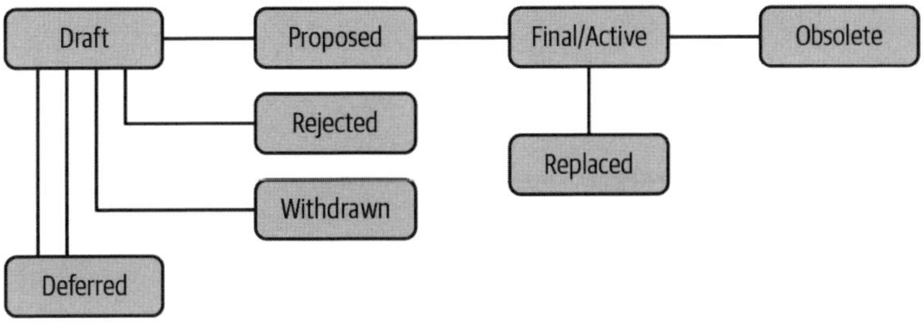

그림 3-1. 비트코인 개선 과정

모든 BIP는 깃허브GitHub에서 볼 수 있다.

포크에 관한 이해

비트코인 커뮤니티가 네트워크의 공동 이익을 위해 함께 모이기 시작하고 점점 커지면서 많은 프로그래머들이 소프트웨어 포크를 통해 개량한 비트코인을 만들 수 있게 됐다. 그 결과로 알트코인altcoin으로 알고 있는 대체 코인들이 탄생했다. 알트코인 중 일부는 비트코인과 너무 달라 알트체인altchain이라고 한다. 포크는 실제로 암호화폐 세계에서 다른 의미가 있는데, 다음과 같은 용어를 사용한다.

소프트웨어 포크

기술 시스템과 오픈소스 소프트웨어의 일반적인 용어다. 소프트웨어 포크는 개발자가 오픈소스 소프트웨어의 일부를 가져다가 필요에 따라 일부 매개변수를 변경하는 것을 말한다. 오픈소스 운영체제 리눅스의 수백 가지 다른 버전은 소프트웨어 포크를 통해 만들어진 것을 예로 들 수 있다.

소프트포크

블록체인 기술과 관련해 네트워크를 변경하지만 모든 채굴자가 참여할 필요는 없는 채굴 소프트웨어의 업그레이드다. 소프트포크는 이전 소프트웨어와 호환되며 보통 트랜잭션 기능을 업그레이드하기 위해 수행된다.

하드포크

블록체인 기술과 관련해 하드포크는 채굴 소프트웨어를 업그레이드해 네트워크를 바꾸는 것으로 모든 채굴자가 참여해야 한다. 하드포크는 일반적으로 주요 보안 또는 기능 변경을 구현하며 업그레이드는 이전 소프트웨어와 호환되지 않는다.

논쟁의 여지가 있는 하드포크

블록체인 기술에서 논쟁의 여지가 있는 하드포크는 마이닝 소프트웨어에 대한 하위 호환성이 없는 업그레이드로서, 포크를 모두가 동의하지 않을 경우 네트워크에 변화를 준다. 일부 마이너들이 포크에 동의하지 않아 제안된 변경사항이 포함된 새로운 소프트웨어 버전으로 업그레이드하지 못해 블록체인은 사실상 둘로 갈라진다. 과거 기록은 각 지점에서 모두 같지만, 논란이 된 하드포크 시점부터 두 체인은 서로 다른 트랜잭션을 기록하고 소프트웨어도 호환되지 않는다.

하드포크에 관해 좀 더 자세히 알아보자.

논쟁을 불러온 하드포크

논쟁의 여지가 있는 하드포크가 발생하면 암호화폐의 메인 블록체인이 두 개의 분리된 블록체인으로 쪼개진다. 그림 3-2와 같이 2017년 비트코인에서 분리된 체인 비트코인캐시Bitcoin Cash가 이런 일을 겪었다.

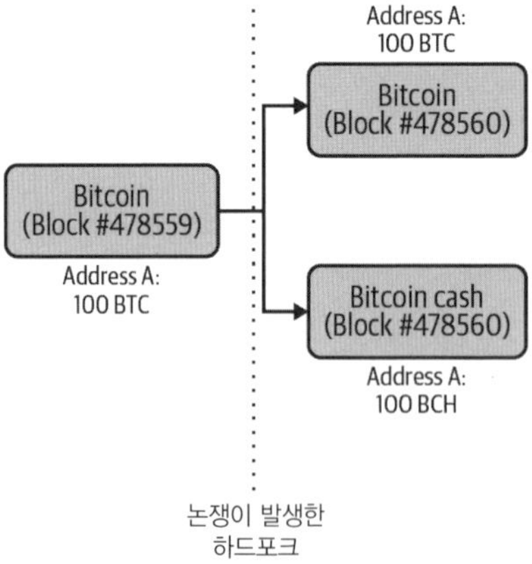

그림 3-2. 하드포크 이후에 생성된 비트코인 및 비트코인캐시 블록

각 블록체인은 포크 이전의 메인 블록체인의 역사를 계승한다. 기록은 이전 거래, 각 주소의 잔액, 각 블록의 해시 등을 포함한다. 포크가 발생하는 순간까지 두 블록체인은 동일한 기록을 가지고 있다. 포크 이후에는 각 블록체인이 자체적인 새로운 블록과 새로운 트랜잭션 기록을 만들고, 블록은 서로 다른 마이너가 채굴할 수 있다.

그림 3-2에서 주소 A는 메인 비트코인 블록체인의 포크 앞에 100 BTC의 잔액이 있다. 포크 이후 두 개의 새로운 체인이 메인 체인으로 분리돼 비트코인(BTC)과 비트코인캐시(BCH)로 나뉘었다. 주소 A는 두 신규 블록체인에 모두 잔액이 100으로 유지돼 비트코인 블록체인에 100BTC(포크 당시 약 27만달러), 비트코인캐시에 100BCH(약 2만4000달러)가 있다. 이전의 비트코인 체인(BTC)은 포크 코드가 제시되기 이전과 같이 여전히 존재한다. 비트코인캐시 노드가 1MB 이상의 블록을 수용하기 시작하면 비트코인캐시 체인은 스스로 비트코인에서 벗어나 새로운 체인을 만든다.

마이너

마이너는 네트워크 실행을 위해 해시파워를 기여하는 사람들이다. 이어 논쟁의 여지가 있는 하드포크가 발생하면 마이너는 프리포크된 블록체인이 사용하는 소프트웨어를 그대로 유지하거나 포크된 블록체인이 사용하는 소프트웨어로 변경해 어떤 블록체인을 지원할지 결정한다. 그림 3-3에서 예시를 보여준다.

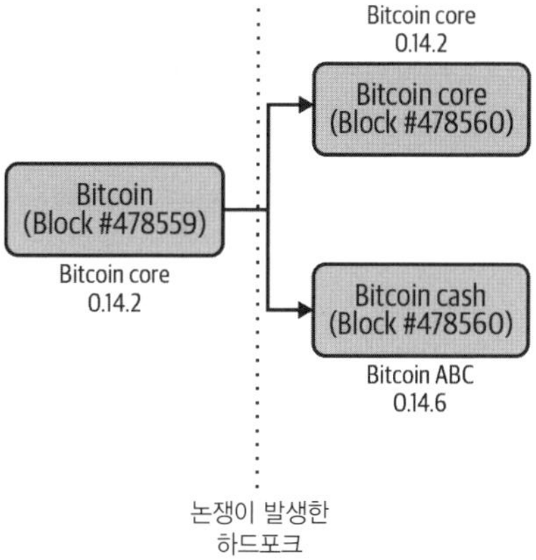

그림 3-3. 포크 이후 비트코인 및 비트코인캐시 클라이언트 버전

비트코인캐시 포크의 경우 비트코인캐시를 지원하려는 채굴자들이 #478560블록에서 소프트웨어를 비트코인 ABC v0.14.6으로 바꾸고 새로운 네트워크에 해시파워를 기여하기 시작했다. 비트코인을 지원하려는 마이너들은 같은 비트코인 코어 클라이언트인 0.14.2를 계속 사용했다.

해시파워는 작업 증명 기반 블록체인의 생존에 중요하다. 다중 당사자가 네트워크에 더 많은 해시파워를 기여할수록, 단일 노드가 네트워크를 통제하는 데 더 많은 비용이 들기 때문에, 네트워크가 더 탈중앙화된다. 블록체인 네트워크가 탈중앙화될수록 사람들은 블록체인 네트워크와 그 네트워크의 보안에 관한 신뢰도 높아진다. 예를 들어, 한 블록체인이 9,000개의 노드를, 다른 블록체인은 단지 900개의 노드를 갖고 있다고 하면 노드가 많을수록 네트워크가 탈중앙화돼 더 큰 신뢰를 얻을 수 있다.

논란이 되는 포크가 발생하면 커뮤니티는 2,016[1]개의 블록이 생성되고 나서 해시레이트가 가장 높은 블록체인을 승리한 블록체인으로 간주하는데, 상으로 블록체인이 프리포크 이름을 그대로 유지하게 되는 것이다. 프리포크 이름들은 거래소에서 블록체인에 붙여진 이름들이고 암호화폐 가격에도 큰 영향을 미치기 때문에 매우 중요하다.

오늘날, 비트코인은 커뮤니티는 비트코인, 비트코인캐시, 비트코인SV까지 세 개의 블록체인으로 나뉜다. 그림 3-4에서 볼 수 있듯이 비트코인의 해시레이트가 단연코 가장 높다.

1 비트코인 네트워크는 2016 블록마다 자동으로 해시 난이도를 조정한다. 난이도는 블록이 생성될 때까지의 시간을 체크해 새로운 난이도를 설정한다. – 옮긴이

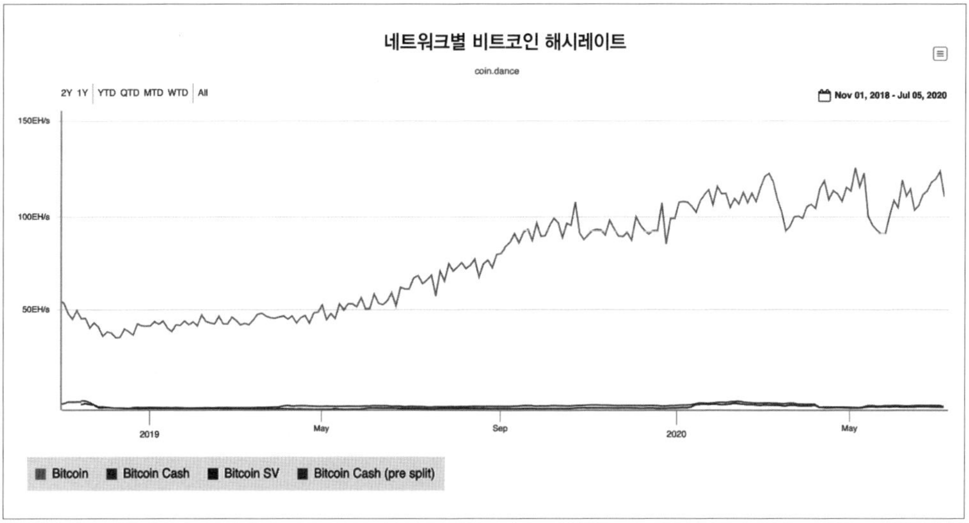

그림 3-4. 2020년 7월 기준 각 네트워크의 해시레이트, 비트코인의 해시레이트가 포크보다 우수하다.

리플레이 공격

하드포크가 발생하면 두 개의 새로운 블록체인이 모두 리플레이 공격에 취약해질 수 있다. 리플레이 공격Replay Attack은 공격자가 한 블록체인에서 합법적인 거래의 데이터를 가져다가 두 번째 블록체인에서 해당 거래를 복제하거나 미러링할 때 발생한다.

두 블록체인이 모두 트랜잭션 서명을 생성하는 프로세스가 정확히 같을 경우 리플레이 공격에 취약하다. 그림 3-5는 비트코인과 비트코인캐시 블록체인이 리플레이 공격에 취약할 때 발생할 수 있는 상황을 보여준다.

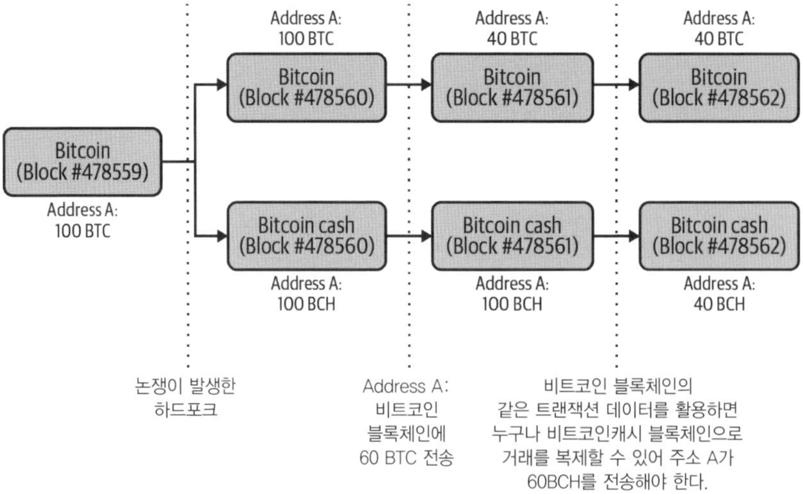

그림 3-5. 포크 이후에 리플레이 공격이 일어나는 예

순서는 다음과 같다.

1. 주소 A는 주소 B로 60 BTC를 보내라는 거래 지시를 비트코인 네트워크에 브로드캐스트한다.
2. 브로드캐스트에는 트랜잭션 데이터(입력 및 출력)와 트랜잭션 서명이 포함된다. 네트워크에서 트랜잭션이 진짜임을 보장하는 디지털 서명인 트랜잭션 서명은 주소 A가 개인키를 사용해 생성할 수 있으며 네트워크에 비트코인 네트워크에서 트랜잭션을 승인했음을 증명한다.
3. 주소 A가 거래 데이터와 거래 서명을 공개적으로 브로드캐스트했기 때문에 누구나 같은 정보를 비트코인캐시 네트워크로 브로드캐스트할 수 있고, 두 체인이 유사하기 때문에 네트워크가 이를 처리할 것이다.

다행히 비트코인캐시 포크가 발생했을 때 새로운 소프트웨어 비트코인캐시 마이너는 어느 블록체인에서든 리플레이 공격이 일어나지 않도록 변경사항을 포함하고 있었다. 구체적으로, 비트코인캐시 소프트웨어는 네트워크를 통해 전송되는 트랜잭션 데이터의 구조에 SIHASH_FORKID라는 새로운 필드를 추가했다. 새 필드가 유효하려면 비트코인캐시 트랜잭션에 있어야 한다. 트랜잭션 서명이 생성될 때 암호화 알고리듬의 입력 중 하나가 트랜잭션 데이터다. 트랜잭션 데이터가 두 블록체인에 다르게 구조화돼 있어서 비트코인 코어 블록체인에 생성되는 서명은 비트코인캐시 블록체인과 다르고 다른 체인에서는 유효하지 않다.

비트코인캐시 포크

암호화폐 커뮤니티에서는 비트코인 블록체인이 포크가 일어난다는 것이 오랫동안 나쁘다고 여겼고, 커뮤니티가 분열된 상태에서 비트코인 블록체인이 살아남을 수 있을 지에 관한 불확실성이 존재했다. 그러나 비트코인의 미래와 돈으로 사용될 수 있는 능력에 대한 논쟁은 2015년을 전후로 개발자들 사이에 불화를 일으켰다. 한쪽은 사토시 나카모토의 비트코인 원본 백서에 명시된 대로 비트코인이 피어 투 피어 전자화폐로 사용되기를 원했다. 다른 쪽은 비트코인의 블록에 대량의 거래가 있을 수 있는 능력을 제한하기를 원해, 비트코인 블록체인의 분열과 새로운 비트코인캐시 블록체인의 탄생으로 이어졌다. 이것이 BIP가 도입된 이유다.

세그윗SegWit 및 라이트닝Lightning(3장 뒷부분에서 논의)과 같은 솔루션의 구현에도 불구하고, 비트코인 커뮤니티에서는 네트워크의 확장 방식, 특히 블록 크기 문제에 불만이 있는 그룹이 계속 존재했다. 비트코인의 블록 크기는 1MB로 블록 안 트랜잭션 수가 제한돼 있었으며, 여러 해결책이 제시됐음에도 한 그룹은 여전히 개별 블록의 크기를 늘리는 것이 가장 쉬운 길이라고 주장했다. 비트코인의 독창적인 '피어 투 피어 전자화폐' 개념을 믿었고 더 큰 블록이 용이하게 할 빠르고 저렴한 거래를 보기를 원했다. 세그윗과 라이트닝을 구현한 다른 그룹은 블록 크기를 늘리면 전체 블록체인이 너무 커지고 네트워크 속도가 느려져 개인이 비트코인 코어 소프트웨어를 구동하기에는 너무 힘들다고 봤다. 의견 불일치는 네트워크의 탈중앙화를 방해할 우려가 있었다.

양측이 비트코인 확장에 관한 합의에 이르지 못하자 결국 쟁점이 된 하드포크가 마련됐다. 마이닝 하드웨어 제조업체 비트메인Bitmain은 커뮤니티를 두 개의 다른 블록체인으로 만드는 계획을 개발했다. 마이닝 풀인 ViaBTC는 블록 크기가 커지면 수수료가 낮아지고 트랜잭션 확인 속도가 빨라져 새로운 암호화폐를 현금처럼 소비할 수 있다는 생각을 반영해 비트코인캐시라는 용어를 만들었다.

2017년 8월 1일, 논란이 많은 하드포크가 발생하면서 비트코인캐시가 만들어졌다. 새로운 블록체인은 블록 크기가 8MB로 각 블록에 비트코인이 제공하는 트랜잭션 저장량의 약 8배에 달하는 용량을 부여했다. 2,100만 개의 채굴 한도과 SHA-256 작업 증명 등 오리지널 비트코인 체인의 다른 특징은 대부분 유지했다. 게다가 논쟁의 여지가 있는 하드포크 당시 비트코인을 갖고 있던 사람은 누구나 같은 양의 비트코인캐시를 받았다. 2018년 5월 32MB로 늘어난 비트코인캐시의 8MB 블록 크기는 더 많은 트랜잭션과 기능을 수용할 수 있도록 설계됐다. 논란에도 불구하고, 많은 지지자의 기대치에 미치진 못했지만, 비트코인캐시는 여전히 가장 성공적인 비트코인 소프트웨어 포크다.

포크의 포크: 비트코인SV

머지않아 비트코인캐시 관해 다른 확장 논쟁이 있었다. 2018년 11월 비트코인캐시 네트워크는 두 개로 쪼개져 비트코인캐시와 비트코인 사토시 비전(SV)이라는 별도의 체인으로 포킹됐다. 이번 논쟁은 조금 달랐다. 한쪽에는 비트코인 ABC라는 그룹이 있었는데, 이들은 블록 크기를 원하는 숫자로 변경하고 이더리움과 2.0 버전의 알트체인에 존재하는 프로그래밍 기능인 스마트 콘트랙트(Smart contract)를 구현할 수 있는 능력을 원했다. SV그룹은 스마트 콘트랙트에서 벗어나 보다 안정적인 암호화폐를 만들고 싶어했는데, 사토시 나카모토가 제안했던 것이라고 주장했다. 또한 SV 그룹은 블록 크기를 128MB로 설정하고 그 수치를 유지하고자 했다. 둘 사이에서 의견은 좁혀지지 않았고 결국 또 다른 하드포크로 이어졌다.

알트코인

알트코인은 보통 비트코인 코어 소프트웨어의 포크를 가리킬 때 쓰는 용어다. 비트코인이 어느 정도 힘을 얻은 후 취약점 공격을 겪은 2011년에 초기에 알트코인 열풍이 시작됐는데, 인기의 시점은 개발자들이 비트코인 기술을 신뢰하기 시작했을 즈음이다. 대표적인 초기 알트코인은 다음과 같다.

아이엑스코인

아이엑스코인[Ixcoin]은 초기에 채굴된 알트코인이다. 창업자는 58만개의 코인을 미리 생성한 뒤 기존 채굴 코인의 가치를 많이 창출한다는 생각으로 포럼과 크립토그래피 메일링 리스트에 Ix코인을 공개했다. 블록체인이 활성화되기 프리마인[2]이 일어난 점을 수상하게 여긴 커뮤니티는 프리마인이 없어도 추적이 되지 않는 아이제로코인[I0coin]으로 포크했다.

솔리드코인

비트코인이 10분의 블록생성 시간을 가졌다면 솔리드코인[Solidcoin]은 3분 정도의 블록 타임으로 트랜잭션 컨펌 속도를 높였다. 비트코인은 한 블록의 트랜잭션 수수료 합계에 따라 변동성이 있는데 솔리드코인은 수수료를 일정하게 만들었다. 다만 솔리드코인의 고정 수수료는 공격자가 단순히 트랜잭션에 수수료를 붙이고 블록을 채울 수 있어 네트워크에 스팸이 생성됐다. 최초 개발자는 더 많은 제어가 필요하고 결정해 솔리드코인 v2로 프로젝트를 재출시하고 다른 모든 블록을 중앙집중화된 당사자가 채굴하도록 설정했지만 결국 추진력을 잃었다.

제이스트겔드

블록 타임을 단 15초로 대폭 줄이는 방식으로 만들었다. 하지만 마이너에게는 너무 빨랐기 때문에 문제가 됐다. 결국 체인에 받아들이지 못한 고아 블록이 대량으로 생성됐고, 트랜잭션들은 확인되지 않고 남겨졌다. 이로 인해 네트워크에서 트랜잭션을 컨펌하기가 어려워졌다. 제이스트겔드[GeistGeld]의 개발자들은 스크립트 채굴을 사용한 최초의 화폐인 테네브릭스[Tenebrix]를 출시했다. 스크립트는 메모리 집약적인 작업 증명 알고리듬으로, 채굴에 ASIC의 사용을 막도록 설계됐다.

네임코인

네임코인[Namecoin]의 목적은 웹 트래픽을 처리하는 데 사용되는 시스템인 DNS[Domain Name System]의 분산 버전 역할을 하는 것이었다. 예를 들어, 사용자가 구글에 가면 DNS는 그 주소를 인터넷 상의 숫자 위치로 변환한다. 네임코인 개발자들은 프로젝트를

2 프리마인: 코인 출시 전에 미리 채굴한 행위를 의미한다. Ix코인은 프리마인으로 개발자에게 많은 양의 코인이 전송됐다. – 옮긴이

암호화폐와 탈중앙화 DNS로 동시에 만들기 위해 고군분투했지만 결국 설득력을 얻지 못했다. 하지만 DNS를 탈중앙화 서비스로 만들자는 발상은 암호화폐가 단순한 가치 이상의 용도로 사용될 가능성을 높였다.

프라임코인

비트코인과 같은 암호화폐에 대한 작업 증명은 일반적으로 무작위 수학 문제를 푸는 것을 포함하지만, 프라임코인Primecoin은 소수점을 찾는 것이 유용하다는 점을 생각했다. 소수는 1과 자기 자신으로만 나눌 수 있는 수이며, 숫자가 커질수록 소수를 찾기가 더 어려워진다. 소수는 암호화 시스템에 사용되며 컴퓨터가 계산 속도가 빨라질수록 더 큰 소수는 삭제될 필요가 있다. 프라임코인은 트랜잭션를 컨펌하는 것 이상의 용도로 작업 증명을 사용한 최초의 암호화폐로 알려졌으며 소수의 체인을 검색하는 데 중점을 두었다.

라이트코인

초기부터 가장 잘 알려진 알트코인은 라이트코인Litecoin이다. 2011년, 구글의 개발 부서 직원인 찰리 리는 비트코인 코드를 갖고 놀면서 시간을 보냈다. 찰리는 프로젝트들이 흥미로운 아이디어로 시작됐지만 여러 이유로 계속 성공하지 못했다고 말했다. 초기 프로젝트의 개발자들이 사토시와는 달리 획기적인 새로운 개념을 도입하지 않고 비트코인 코드만 약간 바꿨다고 했다.

알트코인들은 프리마인도 이슈였다. 만약 미리 채굴된 프로젝트의 개발자들이 익명으로 남아 있다면, 미리 채굴한 익명의 설립자가 자금을 들고 언제든지 쉽게 떠날 수 있기 때문에 프로젝트가 장기적으로 생존할 수 있을 것이라고 믿기 어려웠다. 또한 초기의 많은 알트코인은 이름을 알리지도 못했다.

찰리는 더 나은 비트코인을 만들기 위해 깊이 생각했다. 그는 비트코인을 금과 비슷한 가치의 저장소로 생각해, 비트코인을 보완한 코인을 만들고자 했다. 또한 블록 타임이 더 빠를 수 있도록 프로젝트를 가볍게 만들기를 원했다. 결국 비트코인 공급량의 4배를 라이트코인에 주기로 결정했다. 여기에 블록타임이 비트코인의 4배 이상으로 설정됐다.

프리마인은 하지 않기로 결정했으며, 2011년 ASIC에 저항하는 스크립트Scrypt 알고리듬으로 상대적으로 블록 생성이 복잡하지 않기 때문에 취미로 채굴을 하는 마이너를 대상으로 결정했다(ASIC는 수많은 기술 응용 분야에서 사용되며, 하나의 작업을 매우 잘 수행하기 위해 특수 칩 설계를 사용한다. SHA-256과 유사한 작업 증명 알고리듬이다). 스크립트는 알고리듬이 달라서 비트코인처럼 ASIC을 사용해 이익을 얻으려 해도 효율이 없어 전문 마이너들을 제한할 수 있었다. 하지만 2015년 말을 기점으로 ASIC 채굴기가 출시되면서 ASIC 채굴로 넘어갔다.

라이트코인 개발에는 1주일의 계획과 4시간의 코딩이 소요됐다. 하지만 여전히 시가총액 상위 10위권 암호화폐 중 하나다.

더 많은 알트코인 실험

알트코인은 초창기부터 훨씬 더 많은 코인들이 출시됐다. 흥미로운 예시를 소개한다.

도지코인

프로그래머 빌리 마커스Billy Markus와 마케터 잭슨 파머Jackson Palmer가 2013년 발명한 도지코인Dogecoin은 인터넷 밈을 보고 암호화폐를 만들었다. 파머는 장난삼아 트위터를 올리며(그림 3-6) 시바견의 인터넷 밈(doge)을 기반으로 암호화폐를 만들자고 제안했다. 아이디어가 설득력을 얻었고, 도지코인을 중심으로 생태계가 형성됐다. 도지코인은 총 발행 코인 수에 상한선이 없어 상대적으로 취득 비용이 저렴해 가격을 낮게 유지하고 있다.

그림 3-6. 도지코인은 간단한 트윗으로 시작했다.

언옵테늄

매우 희귀한 원소를 뜻하는 공학 용어에서 유래한 언옵테늄Unobtainium은 2013년에 발견됐다. 이름에서 알 수 있듯이, 암호화폐는 유통되는 코인의 수가 매우 적으며, 30년 동안 채굴될 25만 개의 한도를 설정했다. 언옵테늄은 낮은 인플레이션을 일으키기 위한 흥미로운 실험이지만, 대부분 다른 암호화폐와 마찬가지로 변동성이 있으며, 하루 거래량(수백 달러)이 적다.

코인예

도지코인 이후 얼마 지나지 않아 도입된 코인예Coinye 또는 코인예 웨스트Coinye West는 래퍼 케이네 웨스트Kayne West를 밈/마스콧으로 사용하는 스크립트 기반 암호화폐를 계획했다. 계획이 발표된 직후 개발자들은 카니예 웨스트로부터 상표권 침해 통지를 받았다. 결국 법적인 압력으로 프로젝트는 중단됐다.

팟코인

많은 은행들이 여전히 대마초를 위험하다고 여겨, 대마 판매 면허를 가진 사업자들은 종종 많은 위험을 감수해야 한다. 2014년 출시된 팟코인PotCoin은 대마초 산업을 위한 암호화폐를 만들기 위한 첫 시도였다. 처음에는 라이트코인의 포크에 불과했지만 이후에 작업 증명 방식에서 채굴기 없이 코인의 지분으로 코인을 얻는 POSv방식으로 대체했다. 팟코인은 처음으로 여러 마케팅을 시도했지만 시장 변동성과 규제로 인해 채택이 어려워졌다.

'2.0' 체인

비트코인 포크 외에 처음부터 구축한 프로젝트도 있다. 사실, 이타적인 아이디어라면 목표를 달성하기 위해 근본적으로 만들어져야 한다. 주목할 만한 사례를 설명한다.

넥스트

2013년에 출시된 넥스트NXT는 매우 초기의 '비트코인 2.0 또는 '블록체인 2.0' 프로젝트였다. 좀 더 프로그램적이고 유연한 블록체인을 만드는 아이디어였다. 넥스트는 암호화폐와 원장Ledger을 갖고 있는 대신 시스템 위에 애플리케이션을 구축할 수 있는 플랫폼을 제공하는 것을 목표로 했다. 자산, 주식/채권 또는 상품과 같은 실제 자산을 나타내기 위해 암호화폐를 태그 또는 '색칠'하는 컬러 코인의 아이디어를 처음 소개한 프로젝트였다. 넥스트 프로젝트는 주로 익명의 사람이나 그룹에 의해 만들어지고 개발됐다. 실제로는 서비스하지 못했지만, 도입된 개념은 이후의 다른 블록체인에 중요한 인상을 남겼다.

카운터파티

최초의 '비트코인 2.0' 프로젝트 중 하나로 꼽는 카운터파티는 2014년에 출범했다. 마스터코인(4장에서 다룬다)처럼 비트코인의 블록체인 확장 프로토콜이지만, 훨씬 더 많은 프로그래밍 기능을 제공하는 것을 목표로 했다. 프로그래머들이 플랫폼에 자체 암호 기반 블록 체인 자산을 만들 수 있도록 한 것이 가장 주목할 만한 점이다. 블록체인 애플리케이션에 비즈니스 논리를 제공하는 코드가 포함된 스마트 콘트랙트가 특징이어서 개발자들에게 블록체인에 블록이 언제, 어떤 조건에서 만들어질지 더 많은 통제권을 부여했다(4장에서 다룬다). 카운터파티는 또한 XCP라고 하는 자체 암호화폐를 갖고 있다. 이 프로젝트에 자금을 지원하기 위해 개발자들은 약 160만 달러의 비트코인을 받았고 이후 코인 번[3] 했다고 말했다.

개인정보 보호에 중점을 둔 암호화폐

앞서 언급했듯이 블록체인에 많은 데이터를 보유하는 것이 항상 이상적이지는 않다. 암호화폐가 확산되기 시작한 후 많은 사람들이 블록체인에 얼마나 많은 금융 데이터가 보관되고 있는지 우려가 높아져, 프라이버시에 중점을 둔 암호화폐가 등장하기 시작했다. 프라이버시 중심 영역에서 가장 초기의 두 프로젝트는 대시Dash와 모네로Monero였다.

3 코인 번: 코인은 태운다는 뜻으로 암호화폐를 개인키가 없는 주소로 보내 사용할 수 없게 만드는 행위 - 옮긴이

대시

2014년에 출시된 대시Dash는 비트코인의 소프트웨어 포크다. 원래 다크코인이라는 암호화폐로 낙인찍혀 불법 물품이 판매되는 온라인 장터에서 결제로 받아들여지는 등 평판이 좋지 않은 시절을 겪었다. 대시 프로토콜은 프라이빗샌드PrivateSend라는 프라이빗 트랜잭션에 관한 옵션이 있는데, 프라이빗샌드를 다른 사용자의 트랜잭션과 '혼합'해 추적할 수 없도록 구현했다. 2018년 대시는 X11이라는 새로운 유형의 ASIC 저항 작업 증명을 구현했다.

모네로

2014년에 출시된 모네로Monero는 작업 증명을 위해 크립토노트CryptoNote 프로토콜을 사용한다. 크립토노트는 키를 소유한 사용자 집단이 특정 정보를 숨길 목적으로 사용할 수 있는 일종의 디지털 서명인 링 시그니처Ring Signature[4]라는 기술을 사용한다. 이 시스템은 누구의 열쇠가 서명에 사용됐는지 알 수 없게 만들어 익명성을 제공한다. 모네로는 수신자를 숨기기 위한 스텔스 주소, 잔액을 숨기기 위한 링 기밀 거래와 같은 개념도 프라이버시 기능으로 제공한다.

지캐시

2016년에 출시된 지캐시Zcash는 오늘날 가장 잘 알려진 개인정보 보호 체인 중 하나다. 해시를 사용하면 암호화 시스템의 개인정보를 침해할 수 있다는 것을 연구로 입증했다. 공개적으로 볼 수 있는 원장Ledger은 해시를 사용하기 때문에 블록체인 기반 암호화폐를 포함할 수 있다. 지캐시는 사용자의 개인정보를 보호하기 위해 영 지식 증명zk-SNARK[5]이라는 기술을 사용한다.

영 지식 증명을 사용하면 사용자가 실제 데이터를 공유하지 않고도 서로 정보를 전송할 수 있다. 혼란스럽게 들릴 수 있지만 한 당사자가 다른 당사자와 개인정보를 공유하고

4 링 시그니처(서명, ring signature): 사용자의 공개키를 섞어 특정 사용자를 식별하지 못하게 해 사용자를 추적 불가능하게 만드는 서명 기술 – 옮긴이

5 영 지식 증명(零知識證明, zero-knowledge proof): 거래 상대방에게 어떠한 정보도 제공하지 않은 채, 자신이 해당 정보를 갖고 있다는 사실을 증명하는 것 – 옮긴이

싶지 않은 경우가 있다. 예를 들어 블록체인 거래를 통해 발신자와 수신자 모두 거래내역, 지갑 정보 및 기타 이해관계자까지 확인할 수 있다.

지캐시는 비트코인과 마찬가지로 2,100만 개의 고정 공급량을 갖고 있다. 비트코인과 마찬가지로, 거래는 투명할 수 있다. 사용자들은 거래를 보호하기 하기 위해 z-addr을 구현해야 한다. 지캐시의 출시 기간 동안, 그 기술을 둘러싼 과대 광고 때문에 코인 한 개의 가격이 1,000달러 이상에 달했다. 그러나 지캐시 네트워크의 트랜잭션 대부분 개인 정보 보호 기능을 사용하지 않는다. 연구에 따르면 지캐시코인의 3.5%만이 보호 주소에 보관돼 있다.

프라이버시 문제와 이슈는 7장에서 더 자세히 알아본다.

리플과 스텔라

소프트웨어 포크로 비트코인 기반의 작업 증명 합의 알고리듬이 적용된 암호화폐들이 많은 비판을 받았다. 그 이유 중 하나는 비트코인과 같은 암호화폐 네트워크에서 중앙집중화가 점점 더 많이 일어나고 있다는 점이었다. 캠브리지 대안 금융 센터Cambridge Centre for Alternative Finance에서 조사한 내용에 따르면, 모든 비트코인 채굴의 65% 이상이 중국에서 이뤄진다. 일부 창업자와 기술적 특성을 공유하는 리플Ripple과 스텔라Stellar는 작업 증명 방식을 사용하지 않는 암호화폐로 어느 정도 성공을 거뒀다.

비트코인 채굴은 점점 더 많은 양의 컴퓨터 처리 능력을 요구하기 때문에, 그 힘을 통제하는 주체의 수는 줄어들고, 따라서 더 큰 몫의 채굴은 소수의 주체에 의해서만 이루어진다.

리플

2012년에 처음 출시된 리플Ripple은 비트코인에 영향을 받아 탄생했고 초창기부터 가장 오랫동안 지속되는 대안 암호화폐들 중 하나다. 당시 리플은 암호화폐랑 관계없는 프로젝트였다. 초창기엔 리플페이는 이름으로 국제 송금용 서비스를 했지만 이후 리플랩스라는 회사를 만들어 기존 서비스에 합의 알고리듬을 적용해 XRP라는 암호화폐를 만들었다. 리플은 비트코인 거래소를 최초에 만든 마운트곡스 설립자 제드 맥칼렙Jed McCaleb과 크리스 라슨Chris Larsen이 C++ 언어로 공동 개발했다.

초기에 리플은 비트코인의 오픈소스 경쟁자였으며, 제3자가 익명 교환하는 게이트웨이 방식이었지만, 2014년 국경을 초월한 더 빠르고 저렴한 결제 네트워크로서 은행을 지원하는 쪽으로 방향을 틀었다. 리플은 XRP 합의 프로토콜이라는 새로운 유형의 합의 알고리듬을 도입했다. 트랜잭션에 대한 노드 합의가 필요한 비잔틴 장애 허용BFT, Byzantine Fault Tolerant 정책을 사용한다.

리플은 은행 및 결제 분야의 다양한 기업과 수백 개의 파트너십을 맺고 있다. 가장 잘 알려진 전략적 제휴는 리플이 5,000만 달러 규모의 주식 투자를 한 자금 송금 회사 머니그램MoneyGram이다.

스텔라

2014년에 설립된 스텔라Stellar는 리플에서 근무했던 제드 맥칼렙과 조이스 김Joyce Kim에 의해 설립됐다. 스텔라 프로토콜은 501(c)(3) 비영리 스텔라 개발 재단의 지원을 받고 있으며, 전 세계의 저비용 지불 네트워크를 제공하는 것을 목적으로 만들어졌다.

초기에 스텔라는 리플과 비슷한 합의 메커니즘을 사용했다. 그러나 2015년 데이비드 마지에르David Mazières 스탠퍼드대 교수가 고안한 SCP로 변경했다. 리플레드식 컨센서스 메커니즘에서 전환한 이유는 2014년 스텔라 블록체인이 예기치 않게 포크되면서 두 개의 별도 네트워크가 생기고 트랜잭션에 문제가 생겼기 때문이다.

재단은 조이스 김이 떠난 뒤 프로토콜 도입을 위해 2017년 Lightyear.io(2018년 블록체인 기업 체인을 인수해 인터스텔라로 변경)라는 회사를 설립하는 등 긴 여정을 시작했다. 리플과 마찬가지로 스텔라도 은행 업무가 원활하지 않고 은행이 부족한 곳의 사람들에게 서비스를 제공하기 위해 집중하고 있다.

블록체인 확장

기술 측면에서 확장성이란 네트워크가 효율성을 개선하거나 유지하면서 리소스 할당을 동적으로 변경할 수 있는 능력이다. 더 많은 트랜잭션이 블록체인에 기록됨에 따라 네트워크는 계속해서 저렴하고 쉬운 거래 방법을 제공해야 하기 때문에 확장성은 비트코인이 해결해야 할 과제였다.

비트코인은 초당 3~7개의 트랜잭션만 처리할 수 있다. 초당 6만 5000건의 거래가 가능한 비자(Visa) 결제 네트워크과 비교해보자. 비자 네트워크가 확장될 때, 관리자들은 단지 자원의 할당을 조정할 수 있다. 비자는 서버에서 실행되는 데이터와 애플리케이션을 소유하고 중앙 관리자를 통해 액세스를 제어한다.

그러나 중앙집중화된 VISA와는 달리 비트코인은 탈중앙화로 네트워크가 구성돼 있다. 많은 컴퓨터에서 실행되며 중앙 제어가 없다. 비트코인 네트워크가 성장하기 위해서 많은 블록체인 관계자들은 무언가 변화가 필요하다고 주장해왔다. 즉, VISA와 비슷한 트랜잭션 처리 속도를 위해 원장에 기록되는 트랜잭션의 수를 늘려야 한다. 블록 사이즈를 높이거나 각 블록에 들어가는 정보를 최소화하는 식으로 오랫동안 트랜잭션 처리 속도를 높이기 위해 노력하고 있다.

일부 이해 관계자들은 체인 밖으로 데이터를 빼내는 것을 권장하는데 이를 오프체인[6] 이라고 하며, 10장에서 자세히 살펴본다. 아직도 블록체인을 확장하기 위한 기술적 솔루션은 많이 필요하다. 해결책을 살펴보고 10장에서 오프체인에 관해 다시 살펴본다.

세그윗

2015년까지 비트코인 인프라의 병목 현상이 분명해졌다. 비트코인 블록마다 들어갈 수 있는 것보다 더 많은 트랜잭션이 쌓이기 시작했다. 가령 초당 10건의 트랜잭션이 요청될 수 있지만 이중 7건 이상을 처리할 수 없다. 병목 현상이 발생하면 7개의 트랜잭션이 처리되고 나머지 3개는 멤풀에 남는다. 이는 네트워크상에서 거래 시간을 늦춘다는 점에

6 오프체인 (Off-Chain): 블록체인 네트워크 외부에 트랜잭션이 기록되는 체인 – 옮긴이

서 문제가 됐다. 또한 수수료가 비싸질 수 있다는 것을 의미했다. 사용자들이 한 블록에 자신의 트랜잭션을 기록하기 위해 경쟁해야 하기 때문에 수수료 시장이 형성될 것이기 때문이다. 문제에 대응하기 위해 세그윗SegWit, Segregated Witness이라는 기술을 구현하는 제안이 있다.

세그윗SegWit은 원래 2015년 비트코인 코어 개발자인 에릭 롬브로조Eric Lombrozo, 존슨 라우Johnson Lau, 피터 윌라Pieter Wuille가 제안했다. 세그윗은 서명 부분을 따로 위트니스Witness라는 데이터 영역으로 분리시키는 것이다. 그림 3-7처럼 데이터 영역이 분리되면 블록 크기 계산에서 제외돼 블록의 각 트랜잭션에 필요한 전체 공간을 효과적으로 줄인다. 이로 인해 각 블록에 더 많은 트랜잭션이 저장돼 트랜잭션 처리량이 효과적으로 증가했다. 또한 공격자가 블록으로 확인되기 전에 비트코인 트랜잭션의 고유 식별자를 변경할 수 있는 공격인 트랜잭션 가변성Transaction Malleability 문제를 해결했다. 비트코인 네트워크의 마이너들은 2017년 8월에 세그윗을 적용하기 위해 소프트 포크로 업그레이드했다.

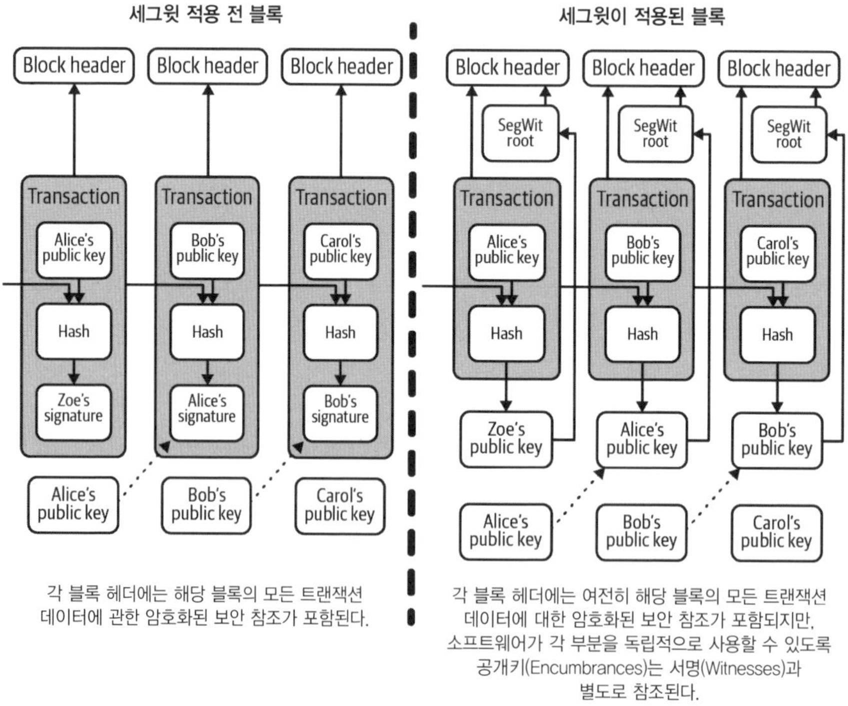

그림 3-7. 세그윗 적용 전 블록과 세그윗이 적용된 블록 간의 기술 비교

라이트닝

세그윗의 구현은 2016년에 조셉 푼Joseph Poon과 타데우스 드리자Thaddeus Dryja가 제안한 라이트닝Lightning 네트워크라는 또 다른 확장 솔루션의 기술적 전제 조건을 만들었다. 라이트닝은 일부 비트코인 거래를 별도의 채널에 올려놓고, 메인 비트코인 블록체인에서 신뢰 없이 처리한다. 트랜잭션이 줄어든 비트코인 네트워크는 지속적으로 유지하고 성장할 수 있게 해준다. 즉, 블록이 가득 차고 수수료가 늘어에 따라 문제가 됐던 소비자 결제와 소액 결제 등이 라이트닝으로 해결하게 될 것이다.

라이트닝 네트워크는 거래 확인을 위해 채굴자와 블록을 요구하는 대신, 라이트닝 네트워크는 당사자 간의 서명을 사용해 (비트코인뿐 아니라 스텔라가 라이트닝 버전을 구현하기도 했다) 암호화폐의 송수신 여부를 디지털로 검증한다. 검증은 양방향 결제 채널의 사용을 통해 이뤄진다. 사용자들은 네트워크에 채널을 만들고 자금 지원 금액으로 알려진 것을 블록체인에 게시해야 한다. 네트워크는 해시 시간 잠금 계약Hash Time Locked Contracts이라는 다중 서명 시스템으로 여러 당사자가 서로 거래할 수 있도록 한다.

라이트닝 네트워크는 일부 보안 위험이 있다. 가령, 라이트닝은 2018년에 분산 서비스 거부DDoS 공격으로 네트워크의 20%가 다운됐다. 공격으로부터 블록 연결이 발생하지 않도록 차단하기 위해 가능한 많은 노드를 사용했다. 라이트닝의 또 다른 문제는 두 당사자 간에 거래가 발생하려면 노드가 열려 있어야 한다는 것이다. 또한, 네트워크에서 부정행위가 만연하는 것에 관한 우려가 있고 이로 인해 부정 행위 가능성이 있는 거래를 모니터링하기 위해 감시용 노드를 포함해야 할 수도 있다.

기타 알트체인 솔루션

블록체인 트랜잭션을 처리할 수 있는 속도를 높이기 위한 가장 일반적인 솔루션을 상태 채널과 사이드체인[7]이라고 한다. 라이트닝 네트워크는 비트코인의 전자를 보여주는 사례다. 이더리움에서 구현된 사례로는 라이덴Raiden이라는 프로젝트가 있다. 상태 채널은 별도의 블록체인을 사용하지 않는 반면, 사이드체인은 사용한다. 예를 들어 플라즈

7 사이드체인(sidechain): 블록체인의 메인 체인 옆에 나란히 붙어서 작동하는 하위체인 – 옮긴이

마Plasma 롤업[8]이다. 최근에는 특히 사생활 보호를 위해 실제 정보를 알지 못하는 검증자 없이 유효성을 제시하고 공개적으로 기록하는 영 지식ZK, Zero Knowledge 롤업과 스마트 콘트랙트로 오프체인 트랜잭션을 집계해 각 블록에 더 많은 정보를 저장하는 옵티미스틱Optimistic에 관해서도 많은 이야기가 나오고 있다.

롤업은 플라즈마[9]와 유사한 확장 솔루션이지만 플라즈마에 데이터 가용성 문제가 있다. 롤업을 사용하면 수천 건의 트랜잭션을 오프체인에서 '롤업'할 수 있어 확장성에 도움이 된다. 낙관적 롤업[10]의 현실적인 처리량은 초당 500건 안팎(블록체인의 속도를 규정하는 지표인 TPS)인 반면 ZK 롤업은 2000건 안팎의 TPS를 처리할 수 있는 것으로 추정된다. 물론 다른 보안 모델, 신뢰할 수 있는 설정 등 TPS보다 더 많은 방법이 있다.

이더리움을 비롯해 질리카Zilliqa, NEAR 등 프로젝트들이 오랫동안 탐색해 온 확장 솔루션은 샤딩[11]이다. 전체 네트워크 작업을 샤드라고 하는 여러 네트워크 세그먼트로 분할하는 것을 포함한다. 각 샤드는 고유한 계정 잔액 및 스마트 콘트랙트 집합을 의미하는 자체 독립 상태를 포함한다.

샤딩은 시스템이 많은 트랜잭션을 병렬로 처리할 수 있게 해주므로 처리량이 크게 증가한다. 이는 확장에 도움이 되지만, 해시 파워 감소로 인해 공격자가 단일 샤드를 장악할 수 있는 탈취 공격의 위험과 전송된 메시지가 동기화되지 않을 수 있는 샤드 간 통신 복잡성 등 몇 가지 문제가 있다. 네트워크가 샤드화되면 본질적으로 보안도 샤드화되거나 개별 부분으로 축소된다. 이더리움은 각 샤드에 있는 검증자를 무작위로 샘플링해 문제를 해결하고자 한다.

8 롤업(Rollup): 롤업은 메인 체인의 확장성 문제를 해결하기 위해 외부에서 트랜잭션을 실행하고 결과 정보만 메인 체인에 기록하는 것 – 옮긴이

9 플라즈마 알고리듬(plasma): 모든 거래 명세를 메인 체인에서 처리하는 기존 블록체인과 달리, 메인 체인(또는 루트 체인)에 연결된 자식 체인(차일드 체인)에서 사전에 수집된 정보들을 처리한 후 결과만 메인 체인에 전달함으로써 처리 속도를 향상시킨 알고리듬 – 옮긴이

10 낙관적 롤업(Optimistic Rollups): 데이터 가용성 문제 즉, 트랜잭션을 제대로 처리했는지의 문제를 간단한 방식으로 해결하는데, 진위 확인을 위한 모든 트랜잭션을 이더리움에 전송하는 방식 – 옮긴이

11 샤딩(sharding): 하나의 거대한 데이터베이스나 네트워크 시스템을 여러 개의 작은 조각으로 나누어 분산 저장해 관리하는 것– 옮긴이

이더리움 클래식 포크

비트코인캐시 포크가 계획됐고, 새로운 블록체인의 개발자들은 소프트웨어에 리플레이 보호 기능을 구현할 수 있었다. 이더리움 클래식을 만든 최초의 이더리움 포크(4장의 이더리움 관련 내용)는 논란의 여지가 있는 포크였지만 소프트웨어 업데이트에는 리플레이 보호가 포함되지 않았다. 이더리움 클래식 포크는 2016년 6월 DAO(DAO 해킹은 4장에서 논의한다)[12]라는 스마트 콘트랙트 실행 과정에서 치명적인 취약점을 악용한 5천만 달러 규모의 해킹에 대한 대응으로 발생했다.

이더리움 커뮤니티는 두 그룹으로 나뉘었다.

- 한 그룹은 DAO 해킹을 되돌리기 위해 이더리움 코드를 업데이트하고자 했다.
- 한 그룹은 트랜잭션을 되돌리면 하나의 단체가 네트워크를 통제할 수 있게 되고, 이는 탈중앙화 네트워크의 가치를 떨어뜨릴 것이기 때문에 소프트웨어를 있는 그대로 유지하기를 원했다.

이더리움 블록 #192만에서 이더리움 마이너는 대부분 해킹을 역전시킨 새로운 코드로 소프트웨어를 업데이트했고, 해당 블록체인은 여전히 이더리움으로 본다. 같은 프리포크 소프트웨어를 계속 사용하던 이더리움 마이너들이 이더리움 클래식이라는 포크 블록체인 마이닝을 시작했다.

해킹을 되돌리기 위해 이더리움 마이너들에게 발급된 업데이트 소프트웨어는 개발 및 출시 속도가 빠르게 진행돼 리플레이 보호 기능이 포함되지 않았다. 두 블록체인은 모두 5개월 간 리플레이 공격에 취약했다. 이 기간 동안 이더리움 소유자들은 리플레이 공격에 대비하기 위해 해결책을 직접 찾아야 했다.

지갑 소유자들이 스스로를 보호하는 한 가지 방법은 각 블록체인의 자금을 그들이 통제하는 다른 지갑 주소로 보내는 것이었다. 그림 3-8에서 보면 사용자가 주소 A에 ETH가 10개인 경우 새로운 이더리움 블록체인에 주소 B를 생성하고, 이더리움 클래식 블록체

12 DAO: 기존의 중앙집중화된 조직이나 단체와 달리, 탈중앙 분산화된 자율적인 조직– 옮긴이

인에 주소 C를 생성한다. 이더리움 블록체인에서는 10ETH를 주소 B로 이동하고, 이더리움 클래식 블록체인에서는 10ETH를 주소 C로 이동한다. 자금이 각기 다른 주소로 분배된 후 누군가 자금에 대한 리플레이 공격을 시도하면 각 블록체인의 자금 잔액이 달라지기 때문에 공격이 통하지 않는다.

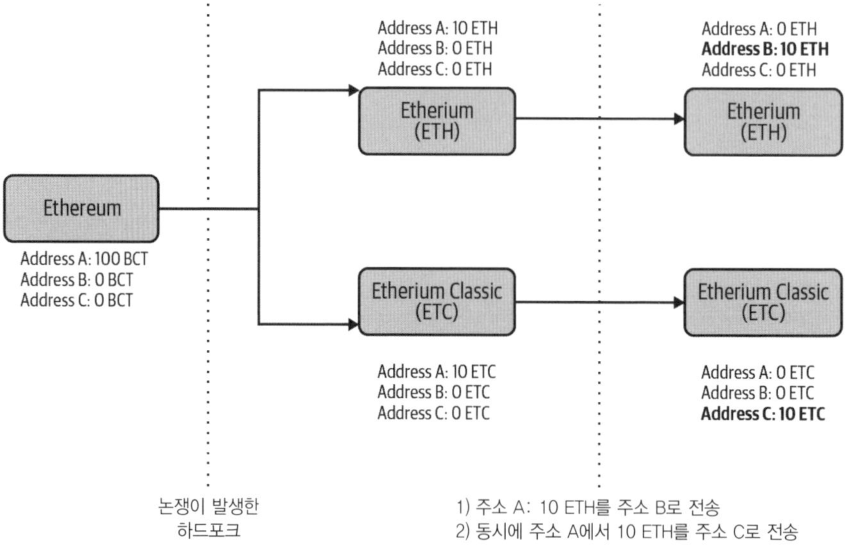

그림 3-8. 이더리움(ETH) 및 이더리움 클래식(ETC)에 대한 리플레이 공격으로부터 보호

리플레이 공격으로부터 보호할 수 있는 자원과 전문성을 갖춘 거래소들은 영향을 받지 않았다. 그러나 일부 개인은 취약성으로 인해 자금을 잃었다. 이더리움 블록체인은 2016년 11월 이더리움 개선안 155(EIP155)를 통해 리플레이 보호를 구현했는데, 이는 스퓨리어스 드래곤Spurious Dragon 하드포크에 포함됐다.

요약

알트코인과 알트체인은 블록체인과 암호화폐로 무엇을 할 수 있는지를 알 수 있는 흥미로운 주제다. 수많은 코인이 있지만 여기서 설명하는 프로젝트는 비트코인이나 이더리움의 기반으로 만들어 졌다. 암호화폐 프로젝트를 이해하는 것은 중요하다. 아이디어를 내서 암호화폐를 만들 때, 여러 프로젝트를 이해하고 있으면 그렇지 않다는 점을 알 수 있기 때문이다. 과거에 이미 일어난 일들을 알아둬야 한다. 많은 개발자들이 블록체인 개발을 시작할 때 어떤 개념이 이전에 시도되지 않았다고 생각할 수 있지만, 사례를 통해 그런 생각이 옳지 않다는 것을 알 수 있다.

4장

이더리움으로 진화

초창기의 비트코인은 모든 것을 아우르는 기술적인 경이로움 그 자체였다. 시간이 흐르면서 블록체인 기술이 더 많은 기능을 지원할 수 있다는 것을 깨닫기 시작했다. 이때 등장한 이더리움은 비트코인을 뛰어넘는 코인으로 평가받고 새로운 블록체인으로 소개됐다.

비트코인의 제한된 기능 개선

비트코인은 스크립트 머니의 개념을 적용한 최초의 탈중앙화 합의 프로토콜이다. 다시 말해 제한된 프로그램 실행의 참/거짓 상태에 따라 암호화폐 거래가 가능하다는 것이다. 처음에 많은 사람들이 비트코인을 '프로그래밍이 가능한 돈'으로 봤지만, 제한된 기능성으로 인해 스크립트된 화폐라는 비유가 더 적합하다. 마찬가지로, 초기에는 비트코인을 화폐 정도로 봤으나, 시간이 지나면서 더 많은 가치를 가진 저장 수단으로 보기 시작했다. 화폐와 저장 수단의 두 관점의 차이에서 많은 논쟁이 일어났다.

비트코인의 진화는 개발자 커뮤니티에서 영향력 있고 열정적인 지지자들을 구성해 보안과 안전성의 이유로 조심스럽고 제한적인 프로토콜 변경을 주장했다. 블록 크기 증가와 같은 프로토콜 변화는 회의적인 시각으로 바라봤다. 지지자들은 탈중앙화와 포용성이라는 핵심 목표를 가지고 저렴한 하드웨어와 저처리량의 인터넷 연결로도 완전 노드를 운영할 수 있는 환경을 유지하려고 했다.

그러나 3장에서 본 것처럼, 일부 비트코인 개발자들은 스케일링 솔루션을 향한 움직임을 보였다. 개발자들이 그 위에 새로운 블록체인을 만드는 방법을 고안하기 시작하면서 비트코인은 프로그래밍이 가능한 돈이 될 수 있는 토대가 됐다.

컬러드 코인과 토큰

컬러드 코인Colored Coin은 주식이나 금과 같은 실제 자산을 비트코인 블록체인에 표현하고 관리할 수 있게 한다. 비트코인의 스크립트 언어는 의도적으로 튜링불완전Turing Incomplete으로 설계됐다. 즉 네트워크의 복잡성을 낮추려고 사용 가능한 내장 명령어를 제한했다는 뜻이다. 이로 인해 컬러드 코인은 비트코인 블록체인이 아닌 위에 구축된다.

비트코인은 데이터 저장 범위가 제한돼 있다. 그러나 블록체인을 사용하면 소량의 데이터나 메타데이터를 저장할 수 있다. 일부 다른 자산의 표현은 주소를 갖고 비트코인의 일부 금액의 가치에 기인할 수 있다. 컬러드 코인을 위해 토큰의 아이디어를 도입했는데, 토큰Token의 아이디어는 기존 블록체인 위에 독특한 원장을 프로그래밍해 만든 가치 단위다. 토큰은 다른 블록체인 네트워크에 의해 구동되는 것을 제외하고는 다른 암호화폐처럼 보이고 행동한다. 토큰은 이더리움 생태계의 발전을 기반으로 했으며 비트코인에 컬러드 코인이 등장하면서 다른 블록체인의 토큰이 생겨났다.

마스터코인과 스마트 콘트랙트

비트코인의 스케일링 솔루션의 진화는 2013년에 마스터코인의 개발로 발전했다. 마스터코인은 비트코인 위에 만들어져 비트코인의 핵심 프로토콜에 원래 포함되지 않은 기능을 추가했다. 마스터코인은 비트코인의 단순한 기능을 넘어서서 프로그램 가능한 돈 개념으로 이어졌다. 그 중 하나는 블록체인에서 실행되는 복잡한 프로그램인 스마트 콘트랙트Smart Contract[1]의 개념이었다.

마스터코인은 추가 암호화폐 즉, 토큰의 개념을 도입했다. 마스터코인 이전에는 소프트웨어 포크 밖에서 새 암호화폐를 만들기가 어려웠다. 스마트 콘트랙트를 사용해 지갑

1 스마트 콘트랙트(smart contract) 계약 당사자가 사전에 협의한 내용을 미리 프로그래밍해 전자 계약서 문서 안에 넣어두고, 계약 조건이 모두 충족되면 자동으로 계약 내용이 실행되도록 하는 시스템 – 옮긴이

으로 보내진 돈을 다른 지갑으로 되돌려 보낼 수 있는 능력은 비트코인의 특징이 아니었다. 본질적으로 마스터코인은 현재 원시적인 것으로 여겨지지만 비트코인의 능력과 새로운 기능을 탐구하는 연구의 기반이 됐다.

마스터코인 발명가 J.R. 윌렛J.R. Willett은 초기 프로토콜 개발에 자금을 지원하기 위해 블록체인 기반 모금 메커니즘인 초기 코인 공개ICO, Initial Coin Offering를 도입한 것으로도 알려져 있다.

옴니레이어의 이해

옴니레이어Omni Layer는 비트코인의 기반으로 구축된 오픈소스이자 분산 자산 거래 플랫폼으로 2013년 ICO로 모은 자금으로 마스터코인 재단이 마스터코인이라는 프로젝트로 시작했으나 옴니레이어로 이름을 바꿨다. 옴니레이어는 옴니코어로 알려진 참조 구현체와 함께 진행 중인 프로젝트다.

옴니코어는 기본적으로 비트코인의 요소를 추가적인 특징으로 강화한다. 또 스마트 콘트랙트 기능을 제공해 개발자가 탈중앙화와 투명한 방식으로 화폐 기능을 자동화할 수 있도록 했다. 스마트 콘트랙트로 트랜잭션과 합의를 블록체인 상에서 실행해 통화 이외의 기능을 수행할 수 있다. 토큰으로 다른 블록체인 프로토콜 위에 구축된 새로운 암호화폐를 만드는 기능이 포함된다(5장에서 설명한 다른 속성을 자세히 설명한다). 그림 4-1은 옴니의 작동 방식의 기본 구조를 보여준다.

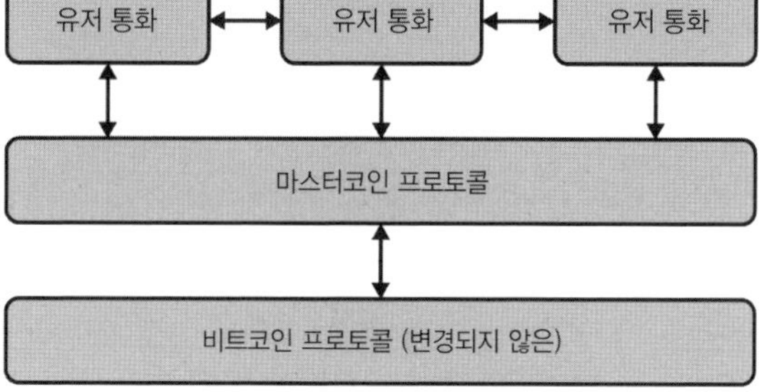

그림 4-1. 옴니레이어의 기술 스택 개요

옴니에서 만든 토큰에는 2006년 엔지니어 데이비드 어바인David Irvine이 처음 제안한 탈중앙화 자율 데이터 네트워크인 메이드세이프MaidSafe가 있다. 메이드세이프는 나중에 ICO를 활성화하기 위해 스마트 콘트랙트 기술로 옴니레이어를 구현해 네트워크 안에서 사용되는 메이드세이프코인MAID 토큰을 만들었다.

테더

옴니에서 가장 잘 알려진 프로젝트는 테더Tether다. 테더는 암호화폐의 휘발성 토큰 생태계에서 법정화폐담보인 안정적인 자산Stable Asset을 표현하는 방법이라는 매우 중요한 사용 사례를 만든다. 테더는 디지털 블록체인 암호화폐로, 미국 달러화에 고정된 안정적인 통화를 제공하는 목표가 있다. 테더 백서에 따르면, 테더 토큰은 1달러에 고정돼 있다.

실제 자산은 블록체인으로 표현될 때 문제를 일으킨다. 실제로 토큰화된 형태로 자산의 가치를 어떻게 평가할 것인가에 대해 테더는 미국 달러가 지원되고 있다고 주장하지만 불행히도 웹사이트 잔액을 나열하는 것 외에도 유통되는 모든 테더에 대해 실제로 1 달러가 은행 계좌에 있다는 증거는 없다. 테더는 미국 달러화에 대한 일대일 고정에 관해 전면적인 감사를 약속했지만 2018년에 설명없이 테더는 자사의 회계감사를 맡던 법인과의 관계를 끊었다. 시장에서 테더는 임의로 변동하며 테더 페그 하나에 1달러까지 밑으로 떨어지기도 했지만 이후에 별다른 설명 없이 회복됐다.

테더는 마스터코인의 후계자인 옴니레이어의 토큰화를 위한 흥미로운 첫 사용 사례였지만 여전히 실험적인 성향이 강하다. 테더와 같은 암호화폐를 미국 달러와 같은 실제 자산으로 보증하는 것은 여전히 검증과정이 필요한 상황이다.

옴니레이어의 작동 방식

옴니레이어 팀은 윌렛J.R. Willett이 두 번째 비트코인 백서Second Bitcoin Whitepaper에서 약속한 모든 기능을 구축했는데 기능은 다음과 같다.

관세

옴니레이어 네트워크에서 관리되는 원장에서 누구나 화폐를 만들 수 있다.

탈중앙화 거래소

> 당사자 간의 통화를 쉽게 교환하려면 중앙집중화 거래소를 사용하는 대신, 옴니레이어는 트레이드 코드를 실행한다.

작업 증명 기반의 블록체인을 출시할 때는 처리 트랜잭션에 해시파워를 전용할 수 있는 강력한 채굴사 네트워크를 반드시 구축해야 한다. 네트워크가 클수록 분산되고 신뢰할 수 있으며 보안이 강화된다.

옴니는 토큰화와 기타 스마트 콘트랙트 기능을 탈중앙화 블록체인에서 작동하도록 하는 것에 집중하기로 결정했다. 이때, 기존의 네트워크 효과를 구축하는 부담 없이 비트코인 위에 두 번째 계층 프로토콜을 구축함으로써 옴니는 이미 갖고 있는 비트코인의 대규모 네트워크 효과를 이용할 수 있었다.

사용자 정의 논리 추가

비트코인은 블록체인을 유지하는 규칙인 논리적 연산을 수행하며 합의를 이루는 기본 개념이 작동한다는 것을 입증한다. 옴니가 비트코인 블록체인에 맞춤형 논리 연산을 추가한다.

2014년 3월 이후 비트코인은 OP_RETURN 필드를 추가해 비트코인 트랜잭션에 추가 데이터를 첨부할 수 있게 됐다. 비트코인에 OP_RETURN 필드가 추가되면 모든 옴니 트랜잭션은 비트코인 트랜잭션의 OP_RETURN 필드에 레코드를 저장하기 시작한다.

그림 4-2는 비트코인 블록체인에 기록된 테더 거래의 예다. 이것은 USDT라고도 알려진 5개의 테더의 작은 트랜잭션이다. 비트코인 블록체인의 트랜잭션 ID는 다음과 같다.

그림 4-2. 비트코인 블록체인에서 옴니 트랙잭션의 예

옴니레이어는 메타데이터를 포함하는 비트코인 트랜잭션이다. 옴니 트랜잭션의 유일한 차이점은 OP_RETURN 필드의 유무다. 옴니는 충분한 공간을 제공하고 사용을 간편하게 하기 위해 OP_RETURN을 사용한다. OP_RETURN 필드의 메타 데이터는 5 USDT가 전송되는 것으로 변환된다. 그림 4-3은 옴니 익스플로러Omnie Explorer에서 같은 트랜잭션을 보여준다. 트랜잭션 ID는 같다.

그림 4-3. 그림 4-2의 테더 트랜잭션이 옴니 익스플로러에서 보여주는 모습

OP_RETURN 필드 값 6f6d6e69000000000000001f00001dcd6500은 UDST 트랜잭션을 기록하는 옴니레이어 메타 데이터다. 메타 데이터는 16진수 형식으로 암호화돼 있으며 표 4-1은 이를 ASCII 또는 10진 형식으로 변환한다.

표 4-1. OP_RETURN 변환 표

OP_RETURN (16진수)에 저장된 값	ASCII 또는 십진법으로	설명
6f6d6e69	omni	옴니 플래그로 옴니 트랜잭션임을 확인한다.
00000000	Simple send	트랜잭션 유형이다.
0000001f	31	속성 타입은 USDT인 31이다. 모든 옴니레이어 속성은 Omnixplore 사이트에서 확인할 수 있다.
000000001dcd6500	5.00000000	보낼 양은 5.00000000이다. 옴니레이어 트랜잭션에는 모두 소수점 이하 8자리가 있다.

이더리움: 마스터코인을 한 단계 끌어올리기

이더리움은 암호화폐 네트워크의 디자인과 사고의 진화를 상징한다. 그것은 다른 프로젝트 중에서 비트코인과 마스터코인의 개념을 기반으로 하는 더 기능적이고 일반적인 연산 프로토콜이다.

이더리움 개념은 2013년 비탈릭 부테린Vitalik Buterin이 처음 제안했다. 마스터코인 재단에 프로토콜을 변경하고 기능을 더 추가하기 위해 활동한 이후, 부테린은 개빈 우드Gavin Wood와 다른 설립자들과 함께 이더리움 프로토콜을 만들기 위해 노력하기 시작했다.

이더리움의 목적은 마스터코인을 한 단계 끌어올리는 것이다. 다시 말해 합의로 확보된 탈중앙화 개방형 컴퓨터 시스템을 만드는 것이다. 부테린은 이더리움이 비트코인의 작업 증명 메커니즘에 대한 대안을 갖고 있다고 했지만, 최초에는 비트코인 에타쉬와 유사한 작업 증명 알고리듬을 사용했다. 이 후 2022년 9월에 프로토콜의 마이닝 패러다임을 지분 증명 보안 모델로 업그레이드했으며 이는 10장에서 자세히 알아본다.

이더와 가스

이더리움에서 계정 단위는 이더Ether다. 이더 암호화폐는 비트코인과 비슷한 방식으로 동작하며, 거래 주소 명명법이 비슷하다. 이더리움 주소는 0x 시퀀스로 시작한다. 블록체인은 주기적인 네트워크 혼잡을 대비한 컨펌 시간이 훨씬 빠르며 이더리움은 비트코인보다 전송 메커니즘이 훨씬 빠른 것으로 알려져 있다.

2장에서 설명한 것처럼, 비트코인은 지출하지 않은 거래 출력UTXO을 사용해 계좌의 잔액을 추적한다. 이더리움은 계좌 상태의 잔액을 추적한다. UTXO는 지폐와 동전 등 실제 현금을 갖고 있는 것과 같다. 이더리움의 접근 방식은 모든 자금이 은행 계좌에 있는 것과 같다. UTXO를 사용하면, 결제를 하고 계좌의 잔액을 계산하는 것이 훨씬 더 복잡하다.

카페에 있다고 가정해보자. 주머니에 천원짜리 지폐가 세 장 있는데 1,500원에 커피를 사려 한다. 계산원에게 1,500원을 줄 수는 없고, 천원짜리 지폐 중 두 장을 주고 거스름돈 500원을 돌려받아야 한다. 이후 얼마의 돈을 써야 하는지 알고 싶다면 주머니에 있는 모든 지폐와 동전의 가치를 계산해야 한다.

비트코인도 마찬가지다. 비트코인 주소가 1BTC 3건을 받았고, 친구에게 1.5BTC를 보내고 싶다면 현금과 같이 2BTC를 보내야 한다. 과거에 받은 1BTC 거래는 반으로 나눌 수 없다. 그래서 1BTC 거래 중 2개를 쓰고 0.5 BTC를 돌려 받는다. 이 과정은 단일 비트코인 트랜잭션에서 발생한다.

이더리움은 추가 기능을 제공한다. 비트코인과 마스터코인의 요소를 더해서 애플리케이션 기반 블록체인 트랜잭션을 만드는 것인데, 단순한 계좌 기반 송수신 이상의 기능을 제공한다는 뜻이다. 이더리움에는 가스Gas라는 계정 단위가 있다. 가스는 개발자들이 이더리움 플랫폼에서 애플리케이션들을 실행할 수 있게 한다. 애플리케이션들은 탈중앙화 응용 프로그램 또는 디앱DApp으로 알려져 있다(4장의 뒷부분에 자세히 설명한다).

가스는 블록체인에서 프로그래밍 언어를 실행하는 과정에서 발생할 수 있는 위험 중 하나를 해결한다. 개발자들은 이를 통해 이더리움 상에서 디앱을 실행할 때 정지 문제 또는 무한히 실행되거나 무한 루프에 빠지는 코드를 방지할 수 있다. 이더리움은 스마트 콘트랙트에서 실행되는 코드의 계산에 가스 사용을 요구해 디앱이 가능한 한 효율적으로 동작하도록 한다. 모든 이더리움 거래에는 개발자가 가스 한도를 지정하므로, 무한 루프가 발생하면 해당 거래는 결국 가스를 모두 소진하게 되고, 마이너는 트랜잭션을 실행한 대가로 수수료를 받을 수 있다.

사용 사례: ICO

스마트 콘트랙트를 활용한 전산 거래 프로토콜에 대한 응용 사례는 많다. 1996년 이안 그리그Ian Grigg가 제안한 리카르디안 계약Ricardian Contract[2]의 개념으로 스마트 콘트랙트를 확장하고 발전시켰다. 기술의 핵심 아이디어는 식별을 위한 암호화 해시 함수의 사용과 법적 요소를 컴퓨터가 기계적으로 판독 가능하도록 정의하는 것을 포함한다. 스마트 콘트랙트로 명령 집합을 실행하고 블록체인으로 회계 시스템을 연결할 수 있어 이더리움

2 리카르디안 계약(ricardian contract): 둘 이상의 당사자가 서로 행동하기 위한 조건과 내용을 정의한 디지털 문서다. 사람이 읽을 수 있는 형태로 쓰이며, 그 다음에 암호로 서명하고 승인한 것 – 옮긴이

플랫폼으로 여러 개의 다른 디앱을 실행할 수 있게 했다.

이더리움 출시 초기에는 개발자 생태계가 성장하는 데 시간이 걸렸다. 하지만 얼마 지나지 않아 스마트 콘트랙트를 활용해 암호화폐 자금을 자동화하고 안전하게 조달할 수 있고, 강력한 기능 중 하나라는 것을 깨달았다. 예를 들어, 어떤 컨셉을 시작하기 위해 자금을 조달해야 하는 프로젝트는 스마트 콘트랙트로 체결할 수 있다. 그 대가로, 투자자들에게 이더리움 위에 구축된 교환 가능한 암호화폐를 제공할 수 있었다.

ICO의 적법성이 의심스럽고, 많은 프로젝트가 야기한 법적 문제 때문에 조기에 종료됐다. 관련 내용을 9장에서 자세히 알아본다.

프로젝트를 시작하기 위해 암호화폐 펀드를 마련하자는 발상은 이더리움에서 시작된 것이 아니다. 기업가 에릭 부어히스Erik Voorhees는 2012년 블록체인 기반 도박사이트 사토시 다이스Satoshi Dice에 자금을 대기 위해 디지털 '주식'의 대가로 비트코인을 받아들이는 초보적인 메커니즘을 이용해 자금을 조달했다. 마스터코인 역시 훨씬 조직적인 방식이지만 이 개념을 사용했다.

메이드세이프코인을 위한 ICO는 너무 많이 팔려 결국 투자자들이 세이프코인이 아닌 마스터코인으로 들어오는 비트코인을 상환해야 할 정도였다. 이와 같은 기술적 결함으로 인해 암호화폐 자금 조달을 위한 보다 신뢰할 수 있는 플랫폼이 필요했다. 시간이 지나 이더리움이 성숙기로 접어 들면서 스마트 콘트랙트 플랫폼이 이더리움 블록체인 위에 토큰을 만들 수 있는 기능과 결합해 다양한 암호화폐 프로젝트를 뛰어오르는 데 이상적인 자동화 자금조달 기구가 됐다.

탈중앙화된 자율 조직

이더리움 생태계에서 탈중앙화의 기풍을 한 단계 높이기 위해 중앙집중화된 당국의 거버넌스를 대체할 스마트 콘트랙트를 활용하는 방안으로 탈중앙화된 자율조직DAO 개념을 제시했다. ICO 개념이 기업공개IPO의 중앙집중화 기능을 대체하는 방식과 마찬가지로 DAO도 암호화폐 모금 프로젝트를 활용해 ICO 투자자가 ICO에서 구매한 토큰의 오너

십에 상응하는 의결권을 갖는 분산형 거버넌스 시스템을 만든다.

분산형 거버넌스 시스템 개념은 'The DAO'라고 알려진 프로젝트에서 테스트를 거쳤다. 2016년 4월에 시작된 The DAO는 이더리움 위에 구축된 스마트 콘트랙트 기반의 ICO 프로젝트로, 자율적으로 운영되도록 설계됐다. 모금된 자금을 기술 프로젝트에 투자하는 결정은 토큰 소유자들의 투표 권한에 기반해 이뤄질 예정이었다. The DAO는 1만 1천 명의 투자자로부터 이더리움 기반 토큰을 통해 약 1억 5천 4백만 달러 이상을 모금할 수 있었다.

이더리움의 포크로 탄생된 이더리움 클래식

출시 후, DAO의 스마트 콘트랙트 코드에서 취약성 문제가 발생했다. 그중 하나가 재귀 호출 취약성 문제다. 프로그래머들은 코드의 결함을 확인했는데, 지갑에서 자금이 빠져나갔을 때 잔액은 함수 호출이 끝날 때에만 업데이트 됐다. 만약 최초 통화가 끝나기 전에 같은 기능을 다시 호출할 수 있다면, 동일한 자금을 계속해서 인출할 수 있는 무한 재귀의 상황이 발생하는 것이다.

곧바로 버그가 확인되고 수정될 것이라고 발표했지만, 2016년 6월 17일 업데이트를 실행하기 전에 재귀 호출 취약성으로 DAO에서 해커에게 5,000만 달러 이상의 이더를 탈취당했다. 블록체인에 불변으로 저장됐기 때문에 배치된 계약 코드 자체를 업데이트할 방법가 없었다. 상황을 바로잡기 위해서는 새로운 콘트랙트를 배포하고 남은 자금을 이동시키는 번거로운 과정을 거쳐야만 했다.

이 사건은 이더리움 재단이 피해를 되돌리기 위해 이더리움 블록체인을 포크하는 계기가 됐다. 이후 두 가지 다른 버전의 이더리움을 만들어졌다. 도난당한 자금의 원본 블록체인과 이더리움 클래식으로 알려진 해당 자금을 회수하는 포크 버전이다. 하드포크로 훔친 자금을 정당한 소유자가 되찾을 수 있도록 복구 주소로 옮겼다.

포크는 이더리움 블록체인을 바꿔 DAO 해킹이 사실상 발생하지 않도록 하는 것을 의미하며 불변성의 원칙을 위반했다. 이는 블록체인의 변경되지 않은 버전을 계속하기로 선택한 커뮤니티의 일부 구성원들에 의해 거부된 논란의 여지가 있는 결정이었다. 이더리움 클래식은 오늘날에도 존재하는 스마트 콘트랙트 블록체인이지만 개발자 커뮤니티는 규모가 작고 이더리움만큼 견고하지 않다.

기타 이더리움 포크

DAO 해킹 사건은 암호화폐 커뮤니티에 포크 개념을 알려주는 계기가 됐다. 이더리움 클래식을 만드는 것 외에도 이더리움 블록체인은 취약점 등 코드의 변화를 보완하기 위해 여러 차례 포크를 거쳤다. 이더리움 프로젝트는 포크의 필요성을 이해하고, 전체 중요하다고 여겨지는 업그레이드가 명백해지면 포킹이 불변성의 개념을 유지하는 것보다 더 나은 대안으로 여겼다. 이더리움 생태계는 블록체인을 포크하고 이러한 변화가 성공할 수 있는 충분한 가치가 있다고 본다. 비트코인의 불변성이 신성불가침한 것으로 여겨지는 데 비해 대조적이다.

이더리움 생태계의 주요 조직

이더리움 생태계에서는 다양한 이해관계자와 조직이 이더리움이 구축하고 있는 비전을 지원한다.

이더리움 재단

이더리움 플랫폼의 로드맵을 개발하고 추가 변화를 구현하는 리더로서 이더리움 재단은 지역 사회에 상당한 영향을 미치고 있다. 플랫폼과 관련된 확장성 프로젝트에 자금을 지원하며, 플라즈마Plasma도 포함된다. 플라즈마는 플랫폼에서 트랜잭션 수를 증가시키는 것을 목표로 하면서도 네트워크의 보안을 유지하는 솔루션을 제공한다.

이더리움 재단의 전신인 이더리움은 스위스 비영리 법인으로 설립돼 이더리움의 ICO를 시작했다. 비트코인 커뮤니티에서 1800만 달러 이상을 조달한 후, 스위스 기업은 앞서 언급한 개발 노력에 대한 주요 자금 제공자인 이더리움 재단으로 자금을 이전했다.

기업용 이더리움 연합

2017년 초에 발표된 기업용 이더리움 연합인 EEAEnterprise Ethereum Alliance는 이더리움 블록체인 솔루션 배치에 관심이 있는 기업을 하나로 통합하는 것을 목표로 하고 있다. EEA

의 회원은 대표적으로 IBM과 마이크로소프트가 있으며, 마이크로소프트가 운영하는 퍼블릭 클라우드 플랫폼인 애저Azure에서 이더리움 블록체인 서비스를 운영할 수 있도록 지원하고 있다.

EEA의 목표는 기업 비즈니스 환경에서 블록체인 특화된 사용 사례를 찾는 것이다. 규정 준수 및 기타 규제 문제로 인해 블록체인의 암호화폐 측면을 조심스러워 하는 대기업이 많다. 기업 측면에서 이더리움과 관련된 작업 중 상당 부분은 프라이빗 블록체인을 만들기 위해 포크해 토큰을 공개적인 암호화폐 시장과 분리하는 작업을 수반한다. 9장에서는 프라이빗 블록체인과 퍼미션드 블록체인을 자세히 알아본다.

패리티

런던에 본사를 둔 소프트웨어 솔루션 회사인 패리티Parity는 이더리움의 창립자 중 한 명이자 이더리움의 프로토콜 개념 형성에 많은 기여를 한 개빈 우드Gavin Wood에 의해 설립됐다. 패리티는 참조 프레임워크를 포함해 이더리움을 쉽게 배포할 수 있도록 여러 개발자 도구를 배포했다.

패리티는 2017년에 해킹의 희생자가 된 것으로도 알려져 있는데, 3천만 달러 상당의 이더가 알려지지 않은 해커들에 의해 도난당했다. 이는 DAO 이후 두번째로 큰 이더리움 해킹이었다. 패리티 해킹은 두 가지 거래를 한 번에 보낼 수 있도록 하는 멀티 시그multi-sig 디지털 지갑의 라이브러리 기능의 취약점을 이용했는데, 그 중 하나는 코드에서 지갑 주소를 변경하는 식으로 해킹했다.

컨센시스

이더리움 공동 설립자인 조셉 루빈Joseph Lubin이 설립한 컨센시스ConsenSys는 엔터프라이즈 응용 프로그램을 개발하고 신생 기업에 투자하고 개발자 도구를 구축하며 이더리움 네트워크용 블록체인 교육을 제공하는 회사다. 디앱DApp 개발에 집중하고 있는데, 디앱에는 이더리움 개발을 쉽게 하는 프레임워크인 트러플 스위트Truffle Suite와 깃허브에서 영감을 얻은 버그 포상 도구인 깃코인GitCoin이 있다.

컨센시스는 또한 이더리움 생태계에서 소비자 친화적인 도구를 만든다. 컨센시스의 가장 유명한 도구로는 탈중앙화 앱을 쉽게 사용할 수 있는 브라우저 기반 이더리움 지갑인 메타마스크MetaMask다. 컨센시스는 또한 디앱 및 기타 유용한 응용 프로그램을 만드는 프로젝트에 자금을 지원한다.

탈중앙화 애플리케이션

블록체인에서 스마트 콘트랙트를 통해 실행되는 애플리케이션을 탈중앙화 애플리케이션Dapps, Decentralized Applications 즉, 디앱은 일반적으로 블록체인에서 실행되는 스마트 콘트랙트와 상호작용하는 백엔드 및 프론트엔드 UI로 구성된다. 서버는 클라이언트/서버 아키텍처와 유사하며, 서버는 스마트 콘트랙트를 실행시키기 위한 블록체인의 일부다. 서버와 같은 유형의 앱은 블록체인을보다 프로그래밍 가능하고 기능적으로 만든다.

디앱은 기본적으로 스마트 콘트랙트 플랫폼에서 실행되는 모든 컴퓨터 프로그램이며, 오늘날 가장 큰 플랫폼은 이더리움이다. 1장에서 논의한 것처럼, 컴퓨터 과학에서 분산 시스템은 구성요소가 분산된 컴퓨팅 리소스에 위치하며 리소스 간에 통신이 이뤄지는 시스템이다. 컴퓨터 자원 사이에 의사소통이 일어날 수 있는 시스템이 있는데, 분산 시스템의 사례로는 통신망과 웹이 있다.

다른 플랫폼도 디앱을 실행할 수 있는 기능을 제공하지만, 이더리움은 개발자들이 분산 코드를 실행하기 위한 가장 큰 플랫폼이다.

사용 사례

디앱의 주요 특징은 불변성immutability이다. 불변성이란 블록체인에 게시된 후에는 중앙집중화 권한으로 코드를 변경할 수 없다는 것을 의미한다. 디앱은 보통 중앙집중화 시스템에서 병목 현상이 있는 곳에서 많이 사용된다. 예를 들어, 많은 중앙집중화 애플리케이션은 검열 저항성[3]이 없다. 많은 중앙집중화 앱에서는 제3자가 사용자가 볼 수 있는 내용

3 검열 저항성(Censorship-resistant): 어떤 콘텐츠나 정보가 제3자나 중앙 기관에 의해 검열되지 않는 능력을 의미 – 옮긴이

을 결정한다. 단, 결정할 때 주관적이고 임의적이며 사용자의 의견을 반영하지 않는 경우가 많다. 이더리움 또는 웹과 같은 플랫폼을 사용하면 개발자들은 허가받지 않고 애플리케이션을 배포할 수 있다.

디앱의 블록체인으로 디지털 자산의 효율적이고 안전한 이전을 가능하다는 특징이 있다. 가령 오늘날 많은 애플리케이션은 비트토렌트BitTorrent와 같은 검열과 암호화를 통한 프라이버시를 제공한다. 그러나 두 가지 속성을 넘어서 디앱을 통해 가치의 이전을 빠르고 프로그래밍적으로 실행할 수 있다.

> 디앱 플랫폼은 비교적 새롭다. 어떻게 하면 가장 잘 만들어낼 수 있는지 배울 게 많고, 그렇게 할 인프라는 여전히 성장 단계에 있다. 디앱은 아직 널리 사용되지 않았다. 디앱 자체의 견인력과 지속력에 대한 의문이 있다. 일부 디앱의 목적은 좋지 않은 의도로 만들어진다. 대부분은 규제를 피하기 위해 설계됐으며, 현재는 도박, 게임 및 탈중앙화 거래소용으로 디앱이 많이 사용되고 있다.

디앱의 개발 과제

디앱 개발에는 구현, 사용자 경험, 속도 및 확장성에 대한 우려 등의 설계 과제가 있다. 이 문제는 현재 이더리움을 포함한 모든 디앱 플랫폼에 존재한다.

개발자가 디앱에 대한 스마트 콘트랙트를 배포할 때 개발자는 해당 코드에 중대한 결함이 없는지 확인해야 한다. 콘트랙트를 갱신하는 것은 쉽지 않다. 이더리움을 포함한 스마트 콘트랙트 플랫폼에서는 같은 주소로 재배치를 허용하지 않는다. 또한 업그레이드에는 보통 스마트 콘트랙트가 관리하는 상태에서 어려운 데이터 마이그레이션이 수반된다.

개발자는 2개의 이더리움 테스트넷 중 하나에서 디앱을 테스트할 수 있다. 책임 있는 디앱 개발자는 몇 개월 동안 전문 보안 감사인Quantstamp, OpenZeppelin의 감사를 받아 보고서를 공개한다. 감사 기간 동안 깃허브를 통해 커뮤니티에 있는 사람들을 초대해 스마트 콘트랙트를 감사할 것이다.

사용자 경험이 지속적으로 이루어지는 중앙집중화 앱과 달리, 새로운 스마트 콘트랙트 코드를 배포하면 사용자 경험이 저하될 수 있다. 디앱 속도는 블록체인의 속도와 확인

시간에 따라 달라진다. 2017년 말 디앱 크립토키티CryptoKitties의 인기로 인해 이더리움 네트워크에서 엄청난 수의 트랜잭션이 생성되면서 문제가 됐다. 열기가 식기 전까지는 사실상 디앱을 사용할 수 없게 됐다.

이더리움에서 스마트 콘트랙트의 배치 및 실행

1990년대에 스마트 콘트랙트의 개념이 처음 제안된 이래로 상당히 발전했다. 옴니레이어는 블록체인 위에 디앱을 실행할 수 있다는 것을 증명했지만 한계도 많았다. 가장 큰 한계로는 디앱을 작성하고 배포하는 권한이 있는 사람이 누구인지에 관한 것이었다. 만약 누군가가 디앱을 배포하려 한다면, 플랫폼의 개발자들을 설득해 옴니코어 코드에 추가해야 했다. 옴니코어는 모든 코드가 배치된 디앱이었다. 코드 개발이 중앙집중화됐고 옴니코어 개발자만 코드를 업데이트할 수 있었다. 자체적으로 디앱을 배포하고자 하는 개발자들은 옴니 코어를 포크하고 비트코인 위에서 실행되는 자체 클라이언트를 만드는 등 다른 방안을 고려해야 했는데, 어려운 작업이었다.

옴니코어의 한계는 다음과 같은 것이 포함됐다.

블록체인 스케일링과 속도는 비트코인과 핵심 개발자에 달려 있다는 점

옴니코어는 여전히 블록체인의 미래에 대한 영향력이 제한돼 있다.

비트코인 블록체인은 프로그램 실행을 위해 설계되지 않았다는 점

비트코인은 주로 값 저장을 최적화한 것이며, 제한된 스크립팅 언어를 갖고 있다. 따라서 비트코인은 블록체인 상에서 직접적으로 구축된 복잡한 스마트 콘트랙트를 실행하기에는 적합하지 않기도 하다. 가령, OP_RETURN 필드는 80 바이트로 저장에 제한이 있어 옴니 계층 구조에서 실행될 수 있는 프로그램의 유형을 제한한다.

이더리움 가상머신

이더리움 가상머신 즉, EVMEtherminum Virtual Machine을 사용하면 개발자가 쉽게 디앱을 만들고 네트워크에서 실행할 수 있다. EVM의 목적은 두 가지다.

1. 개발자가 스마트 콘트랙트를 블록체인에 도입할 수 있도록 한다.
2. 마이너에게 자신이 실행하는 소프트웨어에 내장된 EVM 스마트 콘트랙트 코드를 실행하는 방법을 지시한다.

스마트 콘트랙트 작성

개발자는 스마트 콘트랙트를 작성하기 위해 다른 언어를 사용할 수 있다. 가장 일반적인 언어는 솔리디티Solidity다.

> 컨센시스는 개발자들이 솔리디티 언어로 스마트 콘트랙트를 작성, 디버깅 및 배포하기 쉽게 하는 도구 모음인 트러플 스위트를 출시했다.

스마트 콘트랙트와 상호작용하려면 이더리움 지갑이 필요하다. 가장 인기 있는 지갑은 브라우저 확장 기능인 메타마스크다. 메타마스크 시드 키와 개인키의 복사본을 컴퓨터에 로컬로 저장한다.

> 시드 키와 개인키는 중앙에 저장되지 않는다. 니모닉 시드의 물리적인 카피(예: 종이)를 작성해 안전한 장소에 보존하는 것이 중요하다. 또한 지갑 소프트웨어가 로컬로 보유하고 있는 개인키에 의존하지 않고 하드웨어 지갑을 사용하면 보안을 강화할 수 있다. 지갑 선택에 대한 자세한 내용은 2장을 참고한다.

이더리움 메인 네트워크에 스마트 콘트랙트를 배포하기 전에 다음과 같이 테스트넷 중 하나에서 테스트하는 것이 현명하다.

- 세폴리아Sepolia
- 괴를리Görli

스마트 콘트랙트 개발자는 계약 상태를 구축하고 변경하기 위해 가스 형태로 이더리움를 사용해야 한다. 모든 이더리움 테스트넷에는 무료로 테스트넷 ETH(tETH)를 받을 수 있는 받기Faucet가 있다. 테스트넷은 스마트 콘트랙트를 위한 이상적인 스테이징 환경을 제공한다.

스마트 콘트랙트 배포

개발자는 스마트 콘트랙트를 작성한 후 메인넷 또는 프로덕션 환경이나 테스트넷에 게시할 수 있다. 퍼블리싱은 스마트 콘트랙트 트랜잭션을 이더리움 네트워크에 전송해 이뤄진다. 이더리움 리믹스Etherinum Remix 도구를 사용하는 것이다.

리믹스는 스마트 콘트랙트 개발을 위한 클라우드 기반 통합 개발 환경IDE이다. 리믹스는 솔리디티와 바이퍼Vyper 언어를 지원하며 웹사이트여서 소프트웨어를 설치할 필요가 없다. 개발자가 메인넷 및 테스트넷 환경을 포함해 이더리움 네트워크에 스마트 콘트랙트 코드를 만들고, 디버그, 컴파일 및 배포할 수 있게 해준다.

그림 4-4는 리믹스에서 실행한 'Mastering_Blockchain_Guestbook.sol' 스마트 콘트랙트를 배치하는 모습을 나타냈다. 이때 Ropsten에 배포된다.

[역주] 롭스텐은 이더리움 계열의 주요 탭(Dapp) 개발자들이 설치하고 테스트 중인 대형 통합 테스트넷이다. 이더리움의 지분 증명(PoS)로 전환하기 위해 통합(merge)을 완료했다. 블록템포는 2022년 6월 9일 패리토시지안티(Parithosh Jayanthi)가 정리한 롭스텐 테스트넷 통합 성과를 보도하기도 했다.

이 책의 원서가 출간된 후 이더리움 테스트넷 링케비(Rinkeby)와 롭스텐(Ropsten)이 연말(2022년) 폐쇄, 킬른(Klin)은 메인넷 통합 후 폐쇄될 것을 알리는 기사들이 나와 이를 역주로 보완하고자 한다(기사 주소: https://www.coinreaders.com/35708)

스마트 콘트랙트를 배포하려면 **〈배포〉** 버튼을 클릭해야 한다. 버튼을 누르면 리믹스는 트랜잭션 데이터를 메타마스크로 보내 메타마스크가 트랜잭션을 완료할 수 있는 권한을 요청한다.

트랜잭션이 승인된 후, 메타마스크는 스마트 콘트랙트 생성 트랜잭션을 네트워크로 전송한다. 그림 4-5는 배포한 컨트랙트의 세부 정보의 예다.

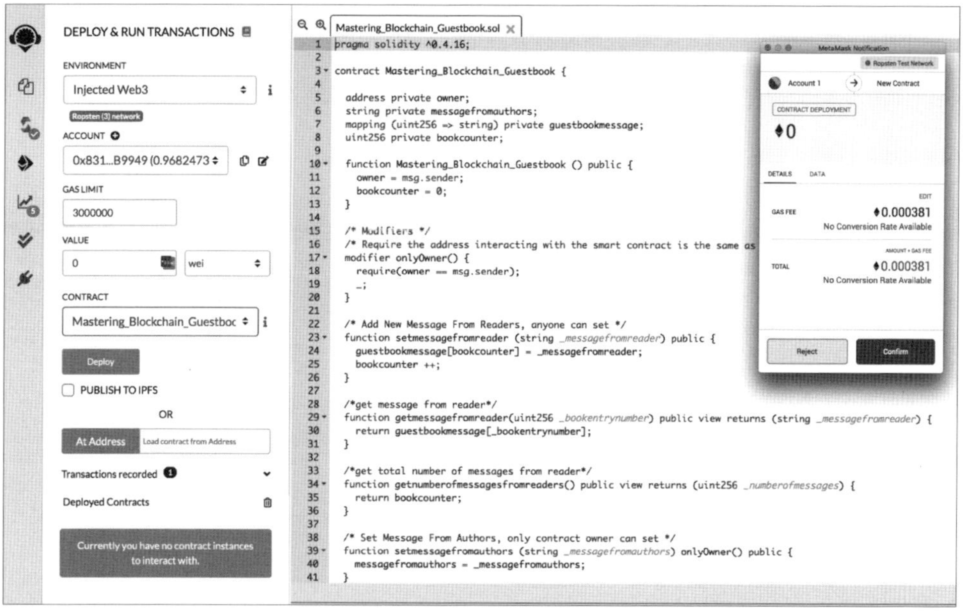

그림 4-4. 리믹스에서 'Mastering_Blockchain_Guestbook.sol' 스마트 콘트랙트를 이더리움 네트워크에 배포

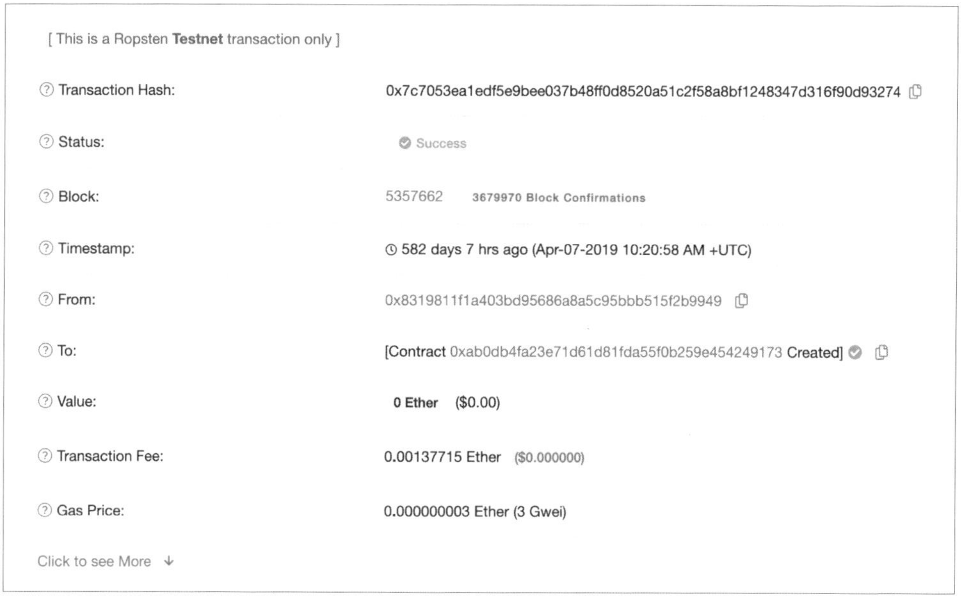
[This is a Ropsten Testnet transaction only]
Transaction Hash:
0x7c7053ea1edf5e9bee037b48ff0d8520a51c2f58a8bf1248347d316f90d93274
Status:
Success
Block:
5357662
3679970 Block Confirmations
Timestamp:
582 days 7 hrs ago (Apr-07-2019 10:20:58 AM +UTC)
From:
0x8319811f1a403bd95686a8a5c95bbb515f2b9949
To:
[Contract 0xab0db4fa23e71d61d81fda55f0b259e454249173 Created]
Value:
0 Ether ($0.00)
Transaction Fee:
0.00137715 Ether ($0.000000)
Gas Price:
0.000000003 Ether (3 Gwei)
Click to see More

그림 4-5. 스마트 콘트랙트를 생성한 트랜잭션의 세부 정보

트랜잭션의 세부 사항은 다음과 같다.

- 트랜잭션의 값은 0 이더로, 이더가 전송되지 않았음을 의미한다.
- 거래는 블록 #5357662에 기록돼 있다.
- 이 블록을 발견한 마이너는 0.00137715 Testnet ETH(tETH)의 거래 수수료를 받는다.

이더리움 네트워크가 트랜잭션을 처리한 후 그림 4-6에서 설명한 것처럼 공간이 작은 바이트 코드 형식으로 이더리움 네트워크에 스마트 콘트랙트를 저장한다.

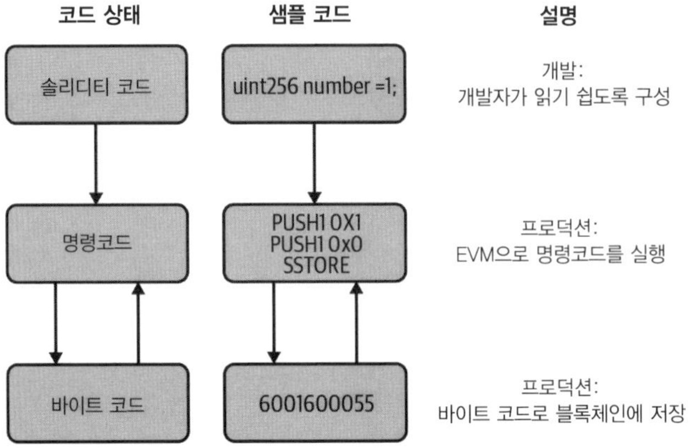

그림 4-6. 스마트 콘트랙트 코드가 개발에서 프로덕션으로 이동할 때 겪는 다양한 계층

스마트 콘트랙트 코드는 그림 4-7처럼 이더리움 테스트넷에 배포돼 일반인이 볼 수 있다.

스마트 콘트랙트가 만들어지면 이더리움 주소가 주어진다. 이더리움 주소는 ETH 균형을 유지하고 ETH를 일반 이더리움 주소처럼 전송하고 수신할 수 있다.

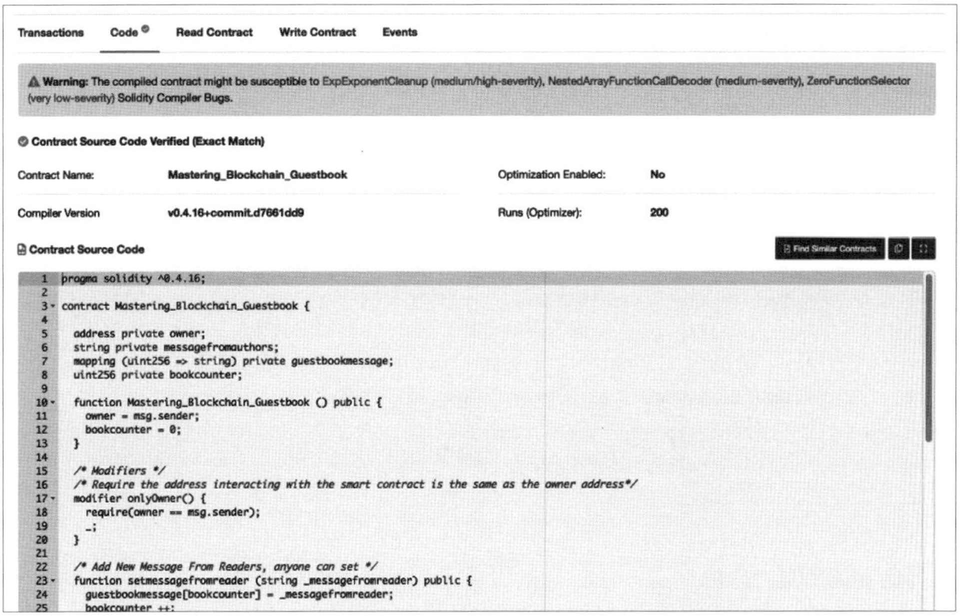

그림 4-7. etherscan.io에 배포한 후 공개된 스마트 콘트랙트 코드

스마트 콘트랙트와의 상호작용

게스트북이라는 스마트 콘트랙트가 이더리움 테스트넷에 배치돼 데이터를 읽고 쓰기 시작할 수 있게 됐다. 콘트랙트에서 데이터를 읽으려면 공공 API에 요청하는 것과 같이 직접 요청할 수 있다. 그러나 콘트랙트에 데이터를 작성하려면 콘트랙트 주소로 트랜잭션을 보내야 한다.

스마트 콘트랙트는 모든 읽기/쓰기 상호 작용은 계약의 응용 프로그램 이진 인터페이스ABI에 대한 참조가 필요하다. ABI는 스마트 콘트랙트의 API와 같다. ABI는 기계 판독이 가능하다. 이는 콘트랙트 코드와 상호 작용하는 방법을 이해하기 위해 클라이언트 소프트웨어로 구문 분석하기가 쉽다는 것을 의미한다. ABI는 모든 기능과 속성을 문서화한다.

게스트북 스마트 콘트랙트의 ABI는 다음과 같다.

```
[{"constant":true,"inputs":[{"name":"_bookentrynumber","type":"uint256"}],
"name":"getmessagefromreader","outputs":[{"name":"_messagefromreader",
```

```
"type":"string"}],"payable":false,"stateMutability":"view","type":"function"},
{"constant":true,"inputs":[],"name":"getnumberofmessagesfromreaders",
"outputs":[{"name":"_numberofmessages","type":"uint256"}],"payable":false,
"stateMutability":"view","type":"function"},
{"constant":true,"inputs":[],"name":"getmessagefromauthors",
"outputs":[{"name":"_name","type":"string"}],"payable":false,
"stateMutability":"view","type":"function"},
{"constant":false,"inputs":[{"name":"_messagefromreader","type":"string"}],
"name":"setmessagefromreader","outputs":[],"payable":false,
"stateMutability":"nonpayable","type":"function"},
{"constant":false,"inputs":[{"name":"_messagefromauthors","type":"string"}],
"name":"setmessagefromauthors","outputs":[],"payable":false,
"stateMutability":"nonpayable","type":"function"},
{"inputs":[],"payable":false,"stateMutability":"nonpayable","type":"constructor"}]
```


스마트 콘트랙트 읽기

그림 4-8은 게스트북 스마트 콘트랙트 기능이다.

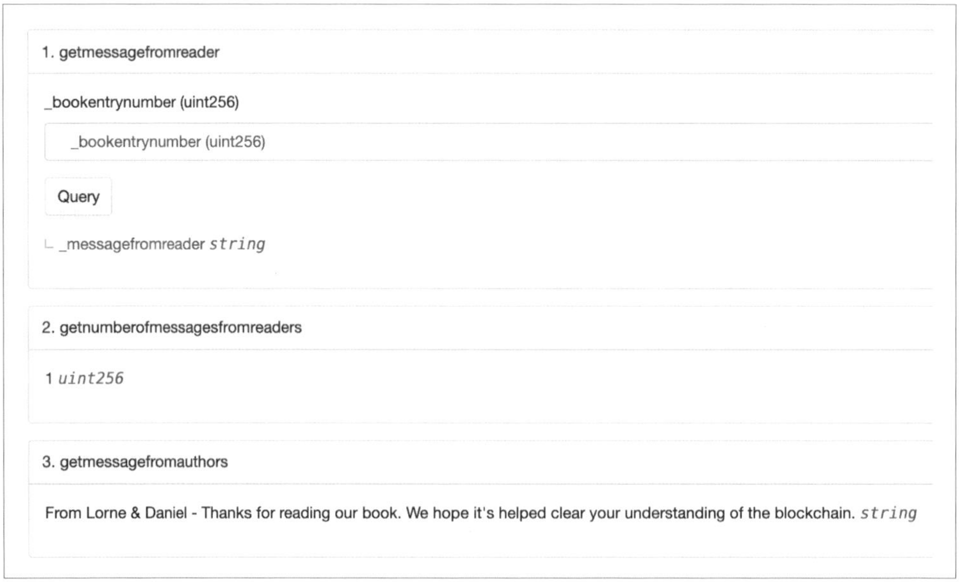

그림 4-8. 배치된 스마트 콘트랙트의 읽기 전용 기능 보기

그림 4-8은 게스트북 스마트 콘트랙트의 세 가지 읽기 기능을 보여준다. 첫 번째 함수는 데이터를 반환하기 위해 입력이 필요하고 다른 두 함수는 그렇지 않다.

스마트 콘트랙트 작성

스마트 콘트랙트를 작성한다. 게스트북 스마트 콘트랙트에 데이터를 작성하면 그림 4-9 처럼 비슷하게 보일 것이다.

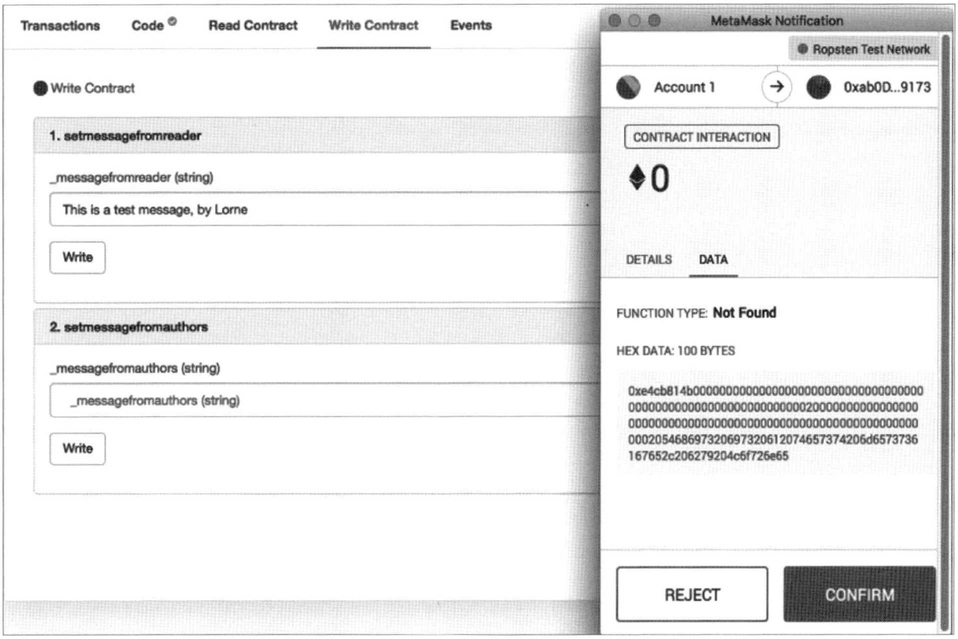

그림 4-9. 배포된 스마트 콘트랙트의 쓰기 전용 기능 호출

배포된 스마트 콘트랙트의 쓰기 전용 기능을 호출하는 메타마스크 브라우저 확장은 웹 사이트에 연결할지 여부를 선택할 수 있다. 웹사이트에 연결한 후 계약서에 데이터를 쓰기 시작할 수 있다. 〈**확인**〉을 클릭하면 두 개의 이벤트가 발생한다.

- 이더스캔은 새로운 트랜잭션을 만들어 올바른 데이터로 채우고 메타마스크 지갑으로 밀어 넣는다.
- 그런 다음 메타마스크는 해당 트랜잭션을 보낼 수 있는 권한을 요청한다.

〈확인〉을 클릭하면 트랜잭션이 이더리움 네트워크로 전송된다.

스마트 콘트랙트 실행

블록 발견의 일환으로, 이더리움 마이너들은 비트코인 마이너들과 거의 같은 방식으로 블록에 트랜잭션을 추가한다. 트랜잭션이 트리거할 수 있는 두 가지 주요 동작이 있다.

지불(Payment)

주소 A에서 주소 B로 ETH 값을 보내라.

실행(Execution)

스마트 콘트랙트를 실행해라.

다음이 사실이라면 마이너는 EVM을 통해 스마트 콘트랙트 코드를 실행한다.

- 수신 주소는 스마트 콘트랙트다.
- 데이터 페이로드에 데이터가 들어 있다.

이전 테스트 메시지 사례는 수신 주소가 Mastering_Blockchain_Guestbook 스마트 콘트랙트인 트랜잭션을 만들었고 데이터 페이로드에는 다음 데이터가 포함돼 있다.

```
Function: setmessagefromreader(string_messagefromreader)

MethodID: 0xe4cb814b
[0]: 0000000000000000000000000000000000000000000000000000000000000020
[1]: 0000000000000000000000000000000000000000000000000000000000000020
[2]: 546869732069732061207465737420 6d657373616765 2c206279204c6f726e65
```

가스 및 가격

앞서 논의한 바와 같이 가스는 이더리움 생태계에서 트랜잭션 처리에 이더리움 마이너가 얼마를 지불하는지 계산하기 위해 사용되는 계정 단위다. 마이너가 EVM을 통해 스마트 콘트랙트 거래를 실행할 때, 마이너는 스마트 콘트랙트에 작성된 명령코드(기계 수준의 명령)를 실행한다. 실행되는 각 명령코드에는 연관된 가스 가격이 있다.

그림 4-10은 명령코드와 가스 가격의 사례를 보여준다.

Value	Mnemonic	Gas used	Subset	Removed from stack	Added to stack	Notes
0x00	STOP	0	zero	0	0	Halts execution
0x01	ADD	3	verylow	2	1	Addition operation
0x02	MUL	5	low	2	1	Multiplication operation
0x03	SUB	3	verylow	2	1	Subtraction operation
0x04	DIV	5	low	2	1	Integer division operation
0x05	SDIV	5	low	2	1	Signed integer division operation (truncated)
0x06	MOD	5	low	2	1	Modulo remainder operation
0x07	SMOD	5	low	2	1	Signed modulo remainder operation
0x08	ADDMOD	8	mid	3	1	Modulo addition operation
0x09	MULMOD	8	mid	3	1	Modulo multiplication operation

그림 4-10. 명령코드별 가스 가격 목록

스마트 콘트랙트를 통해 트랜잭션 처리에 대한 마이너들에게 보상을 해주기 때문에 가스가 필요하다. 또한 스팸 및 서비스 거부 공격으로부터 네트워크를 방어한다. 가스는 ETH에서 지불된다. 마이너는 블록을 발견한 것에 대한 일반적인 고정 블록 보상과 모든 스마트 콘트랙트 코드를 처리한 보상으로 ETH를 받는다.

트랜잭션을 구성할 때 입력해야 하는 두 가지 가스 관련 필드가 있다.

가스 가격

ETH의 양은 가스 단위로 지불됐다. 사용자가 즉시 트랜잭션을 처리하기를 원한다면 마이너가 처리 대기 중인 다른 트랜잭션보다 트랜잭션을 선택하도록 유도하기 위해 더 높은 가스 가격을 지불할 수 있다.

가스 제한

마이너들에게 트랜잭션 처리를 위해 지불할 수 있는 최대 가스 양이다. 여기에 지정된 가스의 양은 계약 함수가 수행할 것으로 추정되는 모든 명령코드를 실행하기에 충분해야 한다.

웨이(Wei)는 이더리움(ETH)의 가장 작은 단위로, 10e-18 ETH다. 미화는 두 개의 십진수로 나눌 수 있다. ETH는 18개의 십진수로 나눌 수 있다. 미국 달러가 가장 작은 가치 단위로 페니(penny)를 갖고 있는 것처럼, 웨이는 이더리움에서 가장 작은 가치 단위다. 참고로 사토시(satoshi)는 비트코인의 가장 작은 단위다.

다음은 다른 종류의 웨이다.

- 1 wei = 1 wei
- 1 kwei = 1,000 wei
- 1 mwei = 1,000,000 wei
- 1 gwei = 1,000,000,000 wei

ETH 가스 스테이션(ETH Gas Station)은 현재 네트워크 사용량을 기준으로 어떤 가스 가격을 지불해야 하는지 계산하는 데 매우 유용한 사이트다.

테스트 메시지를 작성한 초기 게스트북 스마트 콘트랙트 사례에서 금액은 다음과 같다.

- Gas limit: 128,050
- Gas used by transaction: 85,367 (66.67%)
- Gas price: 0.000000001 ether (1 gwei)

코드와의 상호작용

이더리움 네트워크와 프로그램적으로 상호작용하는 인기있는 방법이 있다.

Web3.js

개발자들이 메타마스크와 웹사이트를 상호작용하는 가장 흔한 방법은 Node.js 라이브러리인 Web3.js를 사용하는 것이다.

인푸라

인푸라Infura는 이더리움 네트워크에 REST API를 제공한다. 인푸라 API는 개발자에게 익숙한 방식으로 구성된다. 이더리움에 대한 액세스를 처리하기 때문에 배포에 대한 이해도가 낮아도 쉽게 사용할 수 있다는 장점이 있다. 단점으로는 개발자들이 인푸라를 신뢰해야 데이터를 제대로 확보하고 전달할 수 있다는 한계가 있다.

요약

2014년 공개적으로 제안된 아이디어에서 오늘날의 본격적인 네트워크로 이더리움 생태계가 빠르게 발전했다. 스마트 콘트랙트 속성과 생태계에서 만들어진 많은 자원과 도구 덕분에 이제 비트코인보다는 이더리움을 기반으로 개발하는 것을 선택하고 있다. 이더리움과 비트코인은 몇 가지 기술을 공유하지만, 이더리움의 발전은 확실히 다른 방식으로 진행되고 있다.

5장

모든 것을 토큰화

비트코인의 등장으로 다양한 암호화폐를 탐험할 수 있는 기회가 생겼다면, 이더리움의 등장으로 블록체인 위에 새로운 암호화폐인 토큰을 쉽게 만들 수 있는 능력을 얻었다. 오늘날, 이더리움 플랫폼에서 수만 개의 암호화폐가 존재한다. 이더리움 네트워크는 암호화폐 펀드를 조성하고 투자자에게 토큰을 교환할 수 있는 프로젝트를 가능하게 하는 암호화폐공개ICO를 통해 '모든 것을 토큰화한다'는 개념이 확산되는 계기가 됐다. 5장에서는 모든 것을 토큰화하는 개념이 시작된 경위와 주목할 만한 예를 소개한다.

마스터코인

개발자 J.R 윌렛은 2011년부터 마스터코인 백서를 작성했다. 목표는 '다른 모든 암호화폐처럼 완전히 새로운 블록체인을 만드는 것'이 아니라 '비트코인 위에 완전히 새로운 통화, 상품, 증권 네트워크를 만드는 것'이었다. 윌렛은 비트코인을 통한 투자로 커뮤니티의 지지를 얻을 수 있다는 것을 깨달았다. 그래서 그는 2013년에 첫 번째 토큰 판매인 ICO를 열었다. 이때 마스터코인은 3,700 BTC 즉, 당시 약 230만 달러를 조달할 수 있었다.

이더리움

이더리움은 2013년 11월 비탈릭 부테린이 비트코인, 마스터코인 및 기타 프로젝트의 요소를 기반으로 새로운 프로토콜을 제안하는 '차세대 스마트 콘트랙트와 탈중앙 애플리케이션 플랫폼'이라는 이더리움 백서를 발간으로 시작됐다. 백서는 암호화폐 커뮤니티 전체에 배포됐고 개발자와 후원자가 모이기 시작했다. 부테린은 2014년

2월에 이더리움 프로젝트를 공개했다.

ICO를 시작하기 위해 스위스에 기반을 둔 비영리 재단이 설립됐으며 2014년 7월부터 42일 동안 이더리움이 크라우드세일[1]를 실시했다. 당시 약 6천만 개의 이더리움 토큰이 판매돼 약 31,000 BTC (당시 약 1,830만 달러)가 이더리움 개발 자금을 위해 모금됐다. 이는 미래에 많은 다른 ICO들의 공론의 대상이 됐다.

노시스

분산형 애플리케이션 예측 시장 플랫폼인 노시스Gnosis는 2015년 ICO를 보유한 초기 이더리움 기반의 오퍼링인 어거Augur 프로젝트와 유사하다. 노시스 멀티시그 지갑은 이더리움 생태계에서 널리 사용되는 지갑이며 특히, 토큰의 콜드 스토리지과 같은 응용 분야에 사용된다.

노시스 프로젝트의 ICO에서 가장 흥미로운 측면은 더치형 경매 시스템이었다. 더치형 경매 시스템은 ICO 기간 동안 토큰의 가치가 하락할 수 있게 해줬고 투자자들이 최고 가격을 얻기 위해 끝까지 기다리도록 장려했다. ICO 대부분 역방향으로 수행되는데 투자자가 일찍 들어갈수록 더 저렴한 토큰이 제공된다. 노시스는 프로젝트와 설립자에게 귀속된 암호화폐 95%를 유지하면서 15분 만에 3억 달러 이상을 모금해 대성공을 거뒀다.

EOS

다니엘 라리머Daniel Larimer의 아이디어인 EOS.IO는 EOS 암호화폐 보유자 사이에 컴퓨팅 자원을 똑같이 분배함으로써 블록체인의 확장성 문제를 해결하는 것을 목표로 하는 블록체인 프로토콜이다. 이 프로젝트는 이더리움에서 무제한 토큰 세일[2]로 이는 역사상 가장 큰 ICO 모금액인 연간 40억 달러 이상이 조성됐다. EOS라고 하는 ERC-20 토큰을 위한 기금이었는데 네이티브 블록체인이 준비되면 네이티브 토큰으로 전환됐다.

1 크라우드세일: 공개적으로 ICO 프로젝트의 투자를 받는 판매절차. 프로젝트에 따라 퍼블릭 세일(Public Sale), 메인 세일(Main Sale)이라고도 한다 – 옮긴이

2 무제한 토큰 세일: 토큰 판매량 또는 판매금액의 상한이 정해지지 않고 프로젝트 팀으로부터 상장 전의 코인을 선판매하는 형태 – 옮긴이

ICO는 아직 가능할까?

2013년부터 ICO가 시행돼 2017년 암호화폐 붐 때 인기가 절정에 달했다. 2017년 12월 11일, 미국 증권거래위원회(SEC)는 캘리포니아에 기반을 둔 토큰 프로젝트 먼치(Munchee)에 관해 모바일 레스토랑 리뷰 앱을 구축하려는 ICO를 중단하라는 명령을 내렸다. SEC는 먼치의 토큰을 증권으로 규정하고 미등록 증권이라고 생각했다. 이로써 순전히 투기를 위해 암호화폐 기반 토큰을 제공하던 미국의 관행이 사실상 종식됐다.

2018년 비트코인 등의 시장 가격이 하락하면서 ICO의 인기가 떨어졌다. 투자자에게 적합한 속도로 움직이지 않았던 기존 사업에 대한 규제 압박과 소송도 한몫했다. 많은 ICO들은 전혀 성과를 내지 못하거나 실행 불가능한 비즈니스 컨셉을 제시하거나 단순히 투자자들을 사칭하는 등 사기 행위까지 빈번히 발생했다. 북미 규제 기관들은 투자자들을 유치하는 ICO에 대해 관여를 최소화하려고 노력했지만, 새로운 토큰 발행은 보다 많은 규제 감독을 요구했다. 이는 ICO 프로젝트에 대한 암묵적 승인을 제공하는 터키젯(TurnKey Jet, Inc.)에 대한 SEC의 조치 없음 서신으로 입증된다.

이더리움 플랫폼의 토큰

토큰을 만들면 개발자가 이더리움 네트워크에 암호화폐를 만들 수 있다. 사람들은 암호화 프로토콜로 블록체인에서 자산을 발행할 수 있게 된다. 이더리움의 ERC-20 표준은 네트워크 상의 블록체인 자산에 대한 참조 구현체로서, 토큰이 다양한 거래소, 지갑 및 기타 블록체인 서비스에서 사용될 수 있는 속성을 쉽게 구축할 수 있게 함으로써 길을 열어줬다. 토큰 발행을 위한 다른 블록체인 플랫폼도 존재한다. 그러나 이더리움에서 ERC-20 자산을 발행하는 것은 오늘날 가장 쉽고 안전한 암호화폐를 만들기 위한 방법 중 하나다.

모바일 디앱, 분산 컴퓨팅, 결제 메커니즘과 같은 기술적인 프로젝트 외에도, 토큰은 아직 병목 현상이 존재하는 기존 금융 서비스에 혁명을 일으킬 수 있는 잠재력이 있다. 블록체인과 암호화폐는 현실에서 가치 있는 무언가를 대표할 수 있는 능력이 있다. 다만, 현실 자산과 제대로 연결될 수 있는지에 따라 결정된다.

복잡한 부동산 거래에서 블록체인의 토큰은 소유자에게 더 나은 기록 보관을 허용할 수 있다. 오하이오주는 이런 목적으로 블록체인을 사용하는 것을 고려하고 있다. 앞으로 토큰을 활용해 자산 이전을 보다 빠르고 쉽게 마무리할 수 있다. 토큰이 진정성을 증명하는 데 유용할 수 있는 다른 분야로는 미술, 자동차, 주식, 채권 등이 있다.

대체 가능한 토큰과 대체 불가능한 토큰

모든 토큰이 똑같이 만들어지는 것은 아니다. 토큰을 만들 때 가장 중요한 차별화 요소 중 하나는 토큰의 대체 가능 여부다. 대체 가능한 토큰은 모두 같은 가치를 갖고 서로 교환할 수 있지만 대체 불가능한 토큰은 그렇지 않으며 독특하게 표현된다.

대체 가능한 자산의 사례로는 미국 달러와 같은 통화가 있다. 1달러는 동전이나 지폐 또는 디지털 방식으로 은행 계좌 또는 기타 금융 서비스에 물리적 형태로 존재하던 1달러다. 비트코인, 이더리움, ERC-20 토큰 등이 이에 해당한다.

자동차나 주택 등 품목은 각각 독특하고 다른 임의의 자동차나 주택과는 교환이 안 된다. 이더리움에서 ERC-721 토큰으로 표현된 디지털 고양이인 크립토키티CryptoKitties는 대체 불가능한 자산의 사례다. 대체 불가능한 토큰은 5장의 뒷부분에서 상세히 설명한다.

토큰을 만드는 데는 함축적 의미가 있다. 암호화폐 시장은 변동성이 큰데 거래소에 상장돼 투기 목적으로만 사용되면 가격이 크게 불안해질 수 있다.

스마트 콘트랙트 개발은 컴퓨터 과학의 초기 분야다. 제3자 감사인이 메인넷에 토큰을 등록하기 전에 반드시 코드를 살펴보기를 권한다. 현재 감사 서비스를 제공하는 유명한 업체는 트레일 오브 빗츠Trail of Bits와 체인시큐리티Chainsecurity 등이 있다.

이더리움은 발행할 수 있는 다양한 토큰 유형을 제공한다. 대표적인 토큰 유형으로는 ERC-20, ERC-721, ERC-223, ERC-777, ERC-1400이다. 토큰 유형이 다양해 이더리움 블록체인에서 여러 유형의 기능 암호화폐를 만들 수 있다.

깃허브에서 이더리움 토큰 표준의 전체 목록을 확인할 수 있다. 토큰 목록 중 일부는 동작하지만 일부 토큰은 제안돼 있는 아이디어다.

이더리움의 특성 덕분에 이더리움 블록체인 상의 새로운 유형의 암호화폐는 실제 세계에서 혜택을 제공할 수 있다. ERC-846은 토큰의 공동 소유를 제공하는 좋은 실제 사용 사례다.

토큰이 필요한 이유

블록체인 기반 솔루션을 개발할 때 개발자가 물어야 할 실존적 질문은 '토큰이 필요한가?'일 것이다. 많은 토큰화/ICO 프로젝트가 기금 모금 토큰으로 개발됐지만 암호화폐를 보유하는 것 외에는 뚜렷한 동기가 없다. ICO는 암호화폐를 사용해 기금을 마련하는 좋은 방법이지만 규제 압력은 개발자가 프로젝트에서 더 큰 기능이 있는 토큰을 만들도록 강요한다.

토큰은 모금에만 해당되면 블록체인 기반 프로젝트에 유용하지 않다. 또한 안정적인 자산 가치를 추구하는 모든 프로젝트는 토큰이 적절한 솔루션이 아니고 스테이블코인과 같은 자산이 더 적절할 수 있다. 불안정한 자산을 가진 처리 기능은 앞으로 문제가 되기도 한다. 이는 블록체인에서 거래 수수료 형태로 이미 경험한 문제다. 이를테면 비트코인 네트워크의 수수료는 네트워크 수요에 따라 달라질 수 있다. 수요가 커질수록 블록에서 사용 가능한 공간이 줄어들어 입찰가가 가장 높은 사람이 '승리'하는 수수료 시장을 만들 수 있다. 이런 수급 패러다임은 또한 이더리움에서 가스 요금과 토큰 가격을 위해 존재한다.

에어드롭

토큰을 배포하는 주요 방법은 ICO 또는 유사한 형태의 제안으로 이뤄진다. 또 하나의 대안은 에어드롭이다. 이미 존재하는 블록체인의 네트워크 효과를 활용하기 위해 에어드롭은 많은 사용자에게 암호화폐의 무료로 주거나 저비용을 들여서 분배하는 방식이다. 프로젝트가 출범 단계에서 사용자 기반을 신속하게 확보해 암호화폐의 채택을 고정하는 방식이다. 지금까지 가장 큰 사례는 Blockchain.info 지갑에서 1억 2천 5백만 달러의 XLM 토큰을 뿌린 스텔라 재단이다.

에어드롭은 초기 암호화폐 채택에 대한 해결책 같지만 단점도 있다. 특히 사용자가 비용지불 없이 암호화폐 기반 자산을 얻을 수 있는 세금 영향이 있을 것으로 보인다. 판매할 때 관할권에 따라 과세 대상이 될 수 있다. 거의 비용을 들이지 않고 토큰을 제공하면 초기 암호화폐가 에어드롭으로 희석돼 미래 가치로 볼 때 좋지 않을 수도 있다. 경제학에서 공짜는 없으므로 에어드롭에 대한 보상이나 추가 비용이 생길 수 있다.

다른 토큰 종류

이더리움 토큰은 다른 기술 사양을 갖고 있으며 전 세계의 규제 기관이 이를 정의하는 방식에 따라 다른 명명법을 사용한다. 개발자가 토큰을 정의하는 방법과 관련해 다양한 용어를 이해해야 한다.

유틸리티

토큰의 맥락에서 유틸리티는 블록체인 기반의 암호화폐가 금융 거래 외에 사용 및 교환의 가치(포인트, 상품권 등)로도 활용돼야 한다는 것을 의미한다. 블록체인 세계에서 유틸리티를 시도하는 가장 유명한 프로젝트는 토큰이 사용자에게 탈중앙화된 클라우드 스토리지 플랫폼의 공간에 접근을 허용하는 파일코인Filecoin이다.

보안

SEC가 정의한 보안은 투자계약investment contract이다. 수익의 약속을 제공하도록 설계된 투자계약은 기금 모금을 위해 전 세계에서 사용되는 규제 장치여서, ICO에서 제안된 토큰은 유가증권으로 간주된다. 따라서 보안 토큰은 발급 관할권에서 규제가 이뤄진다. 보안 토큰을 제공하는 프로젝트로 블록스루트bloXroute가 있다. 블록스루트 프로토콜은 네트워킹 및 라우팅이 블록체인에서 작동하는 방식을 바꾼다. 블록스루트 토큰을 소유한다는 것은 블록체인이 라우팅 프로토콜을 사용하기 위해 블록스루트에 지불하게 될 미래의 지불금에 대한 권리를 의미한다.

증권형토큰공개STO은 규제 프레임워크에 맞는 ICO를 만들려는 시도다. ICO가 주식 IPO의 일부 특성을 모방함에 따라 전 세계의 규제 당국은 사기, 과도한 위험 및 도난으로부터 투자자를 보호하는 방법을 점점 더 이해하려고 노력하고 있다. 예를 들어, SEC는 암호화 기반 보안 제공을 위한 프레임워크를 발표했다.

이더리움 코멘트 요청(ERC) 이해

개발자가 더 나은 스마트 콘트랙트를 작성할 수 있도록 EVM의 기능을 향상시킴으로써 이더리움 커뮤니티는 ERC로 공식화된 표준을 만들기 시작했다. 표준은 이더리움 스마트 콘트랙트와 상호작용하고자 하는 앱이 어떤 기능과 입력을 호출할지 알 수 있도록 하기 때문에 중요하다. 제안된 모든 ERC는 EIP[Ethereum Improvement Proposal]로 시작해 심사 과정을 거친다. 이는 3장에서 논의한 비트코인 개선 프로세스와 유사하다.

ERC-20

ERC 토큰의 가장 일반적인 ERC 표준은 ERC-20이다. ERC-20 표준을 준수하는 모든 스마트 콘트랙트는 표 5-1에 표시된 방법이다.

표 5-1. ERC-20 함수

메서드	설명
totalSupply() public view returns (uint256 totalSupply)	총 토큰 공급량을 가져온다.
balanceOf(address _owner) public view returns (uint256 balance)	주소가 _owner인 다른 계정의 잔액을 가져온다.
transfer(address _to, uint256 _value) public returns (bool success)	주소 _from에서 주소 _to로 토큰 _value의 양을 전송한다. 토큰은 트랜잭션을 호출한 주소에서 전송된다.
transferFrom(address _from, address _to, uint256 _value) public returns (bool success)	주소 _from에서 주소 _to로 토큰 _value의 양을 전송한다.
approve(address _spender, uint256 _value) public returns (bool success)	_spender가 최대 _value 금액까지 계정에서 여러 번 인출할 수 있도록 허용한다. 이 함수가 다시 호출되면 현재 허용치를 새 _value로 덮어쓴다.

메서드	설명
allowance(address _owner, address _spender) public view returns (uint256 remaining)	_spender가 _owner에서 인출할 수 있는 양을 반환한다.

ERC-20 표준을 준수하는 모든 스마트 콘트랙트는 표 5-2에 표시된 두 가지 이벤트로 구현된다. 개발자는 표 5-2와 같은 이벤트가 트리거되는 것을 바라보는 애플리케이션을 구축할 수 있다. 가령, 이더리움 주소 중 토큰을 받은 주소가 있는지 확인하는 암호화폐 지갑이 있다.

표 5-2. ERC-20 호환 스마트 콘트랙트에서 지원하는 이벤트

이벤트	설명
Transfer(address indexed _from, address indexed _to, uint256 _value)	토큰이 전송될 때 트리거되는 이벤트다.
Approval(address indexed _owner, address indexed _spender, uint256 _value)	승인(주소 _spender, uint256 _value)이 호출될 때마다 이벤트가 트리거된다.

기본적인 ERC-20 스마트 콘트랙트인 'Mastering_Blockchain_Token.sol'의 예를 소개한다.

```
pragma solidity ^0.4.21;

contract EIP20Interface {
    /// total amount of tokens
    uint256 public totalSupply;

    /// @param _owner The address from which the balance will be retrieved
    /// @return The balance
    function balanceOf(address _owner) public view returns (uint256 balance);

    /// @notice send `_value` tokens to `_to` from `msg.sender`
    /// @param _to The address of the recipient
    /// @param _value The amount of tokens to be transferred
    /// @return Whether the transfer was successful or not
```

```
    function transfer(address _to, uint256 _value) public returns (bool success);

    /// @notice send `_value` tokens to `_to` from `_from` on the condition
    /// it is approved by `_from`
    /// @param _from The address of the sender
    /// @param _to The address of the recipient
    /// @param _value The amount of tokens to be transferred
    /// @return Whether the transfer was successful or not
    function transferFrom(address _from, address _to, uint256 _value) public
      returns (bool success);

    /// @notice `msg.sender` approves `_spender` to spend `_value` tokens
    /// @param _spender The address of the account able to transfer the tokens
    /// @param _value The amount of tokens to be approved for transfer
    /// @return Whether the approval was successful or not
    function approve(address _spender, uint256 _value) public
      returns (bool success);

    /// @param _owner The address of the account owning tokens
    /// @param _spender The address of the account able to transfer the tokens
    /// @return Amount of remaining tokens allowed to be spent
    function allowance(address _owner, address _spender) public view
      returns (uint256 remaining);

    // solhint-disable-next-line no-simple-event-func-name
    event Transfer(address indexed _from, address indexed _to, uint256 _value);
    event Approval(address indexed _owner, address indexed _spender,
                   uint256 _value);
}

contract EIP20 is EIP20Interface {

    uint256 constant private MAX_UINT256 = 2**256 - 1;
    mapping (address => uint256) public balances;
    mapping (address => mapping (address => uint256)) public allowed;
    /*
    NOTE:
    The following variables are OPTIONAL vanities. One does not have to include
    them. They allow one to customize the token contract & in no way influence
    the core functionality. Some wallets/interfaces might not even bother to look
```

```
at this information.
*/
string public name; // Token name: eg Mastering Blockchain Book
uint8 public decimals; // How many decimals to show. Standard is 18.
string public symbol; // An identifier: eg MBB

function EIP20(
    uint256 _initialAmount,
    string _tokenName,
    uint8 _decimalUnits,
    string _tokenSymbol
) public {
    balances[msg.sender] = _initialAmount; // Give creator initial tokens
    totalSupply = _initialAmount; // Update total supply
    name = _tokenName; // Set name for display purposes
    decimals = _decimalUnits; // Set number of decimals for display
    symbol = _tokenSymbol; // Set symbol for display purposes
}

function transfer(address _to, uint256 _value) public returns (bool success)
{
    require(balances[msg.sender] >= _value);
    balances[msg.sender] -= _value;
    balances[_to] += _value;
    emit Transfer(msg.sender, _to, _value);
    return true;
}

function transferFrom(address _from, address _to, uint256 _value) public
  returns (bool success) {
     uint256 allowance = allowed[_from][msg.sender];
     require(balances[_from] >= _value && allowance >= _value);
     balances[_to] += _value;
     balances[_from] -= _value;
     if (allowance < MAX_UINT256) {
         allowed[_from][msg.sender] -= _value;
     }
     emit Transfer(_from, _to, _value);
     return true;
```

```
    }

    function balanceOf(address _owner) public view returns (uint256 balance) {
      return balances[_owner];
    }

    function approve(address _spender, uint256 _value) public
      returns (bool success) {
         allowed[msg.sender][_spender] = _value;
         emit Approval(msg.sender, _spender, _value);
         return true;
    }

    function allowance(address _owner, address _spender) public view
      returns (uint256 remaining) {
         return allowed[_owner][_spender];
    }
}
```

토큰 콘트랙트는 다음과 같은 특성이 있다.

- 토큰 이름: Mastering Blockchain Book
- 토큰 심볼: MBB
- 총 발행량: 100 MBB
- 토큰 분할 가능 범위: 18

독자적인 커스텀 토큰을 작성하려면, 앞의 코드를 복사해서 생성자 컨스트럭터Constructor 함수에서 다음의 4개의 값을 변경할 수 있다.

`symbol`

토큰 심볼

`name`

토큰 이름

`decimals`

토큰을 분할할 수 있는 소수점 수로, 토큰 대부분의 표준값은 18이다.

`totalSupply`

존재하는 토큰의 수로, 토큰의 공급은 매우 다양하며, 10억은 일반적인 간단한 반올림 수다.

ERC-721

ERC-721은 대체 불가능한 토큰Non-fungible Token, NFT의 표준이다. 앞에서 설명한 바와 같이 대체 가능한 토큰(ERC-20 토큰 등)에서는 각 토큰은 속성이 같다. 대체 불가능한 토큰을 사용하면 각 토큰은 다른 속성을 가져 고유하므로 극단적인 디지털 희소성을 허용한다.

블록체인 이전에는 대부분의 가상 아이템을 쉽게 복사할 수 있었다. 가상 상품이나 실제 아이템을 ERC-721 토큰에 연결하는 것은 복사 또는 조작이 불가능한 디지털 희소한 아이템을 만드는 방법이다.

블록체인 세계에서 가장 유명한 예는 이더리움 블록 체인의 ERC-721 토큰에 연결된 가상 고양이인 크립토키티다. 그림 5-1은 크립토키티 #1270015를 보여준다.

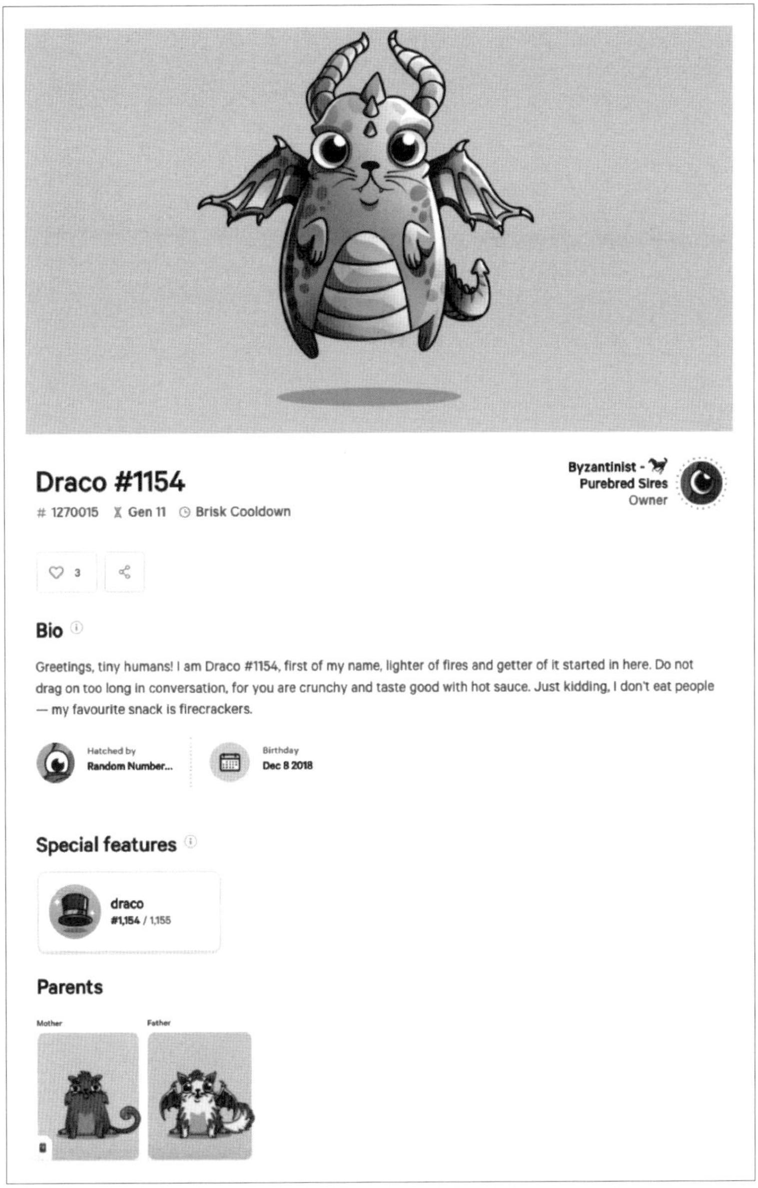

그림 5-1. 고유 ID 1270015를 가진 크립토키티의 고유 속성

중앙 데이터베이스에서 크립토키티 #1270015의 정보를 읽는 것이 아니라 크립토키티 ERC-721 스마트 콘트랙트에서 정보를 가져온다. 함수 #32로 이동해 크립토키티

ID(1270015)를 입력한다. 그림 5-2와 같이 이더리움 블록체인에 저장된 크립토키티의 고유 속성을 볼 수 있다.

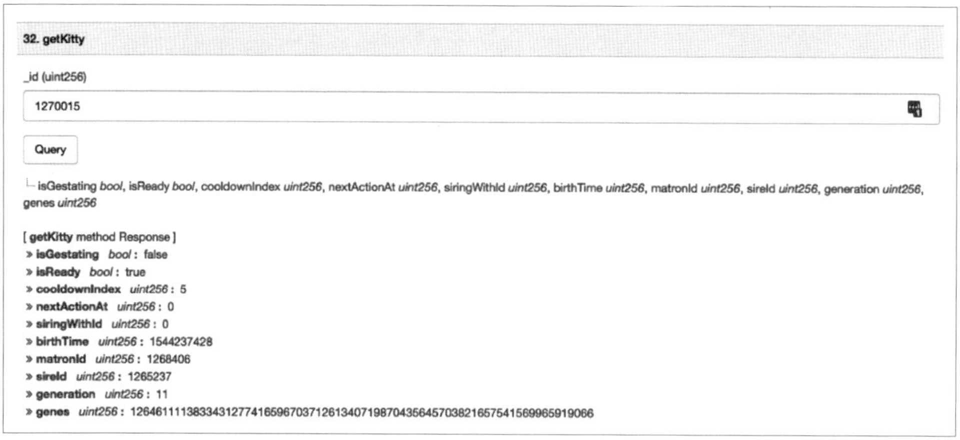

그림 5-2. 크립토키티 스마트 콘트랙트에서 읽기 기능인 getKitty를 호출하면 특정 키티 ID 1270015가 이더리움에 저장된 데이터로 응답한다.

ERC-777

ERC-777는 차세대 대체 가능 토큰인 ERC-20을 위한 표준이다. 여기에는 ERC-20 표준에 대한 몇 가지 개선 사항이 포함돼 있으며, 토큰이 전송되는 방식이 가장 중요하다.

사용자가 ERC-20 토큰을 한 주소에서 다른 주소로 이동할 수 있는 두 가지 방법이 있다.

Push transaction

: 함수 `transfer(address_to, uint256_value)`을 호출하는 것은 푸시 트랜잭션이며, 송신자는 토큰을 전송한다.

Pull transaction

: 함수 `approve(address_spender, uint256_value)`와 `transferFrom(address_from, address_to, uint256_value)`의 조합은 풀 트랜잭션으로, 송신자가 수신자에게 권한을 부여한 후 수신자가 송신자의 계정에서 토큰을 빼낸다.

어떤 사람이 푸시 트랜잭션으로 토큰을 보내면 스마트 콘트랙트로 토큰을 받게 된다. 그러나 스마트 콘트랙트는 토큰을 받았음을 알리고 일부 코드를 실행하도록 지시하는 트리거를 받지 못하는 문제가 생긴다. 풀 트랜잭션은 이 문제를 해결한다. 토큰을 받는 스마트 콘트랙트가 트랜잭션을 시작하고 토큰이 수신되는 것을 인식하고 이벤트에 대응하기 위해 추가 코드를 실행할 수 있다. 토큰을 송수신하는 스마트 콘트랙트의 가장 일반적인 사용 사례는 탈중앙화 거래소 IDEX가 가장 대표적인 예다.

풀 트랜잭션은 토큰을 받는 스마트 콘트랙트에서 작동하지만, 잘못 사용하면 많은 토큰을 잃기도 한다. 사용자가 올바른 풀 트랜잭션을 써야 하지만 실수로 푸시 트랜잭션을 사용해 스마트 콘트랙트로 토큰을 보내는 경우가 그렇다. 스마트 콘트랙트는 토큰을 받았음을 인식하지 못하고 나중에 다른 주소로 보낼 수 없으므로 해당 토큰은 잘못 전송돼 영원히 찾을 수 없게 된다.

ERC-777은 다음과 같은 개선사항을 도입해 문제를 해결할 것을 제안했다.

`authorizeOperator(주소 연산자)` 및 `revokeOperator(주소 연산자)`

토큰 소유자들이 스마트 콘트랙트에서 토큰을 대신 전송하도록 허용하거나 철회할 수 있다. 권한이 부여됐다는 것은 오퍼레이터[Operator]가 됐다는 것이다. 이는 ERC-20의 풀 트랜잭션 조합의 변형이며, 토큰을 전송할 때마다 오퍼레이터를 승인하는 대신에 한 번만 승인하면 된다. 이후 추가적인 전송마다 오퍼레이터가 사용자를 대신해 토큰을 전송할 수 있다

`tokensReceived` 및 `tokensToSend` 후크

토큰을 받는 콘트랙트는 `tokensReceived`이라는 기능이 포함될 수 있다. 받는 쪽에서는 어떤 ERC-777 토큰을 받아들이기를 원하고 어떤 토큰을 거부하기를 원하는지 식별할 수 있다(되돌리기 사용). ERC-777 토큰이 수신됐지만 거부된 것으로 확인되면 토큰 전송이 완료되지 않는다. 우편으로 편지를 받았다가 다시 보내는 것과 같다. 마찬가지로 토큰 전송을 요청하는 콘트랙트도 tokensToSend 후크를 받을 수 있으며, 해당 후크가 호출되면 트랜잭션을 되돌릴 수 있는 옵션이 있다. 토큰 이전을 시작한 콘트랙트이기 때문에 이런 일이 일어날 가능성은 적다. 마치 편지를 보내기 위해

우체국에 갔다가 편지를 부치려는 순간 마음이 바뀌는 것과 같다.

`send(address to, uint256 amount, bytes data)`

푸시 트랜잭션에는 발신자가 콘트랙트에 토큰을 보낼 수 있을 뿐만 아니라 수신 콘트랙트에서 함수를 트리거하는 특수 논리를 포함할 수 있는 데이터 필드가 포함된다. 이것은 이더리움 트랜잭션이 실행되는 방식과 유사하다.

ERC-777 표준은 ERC-20보다 개선됐지만 모든 이해 관계자가 새로운 표준으로 이동하는 데 전환 비용이 많이 들기 때문에 아직 업계에서 채택되지 않고 있다. 많은 프로젝트가 새로운 토큰 계약을 작성한 다음 토큰 보유자가 새로운 표준으로 기존 토큰을 동등한 금액으로 교환하도록 설득해야 한다. 거래소와 일부 디앱은 새로운 표준을 지원하기 위해 시스템을 업데이트해야 한다.

ERC-1155

ERC-1155는 게임에서 가상 상품을 추적하도록 설계된 표준이다. 예를 들어, 슈팅 게임의 기본 무기는 권총일 수 있지만 한 번에 100명의 적을 죽이는 로켓 발사 무기를 구입할 수 있다.

게임 안 항목에 대한 이상적인 토큰 표준은 ERC-20과 ERC-721 속성이 혼합돼 있다.

- ERC-20(대체 가능)을 통해 가상재화에 가격을 붙일 수 있으며, 이후 사용자는 해당 아이템을 구매하고 거래할 수 있다.
- ERC-721(대체 불가능)은 가상재화가 고유한 특성을 가질 수 있도록 한다. 예를 들어, 얼마나 많은 로켓을 보유할 수 있는지, 무기가 얼마나 강력한지 등이다.

ERC-777 토큰 표준과 마찬가지로, ERC-1155 표준은 연산자의 개념을 포함하고 있는데, 연산자는 사용자를 대신해 토큰을 이동할 권한을 가진 주소다.

ERC-1155 표준의 다른 개선점은 하나의 트랜잭션에서 여러 토큰을 전송할 수 있다는 것이다. ERC-721에서 토큰을 전송할 때 함수 `safeTransferFrom`을 호출하고 `_tokenId`로 전송할 토큰을 지정한다.

```
function safeTransferFrom(address _from, address _to, uint256 _tokenId, bytes data)
    external payable;
```

ERC-1155 토큰을 사용하면 함수 safeBatchTransferFrom을 호출하고 _ids 배열을 지정할 수 있다.

```
function safeBatchTransferFrom(address _from, address _to, uint256[] calldata _ids,
    uint256[] calldata _values, bytes calldata _data) external;
```

일괄 거래를 할 수 있는 능력은 게이머와 게임 배급사 모두에게 동일한 자산가치의 분배를 제공한다.

ERC-1155 표준을 만든 엔진은 현재 게임 퍼블리셔가 블록체인에서 가상재화를 쉽게 사용할 수 있는 플랫폼을 제공하고 있다. 하지만 아직 큰 과제가 남아 있는데 빠른 트랜잭션 처리다. 이더리움 네트워크는 대규모 게임에서 공통적인 요구사항인 초당 수십만 건의 트랜잭션을 지원할 만큼 빠르지 않다

2020년 기준으로 약 35개의 게임이 ERC-1155 표준을 채택했으며 약 10만 명이 ERC-1155 가상 상품을 보유하고 있다.

다중 서명 콘트랙트

이더리움의 외부 소유 계정EOA 지갑에서 자금을 보내려면 하나의 개인키만 있으면 된다. 개인키가 손상되면 계좌에서 자금이 도난당하는 것을 막을 수 있는 방법은 없다. 다중 서명 지갑의 목적은 자금을 보내기 위해 개인키 여러 개를 요구함으로써 무단으로 자금이 도난당할 위험을 낮추는 것이다. 지불을 승인하기 위해 여러 개의 서명이 필요한 은행 계좌와 비슷한 개념이다. 다중 서명 콘트랙트 업계에서 널리 사용되지만 다중 서명 지갑 콘트랙트에 관한 ERC 표준은 없다.

모든 다중 서명 콘트랙트에는 거래를 승인하기 위해 M개의 N개의 서명이 필요하다.

- N은 트랜잭션을 승인할 수 있는 이더리움 주소의 수다.

- M은 트랜잭션을 승인하는 데 필요한 N 개의 고유 주소 중 최소 서명 수다.

M은 N보다 작아야 한다. 3개 중 2개의 다중 서명 콘트랙트가 있다고 가정하자. 즉 트랜잭션을 승인할 수 있는 3개의 주소가 있고 트랜잭션을 완료하려면 2개의 서명만 있으면 된다.

ICO를 하는 단체는 보통 모든 자금을 다중 서명 지갑으로 모금한다. ICO는 또한 다중 서명 지갑 코드를 투명하게 만들고 거래에 서명할 수 있는 주소를 공개적으로 공유한다. 다중 서명 지갑의 투명성은 언제든지 투자자가 자금을 감사할 수 있어 투자자의 신뢰를 높인다.

ICO에서 3,300만 달러를 모금 한 유명한 회사의 다중 서명 지갑을 감사하면 오고 간 모든 자금을 볼 수 있다. 또한 지갑의 M/N을 감사할 수 있다.

1. 함수 `getOwners`를 호출하면 트랜잭션을 승인할 수 있는 주소가 표시된다. 주소를 '소유자'라고 하며, 다음과 같은 다섯 가지가 있다.
   - 0x197a3d8fea67ee3b5a8436c5d9b4a794a196006b
   - 0x0063af5125737564407a4081f017c34d647dad4f
   - 0x00c947cdb9112086d203843be8132bc992737f69
   - 0x003cb639f3c0120051abf4f927c2414d56ac766c
   - 0x00cb0d8171a9fa71e71fbf3f9cc17c6442755c29
2. 필요한 변수의 현재 값을 읽으면 트랜잭션을 실행하는 데 필요한 서명 수를 알 수 있다. 지갑은 거래를 실행하기 위해 세 개의 서명이 필요하다.

감사를 받고 있는 다음의 지갑은 5개 중 3개의 다중 서명 지갑이다.

그림 5-3에서처럼 이 지갑이 실행한 모든 트랜잭션에 서명한 주소를 감사할 수도 있다.

	Txn Hash	Method	Event Logs
3b	0xbfc42626b0e720... # 7458500 103 days 14 hrs ago	`0xc01a8c84` confirmTransaction (uint256)	> Execution (index_topic_1 uint256 transactionId) [topic0] 0x33e13ecb54c3076d8e8bb8c2881800a4d972b792045ffae98fdf46df365fed75 [topic1] 0x0000000000000000000000000000000000000000000000000000000000000039
3a	0xbfc42626b0e720... # 7458500 103 days 14 hrs ago	`0xc01a8c84` confirmTransaction (uint256)	> Confirmation (index_topic_1 address sender, index_topic_2 uint256 transactionId) [topic0] 0x4a504a94899432a9846e1aa406dceb1bcfd538bb839071d49d1e5e23f5be30ef [topic1] 0x0000000000000000000000003cb639f3c012051abf4f927e2414d56ae766c [topic2] 0x0000000000000000000000000000000000000000000000000000000000000039
2	0x7a1e7e12c58a53... # 7331154 123 days 10 hrs ago	`0xc01a8c84` confirmTransaction (uint256)	> Confirmation (index_topic_1 address sender, index_topic_2 uint256 transactionId) [topic0] 0x4a504a94899432a9846e1aa406dceb1bcfd538bb839071d49d1e5e23f5be30ef [topic1] 0x00000000000000000000000063af5125737564407a4081f017c34d647dad4f [topic2] 0x0000000000000000000000000000000000000000000000000000000000000039
1b	0xd53dc941983f02... # 7331149 123 days 10 hrs ago	`0xc6427474` submitTransaction (address,uint256,bytes)	> Confirmation (index_topic_1 address sender, index_topic_2 uint256 transactionId) [topic0] 0x4a504a94899432a9846e1aa406dceb1bcfd538bb839071d49d1e5e23f5be30ef [topic1] 0x000000000000000000000000c947cdb9112086d203843be8132bc992737f69 [topic2] 0x0000000000000000000000000000000000000000000000000000000000000039
1a	0xd53dc941983f02... # 7331149 123 days 10 hrs ago	`0xc6427474` submitTransaction (address,uint256,bytes)	> Submission (index_topic_1 uint256 transactionId) [topic0] 0xc0ba8fe46b176c1714197d43b9cc6bcf797a4a7461c5fe8d0ef6e184ae7601e51 [topic1] 0x0000000000000000000000000000000000000000000000000000000000000039

그림 5-3. 다중 서명 트랜잭션을 설정하고 실행하기 위해 발생한 일련의 이벤트 예제

그림 5-3과 같이 다중 서명 트랜잭션을 실행하는 프로세스는 다음과 같다.

1. 다중 서명 트랜잭션을 수행할 권한이 있는 소유자 주소(0x00c9 ...7f69) 중 하나
   가 submitTransaction 함수를 호출해 트랜잭션 세부 사항을 제출한다. submit
   Transaction 함수 호출은 두 가지 이벤트를 수행한다.

   a. 요청한 거래의 세부사항을 저장한다.

   b. 거래를 확인하는 주소 목록에 0x00c9 ...7f69를 추가한다. 이 주소는 트랜잭
   션을 시작하고 트랜잭션을 확인한다.
   submitTransaction 호출은 블록 #7331149에서 발생한다.

2. 두 번째 소유자 (0x0063 ...ad4f)는 필요한 세 가지 서명 중 두 번째 서명을 주기
   위해 함수를 'confirmTransaction' 이라고 한다. 'confirmTransaction' 함수 호출
   은 블록 #7331154에서 발생한다.

3. 세 번째 소유자 (0x003c ...766c)는 세 번째 서명을 하기 위해 함수 confirmTrans
   action 함수를 호출한다. 호출은 두 가지 이벤트로 이어진다.

   a. 제3의 소유자가 트랜잭션을 컨펌한다.

b. 콘트랙트는 필요한 모든 서명이 주어졌다는 것을 인정한 다음 1단계에서 제출된 세부사항을 사용해 트랜잭션을 실행한다.
`confirmTransaction` 함수 호출은 블록 #7458500에서 발생한다.

탈중앙화 거래소 콘트랙트

이더리움 이전에는 모든 암호화폐 거래소는 중앙집중화 기관인 회사가 통제 및 관리했다. 코인베이스, 비트스탬프, 제미니 등이 있다. 거래소의 목적은 두 당사자가 암호화폐를 안전하게 교환할 수 있는 신뢰할 수 있는 플랫폼 역할을 하는 것이다. 이를 위해 교환은 고객을 위해 다음과 같은 조치를 취해야 한다.

- 안전한 암호 입출금 장소를 제공하고 자금을 에스크로에 보관한다.
- 암호화폐 거래 가격을 합의할 수 있도록 오더북을 제출한다.
- 양 당사자 간에 암호화폐를 교환한다.

스마트 콘트랙트에는 다음 세 가지 작업을 수행할 수 있는 기능이 있다.

- ETH 및 ERC-20 토큰을 발신/수신하고 보관한다.
- EOA 계정의 가격 요청을 기록한다.
- 두 가지 가격 요청이 일치할 경우 해당 암호화폐의 소유권을 변경한다.

이더리움에서 탈중앙화 거래소의 좋은 예는 IDEX다. IDEX 웹사이트는 중앙집중화 거래소과 비슷하지만 두 유형의 거래소에는 상당한 차이가 있다.

중앙집중화 거래소를 실행하는 모든 코드는 웹 호스팅 공급자인 AWS 또는 애저Azure와 같은 곳에서 배포된다. 탈중앙화 거래소에서 실행되는 프론트엔드 코드는 웹 호스팅 제공자에게 배포되지만, 백엔드 코드는 스마트 콘트랙트에 작성돼 이더리움 네트워크에 배포된다. 데이터베이스는 그림 5-4와 같이 이더리움 네트워크 또는 블록체인의 스마트 콘트랙트다.

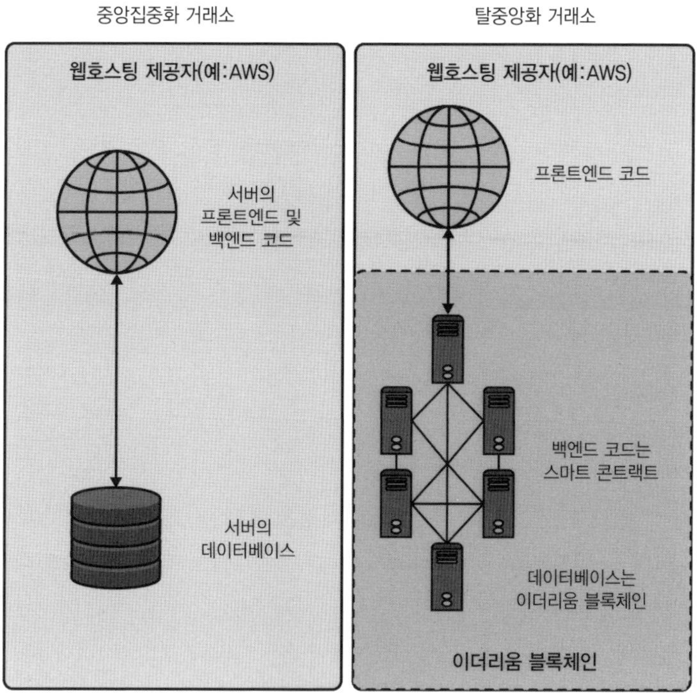

그림 5-4. 집중화 거래소과 탈중앙화 탈중앙화 거래소의 장점은 다음과 같다.

탈중앙화 거래의 장점은 다음과 같다.

투명성 향상

백엔드 코드가 스마트 콘트랙트에 들어 있어서 누구나 거래소를 사용하기 전에 감사할 수 있다. 중앙집중화 거래소의 코드는 개방돼 있지 않아 탈중앙화 거래소는 투명성을 더해 신뢰를 향상시킨다.

대응 위험 감소

중앙집중화 거래소에 암호화폐를 보내면, 그 자금은 당신의 자금의 커스터디를 유지하고 고객들은 언제든지 돌려받을 수 있으리라 기대한다. 하지만 거래소가 고객의 자금 전부를 잃은 사례가 많았다. 탈중앙화 거래소에서는 스마트 콘트랙트가 암호화폐의 보관을 유지하고, 스마트 콘트랙트에 대한 감사 결과 콘트랙트가 안전하다는 것을 알면 거래소가 자금을 분실할 우려가 없다.

탈중앙화 교환도 단점이 있다.

느린 속도

중앙 집중식 거래소에서 사용자는 거래를 실행하면 즉시 완료될 것으로 기대한다. 탈중앙화 거래소에서 트랜잭션이 실행되기 위해 사용자는 블록에 트랜잭션이 포함되기를 기다려야 한다. 블록은 종종 적어도 10초 또는 1분이 걸린다. 사용자의 트랜잭션이 실행될 때쯤이면 기회가 사라질 수 있다.

비싼 가격

탈중앙화 거래소은 사용자가 주문을 추가하고 취소하는 것과 같은 작업을 수행할 때마다 새로운 트랜잭션을 생성해야 한다. 거래소 사용자는 종종 짧은 시간에 여러 주문 및 주문 변경을 수행한다. 중앙집중화 거래소에서는 이러한 주문 변경이 무료이지만 탈중앙화 거래소에서는 각 조치에 대해 가스를 연결해야 하기 때문에 훨씬 더 비싸다.

일반 사용자에게 어려움

사용자가 작업을 완료할 때마다 트랜잭션에 서명해야 하기 때문에 기술을 모르는 일반 사용자는 탈중앙화 거래소를 사용하는 것이 복잡하고 많은 노력이 필요하다.

두 거래소 간의 큰 차이점은 탈중앙화 거래소에 ERC-20 토큰을 추가할 수 있는 허가를 요청할 필요가 없다는 점이다. ERC-20 토큰이 만들어지는 대로 즉시 탈중앙화 거래소로 거래할 수 있다. 탈중앙화 거래소가 어떻게 활용되는지는 7장에서 자세히 설명한다.

온라인으로 모든 ERC 표준을 볼 수 있고 오픈제플린(OpenZeppelin)은 ERC를 준수하는 스마트 콘트랙트의 훌륭한 라이브러리를 제공한다.

요약

이더리움은 오늘날 토큰화를 위한 가장 큰 블록체인이다. 이더리움으로 짧은 시간에 자신의 블록체인 기반 자산을 만들 수 있다. 이더리움에서 작동할 프레임워크를 제공하기 위해 많은 작업이 수행됐고, 다양한 ERC 표준이 많은 옵션을 제공한다. 이더리움 기반 토큰화는 수많은 혁신적인 새로운 블록체인 기반 애플리케이션을 만들 수 있게 했으며, 이 기술이 계속 성숙함에 따라 분명 더 많은 애플리케이션이 탄생할 것이다.

6장

마켓 인프라

비트코인, 이더리움을 비롯한 암호화폐들이 전세계의 다양한 마켓에서 공개적으로 다양하게 거래되고 있다. 투기서 거래는 60~80%를 차지하는 것으로 추정돼 블록체인의 구성요소를 반드시 조사하는 것은 중요하다.

초기에는 인프라가 부족해 블록체인 생태계가 매우 불안정하고 위험했다. 예전보다 상황이 나아졌지만 암호화폐 마켓 인프라는 아직 완벽하지 않다. 많은 구조적 지원이 마련됐지만, 마켓의 기능에는 여전히 중요한 문제가 있다. 암호화폐는 아직 완전히 규제되지 않았고, 조작 문제도 있기 때문이다. 6장은 암호화폐 투자를 결코 지지하지 않는 입장에서 썼다. 솔직히 말해서 암호화폐를 거래한다면 많은 돈을 잃을 수도 있다.

비트코인의 가격 변동

비트코인은 전체 암호화폐 경제의 지표다. 보통 다른 암호화폐의 가격이 BTC의 추세를 따른다. 가격의 상승과 하락이 세계에서 가장 인기있는 디지털 자산인 비트코인의 표준이라는 것을 반드시 이해해야 한다.

다양한 이유로 많은 사람들이 암호화폐 생태계에 참여하면서, 여러 비트코인 거품이 발생해 전보다 높은 가격을 초래했다. BTC 사상 최고치를 기록한 거품은 다음과 같다.

- 2010년(1): 가격은 10월 0.008 달러에서 11월 0.08 달러로 90.0 % 상승

- 2010년(2): 11월 말까지 가격이 0.50 달러로 525% 상승
- 2011년: 6월 가격은 31.91 달러로 급등해 이전 최고치보다 6,282 % 상승
- 2013년(1): 가격은 3 월에 266.00 달러로 상승해 이전 최고치보다 734% 상승
- 2013년(2): 12월 가격은 1,154.93 달러로 상승해 이전 최고치보다 334% 상승
- 2017년: 12월까지 가격은 17,900 달러에 달했고 이전 최고치보다 1450 % 상승

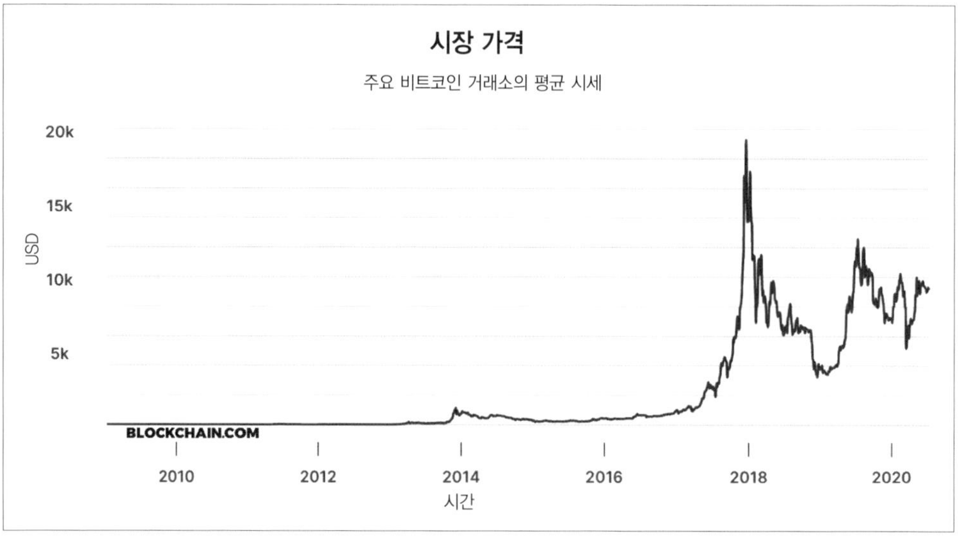

그림 6-1. 지난 10년 간의 BTC 가격

암호화폐 역사 전반에 걸쳐 사고 파는 방법은 다음과 같다.

사람 대 사람

암호화폐를 사고 파는 것은 대면 거래로 이뤄진다.

제품/서비스 구매 또는 판매

사람들은 암호화폐를 얻거나 무언가의 대가로 소비한다.

암호화폐 ATM

키오스크는 암호화폐를 현금으로 분배한다. 또한 현금을 암호화폐로 바꿀 수 있다.

채굴

마이너들은 컴퓨팅 파워를 사용해 네트워크에 기여함으로써, 새로운 블록을 채굴하고 트랜잭션 수수료를 보상받는다.

거래소

암호화폐는 주식 거래소와 비슷한 양상으로 특정 웹사이트에서 거래가 이뤄지지만 미묘한 차이가 있다.

모든 방법에는 장단점이 있다. 양쪽에서 서로를 알면 개인 간 거래는 안전한 선택이지만, 한 사람이 다른 사람을 속이려고 한다면 문제가 된다. 상품이나 서비스를 사고 파는 것은 한때 암호화폐를 대량으로 채택하는 이유였다. 그러나 거래 수수료는 비싸고 확인 시간은 느린 점, 네트워크 확장성 문제 등으로 인해 암호화폐가 곧 대중적인 결제 메커니즘으로 자리잡을 것이라는 생각에 찬물을 끼얹었다.

코인 ATM 레이더Coin ATM Radar 웹사이트에 있는 많은 암호화폐 ATM은 물리적 위치에서 사고 팔 수 있는 편리한 방법이다. 그러나 거래 수수료가 비싸고 전통적인 ATM처럼 사용하기 쉽지 않다. 암호화폐 채굴은 2장에서 봤지만, 더 이상 취미 활동이 아니며 엔터프라이즈 데이터센터 중심으로 이뤄지고 있다.

거래소는 암호화폐를 거래하는 주요 수단으로 등장했다.

거래소의 역할

암호화폐 거래소는 암호화폐 시장에서 지배적인 역할이 됐다. 마켓을 이해하려면 플랫폼을 알아야 한다.

암호화폐 거래소의 종류가 다양한데 먼저 차이점을 살펴보자. 사용자는 암호화폐 거래를 모두 이용해 교환할 수 있지만, 거래소는 보안, 속도, 인터페이스 측면에서 차이가 있다. 거래소의 기본 유형을 소개한다.

중앙집중화 거래소

통상적으로 퍼센티지(%) 형태로 거래 수수료를 징수하는 회사에서 운영된다.

탈중앙화 거래소

탈중앙화 거래소는 기업이 운영하는 것이 아니라 5장에서 공부한 스마트 콘트랙트로 오더북을 운영하는 사이트(다음 절 참조)다. 탈중앙화 거래소는 암호화폐 전용이다. 7장에서 상세히 알아본다.

현물 거래소

거래자가 자산을 소유하며, 중앙집중식 거래소의 경우 일반적으로 거래자의 계정에 자산을 보유한다. 탈중앙화 거래소의 경우 자산은 자체 보관된다.

파생상품 거래소

파생상품 거래소는 트레이더들이 높은 레버리지 제품, 옵션, 스왑, 선물 등 보다 복잡한 거래 도구를 사용할 수 있도록 해주는 회사이다.

암호화폐 거래소는 주식 거래와 비슷한 기본 주문 유형을 갖고 있다. 다음은 거래소에서 볼 수 있는 용어다.

마켓

마켓Market은 현재 시장가격으로 즉시 거래를 실행하는 주문으로, 구매나 판매가 가장 빠른 방법이다.

제한

제한Limit은 가격이 지정된 주문이다. 마켓이 매수나 매도 가격에 맞춰질 때까지 주문되지 않을 것이다.

만기

만기 주문Expire을 통해 일부 거래소는 만기일을 설정할 수 있다. 보통 일, 주, 월 또는 취소할 때까지Good Til Canceled, GTC와 같은 매개변수가 사용된다.

메이커/테이커

거의 모든 암호화폐 거래소가 수수료를 부과하기 위해 메이커/테이커Maker/taker 모델을 사용한다. 이는 유동성을 제공하는 트레이더(메이커)가 수수료를 지불하지 않는 반면, 마켓에서 오더북를 통해 거래하는 거래자(테이커)가 거래소에 수수료를 지불한다는 것을 의미한다.

매수

매수Bid란 구매자가 마켓 주문에 지불할 수 있는 희망매수 가격이다.

매도

매도Ask란 판매자가 마켓 주문을 받아들이는 희망매도 가격이다.

암호화폐를 거래할 때 알아야 할 다양한 개념을 알아본다.

오더북

오더북Order Book은 거래소의 미결제 암호화폐 주문을 시각적으로 표현한 것이다. 인터페이스는 다양할 수 있지만 모든 오더북은 보통 같은 작업을 한다. 거래자가 체결될 수 있는 매수(구매) 및 매도(판매) 주문을 확인할 수 있도록 한다. 그림 6-2는 오더북의 사례를 보여준다.

시장 규모는 주문에 투입되는 암호화폐의 양이다. 기존 주식과 달리 암호화폐는 소수점 이하 8자리까지 분할된다. 비트코인의 경우 코인베이스 프로Coinbase Pro와 같은 거래소는 거래에 소수점 이하 4자리까지 사용한다.

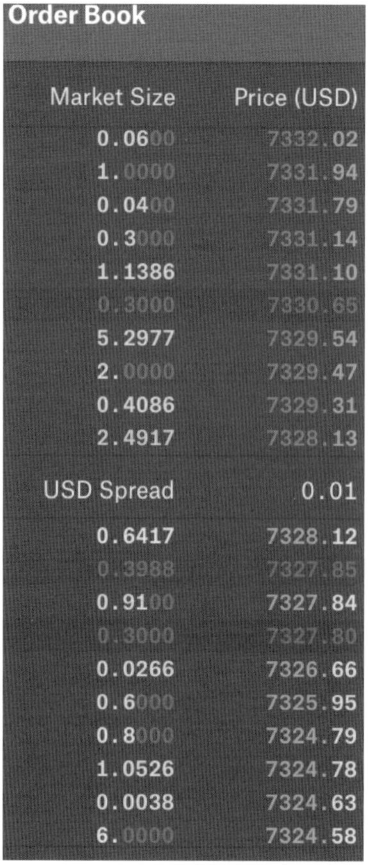

Order Book

Market Size	Price (USD)
0.0600	7332.02
1.0000	7331.94
0.0400	7331.79
0.3000	7331.14
1.1386	7331.10
0.3000	7330.65
5.2977	7329.54
2.0000	7329.47
0.4086	7329.31
2.4917	7328.13
USD Spread	0.01
0.6417	7328.12
0.3988	7327.85
0.9100	7327.84
0.3000	7327.80
0.0266	7326.66
0.6000	7325.95
0.8000	7324.79
1.0526	7324.78
0.0038	7324.63
6.0000	7324.58

그림 6-2. 일반적인 오더북

슬리피지

거래의 예상 가격과 체결 가격 간의 차이인 슬리피지Slippage는 암호화폐 거래의 주요 쟁점이다. 대부분의 거래소에서 주문이 적어 주문서가 얇은 상태이므로 큰 규모의 주문은 이상적인 가격보다 낮은 가격으로 '슬립'한다.

거래자가 암호화폐 거래소에서 6만 달러 상당의 비트코인을 팔고 싶다고 가정하자. 오더북의 대부분 구매 제의가 많지 않아 그 정도의 가격을 감당할 수 없다. 그림 6-3은 코인베이스 프로 주문의 샘플 뷰를 보여준다.

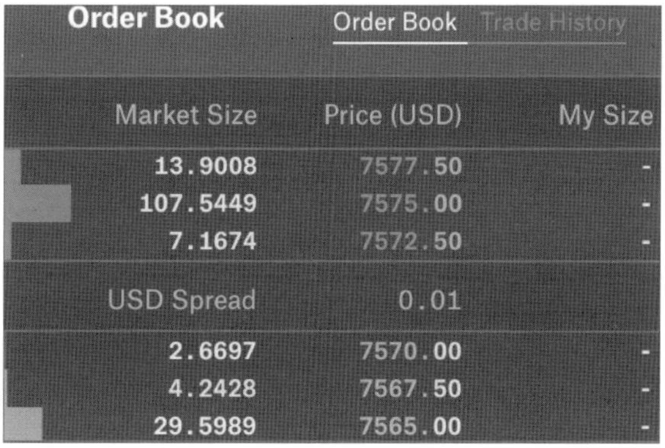

Order Book

Order Book | Trade History

Market Size	Price (USD)	My Size
13.9008	7577.50	-
107.5449	7575.00	-
7.1674	7572.50	-
USD Spread	0.01	
2.6697	7570.00	-
4.2428	7567.50	-
29.5989	7565.00	-

그림 6-3. Coinbase Pro의 오더북에서 보여주는 슬리피지

그림 6-3에서 판매량은 매입액보다 훨씬 많다. 4만 달러 상당의 BTC는 한 번의 구매가격으로 이용할 수 없기 때문에, 실행된 판매 주문은 약 7천6백 달러까지 슬립됐다.

트레이더에게는 선택권이 있다. 트레이더들은 주문을 작은 단위로 분할하거나 장외거래OTC 시장[1]에 진출해 같은 가격에 판매할 수 있다. 그러나 거래소 슬리피지의 사례들은 보통 뉴욕증권거래소NYSE 및 나스닥NASDAQ와 같은 대형 플랫폼으로 성숙한 시장과는 차이가 커서 암호화폐 오더북이 얼마나 작은지를 보여준다.

> 마이너들은 오버헤드를 지불하기 위해 얻은 블록 보상 및 거래 수수료를 피아트 통화로 전환해야 하므로 채굴은 시장 데이터에 영향을 미친다. 오버헤드에는 채굴 장비, 에너지 비용 및 데이터 센터 운영 등이 포함돼 있어 지속적인 판매 압력이 발생한다. 하지만 마이너 대부분은 장외거래를 통해 암호화폐를 판매하고 있으며, 장외거래는 투명한 주문서가 없어 암호화 화폐 하락에 미치는 영향이 적다.

뎁스차트

그림 6-4와 같이 오더북 시각화 도구인 뎁스차트Depth Chart를 통해 트레이더는 특정 암호화폐에 대한 매수 및 매도 깊이를 확인할 수 있다. 뎁스차트를 통해 시장에서 수요와 공급 사이의 실시간 관계를 볼 수 있다.

1 장외거래(OTC) 시장(場外市場 / Off Board Market 또는 Over-The-Counter Market): 금융시장에서 제도화된 장내시장을 제외한 모든 시장을 통칭하는 말 – 옮긴이

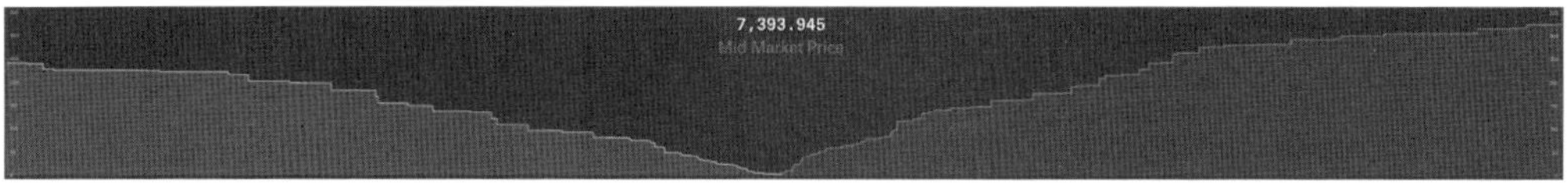

그림 6-4. 뎁스차트

그림 6-4에서 매수(구매)는 왼쪽이고, 매도(판매)는 오른쪽이다. 곡선이 만나는 차트 중앙은 자산의 시장 가격이며, 왼쪽에는 최저 입찰이, 오른쪽에는 최고 입찰이 표시된다. 양쪽의 가격 상승은 오더북에 기재돼 있는 가격 단계를 나타낸다. 오더북은 가격과 반대의 관계에 있다(기술적으로 말하면 하락 추세여야 한다). 그림 6-4에는 매수보다 더 많은 매도가 시장에 나와 있다는 것을 알 수 있다.

그림 6-4와 같은 뎁스차트는 보통 거래소에서 상호작용한다. 즉, 트레이더는 라인상의 임의의 지점에 커서를 두고 간단한 계산을 통해 오더북을 이동하는 데 필요한 가격을 결정할 수 있다. 뎁스차트는 시장의 이상 징후를 발견하는 데 유용한 도구이며, 특히 어느 쪽이 더 강력한 거래 장부가 있는지 판단한다. 또한 가격으로 특정 마켓 오더를 부여 받았을 때 판매하는 개인이 시장 가격을 얼마나 올릴 수 있는지를 결정하는 데에도 유용하다.

관할권

전통적인 금융 부문의 자산 대부분은 규제가 높은 중앙집중화 거래소에서 거래된다. 가령 애플 주식은 나스닥에서 거래되고, 애플 주식의 가격은 나스닥 시장의 거래 활동에 의해 결정된다.

반면, 암호화폐 거래는 수백 개의 거래소, 수천 개의 시장에서 이뤄진다. 암호화폐 거래는 다른 관할권Jurisdiction에서 운영되므로 다양한 수준의 규제 감독을 준수해야 한다. 그림 6-5를 보자.

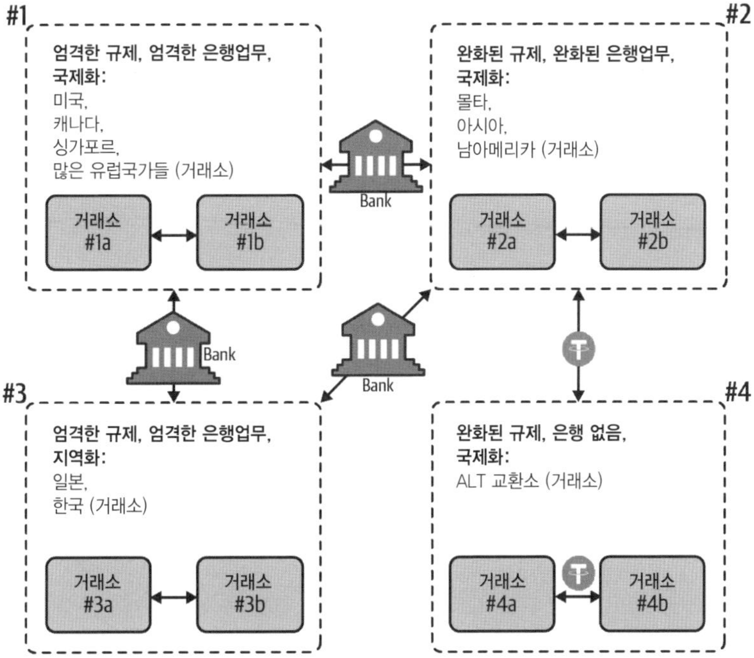

그림 6-5. 암호화폐 거래소의 네 가지 유형

암호화폐 거래소는 운영하는 관할권의 법에 의해 구속된다. 그림 6-5는 교환이 다음 4가지 유형에 속함을 보여준다.

1. 엄격한 규제를 받는 국제 거래소에 해당한다. 은행 업무를 유지하기 위해 고객 규칙을 엄격히 하고 고객 정보를 파악한다는 뜻이다. 거래소는 대부분 미국, 캐나다, 싱가포르, 유럽에 있다.

2. 완화된 규제를 두고 운영하는 거래소에 해당한다. 미국 이외의 지역에서 국제 고객에게 은행 및 서비스를 제공하기 위해 규칙을 완화해 때로는 고객 정보를 덜 요구하는 것을 의미한다. 거래소의 대부분은 아시아와 남아메리카에 있다.

3. 규제가 심한 지역화된 거래소에 해당한다. 은행 업무에 대한 고객 규칙을 엄격하게 하고 있고 해당 나라에 있는 고객들에게만 서비스를 제공한다. 거래소는 대부분 일본과 한국에 있고, 다른 곳에도 몇 군데 있다.

4. 은행이 없어서 규제가 완화된 거래소에 해당한다. 은행 계좌를 유지하기 위한 규정을 준수하지 않는다. 국제 고객에게 서비스를 제공하고 대부분 아시아와 남아메리카에 있다.

처음 세 유형의 거래소는 은행 계좌를 제공하기 때문에 전통적인 은행 네트워크를 통해 하나의 마켓에서 자산을 구입하고 다른 시장에서 동일한 자산을 더 높은 가격에 판매하는 것과 같은 차익 거래가 가능하다. 차익 거래는 거래소 사이에서 상대적으로 가격을 유지한다. 규제가 완화된 거래소인 4번째 유형(#4)은 은행 사업이 없기 때문에 상대적으로 유사한 가격을 유지하기 위해 거래소 간의 차익 거래에 USDT(테더)와 같은 안정적인 코인을 사용한다(135쪽 참고).

자금세탁

자금세탁은 암호화폐 시장에서 널리 퍼져 있는 시장 조작의 형태다. 트레이더들이 동시에 암호화폐를 매수하고 매도해 인위적인 시장을 조성하는 것이다. 이는 규제가 심한 관할 지역에서 불법이다. 암호화폐 시장에서 자금세탁은 다음 중 하나의 목적을 이루기 위해 악의적인 행위자들에 의해 시행된다.

(역주) 트래블룰이란 자금세탁을 방지하기 위해 기존 금융권에 구축된 '자금 이동 추적 시스템'이다. 은행이 해외 송금 시에 국제은행간통신협회(SWIFT)가 요구하는 형식에 따라 송금자의 정보 등을 기록하는 것을 뜻한다. 현재(2023년) 기준 암호화폐 거래소 등의 가상자산사업자가 다른 사업자에게 100만원 이상의 암호화폐를 이전하는 경우 송·수신인의 정보를 제공이 필수다.

2022년 3월 35일 시행됐으며. 현행법상 국내 사업자 사이의 이전에 대해서만 트래블룰이 적용된다. 해외사업자 또는 개인의 경우 본인인증을 통해 등록된 지갑에 한정해 화이트리스트를 적용해서 외부이전이 가능하다.

(출처) https://www.ajunews.com/view/20211209160119516

- 암호화폐 거래량을 늘려 가격을 끌어올린다. 스푸핑spoofing이라고도 한다.
- 특정 암호화폐의 대량 판매(혹은 덤핑) 등으로 악행을 감추고 활동한다.

- 거래량을 부풀려 거래소가 받는 거래 수수료를 올린다.

1936년에 통과된 상품교환법CEA은 미국에서 세탁 거래를 불법으로 만들었다. 다른 나라도 비슷한 법이 있지만, 거래소는 자금세탁에 관해 비교적 정책이 유연한 편이다.

고래

고래(헤비트레이더)는 많은 양의 암호화폐를 보유한 사람들을 일컫는다. 고래는 시장에 예측할 수 없는 영향을 미치기도 한다. 고래는 암호화폐 세계의 기관 투자가들과는 다르다. 피델리티Fidelity와 같은 자산 관리 서비스와 달리 고래는 원하는 대로 자금을 옮긴다. 전통적인 자산 관리 서비스는 규제가 높은 환경에서 운영되며 자금 이전에 따라야 하는 제한이 많다. 반면, 암호화폐 고래는 개인키와 컴퓨터, 인터넷만 있으면 된다. 고래의 움직임은 블록체인에서 쉽게 볼 수 있으며, 트레이더들은 고래의 움직임이 의미하는 것을 해석하려고 시도함에 따라 가격 변화를 초래할 수 있다.

거래소, 커스터디 제공자, 심지어 사토시 나카모토까지 고래로 보는 이유는 기업의 보유 지분이 매우 크기 때문이다. 고래에 의한 자금 이동은 시장 변화를 예고한다. 과거를 돌아보면 오래된 코인이 이동할 때 시장 또한 움직였기 때문이다.

고래는 낮은 시가총액으로 가상화폐를 통제할 수 있는 능력이 있는데, 이는 자산가격에 잔액을 곱한 값이다. 적은 자본으로 많은 양의 특정 암호화폐를 갖고 있는 고래가 가격을 통제할 수 있다. 거래소에 장벽을 만들고 판매함으로써 거래가 이뤄진다(그림 6-6 참조).

그림 6-6처럼 장벽은 특정 자산이 어떤 식으로든 이동하는 것을 방지하기 위해 다수의 입찰 또는 요청으로 생긴다. 하지만 특정 암호화폐에 관심이 집중되면 장벽이 무너지기도 한다. 가격을 조작하기 위해 참가자들의 단합에 의한 매매로, 일부 소규모 암호화폐에서 종종 발생한다. 이로 인해 막대한 가격 손익을 낳는다.

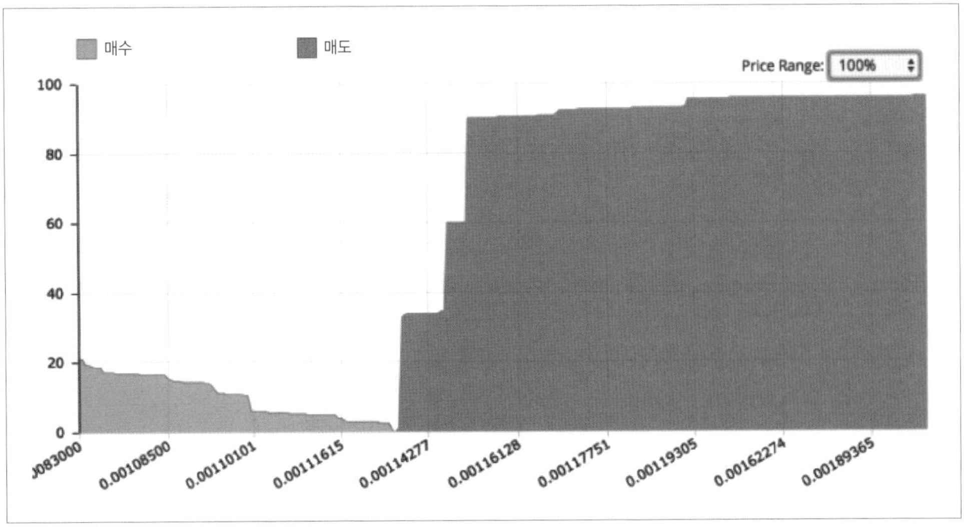

그림 6-6. 암호화폐 뎁스 차트의 판매 장벽

비트코인 반감기

비트코인 반감기는 새로운 비트코인의 공급을 줄이는 4년에 한 번 있는 이벤트다(표 6-1 참조). 과거에는 시장에서 상승세를 일으키는 원인으로 여겨졌는데, 이는 수요는 일정하지만 공급은 감소하기 때문이라고 많은 사람들이 믿고 있다. 그러나 항상 그렇지는 않다. 과거의 성능이 항상 미래의 결과를 예측하는 것은 아니다. 그림 6-7이 이를 보여준다.

표 6-1. 비트코인 공급 일정

연도	코인베이스 트랜잭션[a]	시간별 공급량	일일 공급량	월간 공급량	연간 공급량
2009	50	300	7,200	216,000	2,628,000
2012	25	150	3,600	108,000	1,314,000
2016	12.5	75	1,800	54,000	657,000
2020	6.25	38	900	27,000	328,500

a. 코인베이스 거래는 10분 정도 간격으로 이루어지기 때문에 수치는 추정치다.

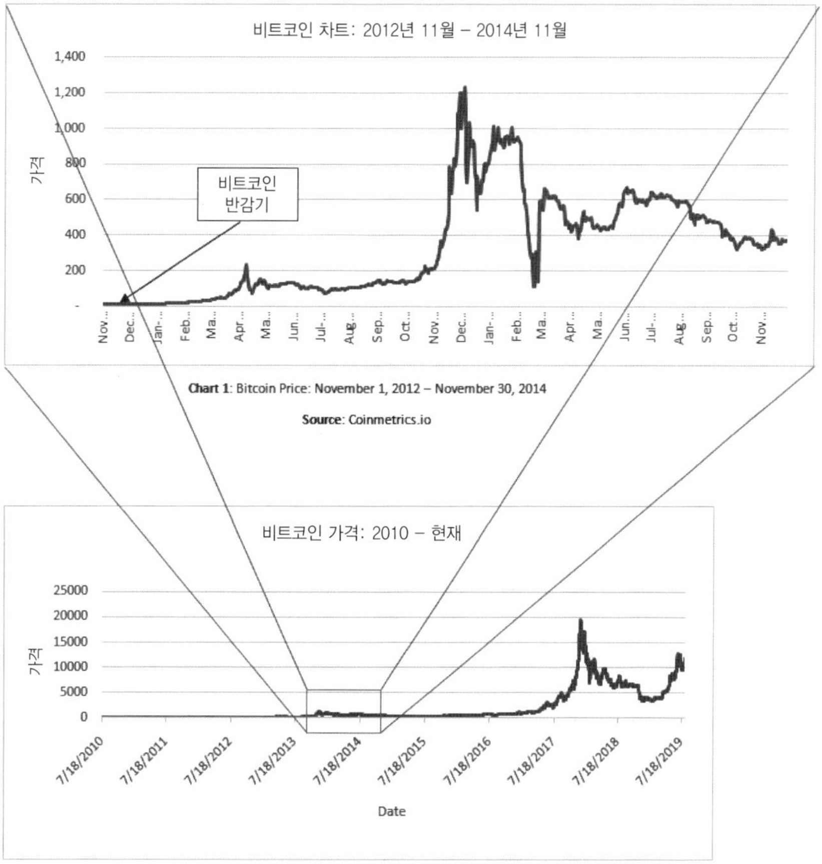

그림 6-7. 비트코인 시장에 미치는 영향

파생상품

투자자가 암호화폐의 기본 가치에 접근할 수 있는 금융상품이 늘면서 파생상품Derivative 은 점점 더 중요해졌다. 다음은 파생상품과 관련해 주로 사용하는 용어다.

옵션

계약은 트레이더에게 자산의 가격(콜 옵션) 상승에서 이익을 얻거나 자산의 가격(풋 옵션) 하락에서 이익을 얻을 수 있는 권리를 부여하지만 의무는 부여하지 않는다. 암호화폐의 경우 옵션Option을 통해 트레이더가 시장에서 리스크를 더 잘 관리할 수 있도록 도와준다. 암호화폐 시장에서 옵션 거래는 규제상의 이유로 아직 초기 단계지만, 향후 몇 년 동안 성장할 것으로 예상된다.

선물

비트코인 선물Future은 수익을 비트코인으로 받는 기업이 향후 어느 시점에 암호화폐 가격을 고정할 수 있도록 한다. 사업체들은 수익에 영향을 미칠 수 있는 변동성 있는 가격 이동에 영향을 받지 않을 것이다. 보통 선물 계약는 비트코인 마이너들이 이용하며, 수익을 보호하기 위해 선물 계약을 사용할 수 있다. 투기자들 또한 선물 계약을 이용한다. 비트코인 선물에 대한 주요 제공업체로는 시카고 상품거래소CME, Chicago Mercantile Exchange와 백트Bakkt가 있다.

상장지수펀드

상장지수펀드ETF, exchange-traded fund는 투자자가 다른 당사자가 관리하는 자산에 수수료를 받고 접근할 수 있는 상품이다. 암호화폐의 경우, 펀드가 투자자를 위해 암호화폐를 관리한다는 것을 의미한다. 다시 말해 비트코인 주가지수를 기초 자산으로 두고 지수 등락폭에 따라 수익률이 결정되는 펀드다. 유럽과 같은 곳에서는 상장지수증권ETN, Exchange Traded Note과 같은 유사한 금융상품을 이용할 수 있지만, 미국에서는 아직 이런 유형의 투자 상품에 대한 승인이 이뤄지지 않았다.

마진/레버리지 상품

거래소는 트레이더가 마진으로 거래할 수 있게 해주는데, 여기서 투자자는 담보로 알려진 가치를 높이기 위해 신용을 제공한다. 규제된 거래소에서는 보통 트레이더의 마진이 잔액의 5배에서 10배 사이로 책정한다. 그러나 최대 100배의 마진을 허용하는 거래소도 있다. 하지만 마진을 높게 잡으면 매우 작은 가격 변동이 자동정산Autoliquidation을 초래할 수 있기 때문에 위험하다. 마진콜과 비슷하게 자동정산은 트레이더의 균형을 빠르게 무너뜨릴 수 있다.

마마진 거래를 사용할 때는 신중을 기해야 한다. 마진 거래는 여러 배의 자금을 빌려서 거래에 참여할 수 있는 기능을 제공한다. 하지만 이는 동시에 큰 위험을 내포하고 있다. 만약 마진 거래에서 손실이 발생한다면, 자신이 투자한 금액 이상으로 손실을 입을 수 있다. 특히 암호화폐 시장은 가격 변동성이 크기 때문에, 예상치 못한 손실이 발생할 수 있다.

암호화폐 시장 구조

암호화폐 시장은 전통적인 시장에서 볼 수 있는 시장 깊이나 대량 주문을 흡수하는 능력이 부족하다. 여기에는 두 가지 이유가 있다. 다른 시장에 비해 상대적으로 거래자 수가 적다는 것과, 암호화폐를 둘러싼 규제 문제가 피아트 통화[2]와의 거래를 어렵게 만들기 때문이다.

차익 거래

차익 거래Arbitrage는 마켓에서 자산을 특정 가격에 매입하고 다른 마켓에서 같은 자산을 더 높은 가격에 매도하는 행위이며, 마켓 간의 가격 차이를 이용한다. 이는 암호화폐 거래에서 흔히 볼 수 있는 일이다.

차익 거래업자들은 무역 공동체에서 가격 차이를 없애고 유동성 즉, 활동량을 증가시켜 생태계를 덜 불안정하게 만든다. 가령, 100개의 거래소에 걸쳐 9,800~10,000달러의 비트코인 가격을 상상해 보자. 비트코인의 실제 가격을 어떻게 알 수 있을까? 차익 거래업자들은 가격 변동을 줄이는 데 도움을 준다.

차익 거래는 상대적으로 리스크가 적어서 매력적인 거래 전략이다. 차익 거래에서는 향후 가상화폐 가격이 어떻게 될지를 추정하는 데 아무런 위험이 없다. 트레이더들은 현재 가격을 기준으로 조치를 취한다. 다만, 차익 거래의 진입 장벽이 상당히 낮아, 기회가 있으면 다른 많은 트레이더와 경쟁하게 돼 마진이 적어진다는 단점이 있다.

6장의 뒷부분에서 차익 거래에 관해 좀 더 자세히 설명한다.

2 피아트 통화: 정부에 의해 발행되고 규제되고 통제되는 법정 통화 – 옮긴이

거래처 리스크

차익 거래는 하나 이상의 거래소에 많은 자본을 남길 필요가 있다. 차익 거래로 얻은 수익 규모가 클수록 더 많은 자본이 필요하다. 차익 거래에서 가장 큰 위험 중 하나는 자금을 보관하는 거래소에 자본을 맡기는 것이다. 초기 암호화폐 제안자이자 마스터링 비트코인의 작가인 안드레아스 안토노풀로스[Andreas Antonopoulo]는 '키가 없으면 돈(코인)도 없다' 라고 표현했다.

> 2010년 이후 거래소가 해킹당하거나 폐쇄되고 고객 자금이 손실되는 등 리스크가 상당히 높아졌는데, 관련 내용은 9장에서 살펴본다.

해킹으로부터 강력하고 안전한 거래소 커스터디 인프라를 구축하려면 다음이 필요하다.

- 많은 기술 자원
- 여러 보안 그룹에 의한 감사
- 명확하게 정의되고 신중하게 계획된 기업 지배 구조 프로세스

코인베이스 프로와 같은 거래소들은 충분한 시간과 자원을 투자해 견고한 솔루션을 구축했다. 거래소는 이용자의 자금을 안전하게 유지했기 때문에 오늘날에도 여전히 존재한다. 새로운 거래소들은 커스터디를 구축할 때 어떤 결점이나 보안 위험을 허용해서는 안 된다. 비트고[BitGo]와 같이 잘 확립된 커스터디 서비스를 사용하면 도움이 될 수 있다. 커스터디 제공자는 키 관리를 돕고, 적절한 보안 관행에 대해 거래소를 교육하며, 보관 중인 기금에 관한 보험 증서를 제공한다.

거래소마다 커스터디 설정이 다르다. 그림 6-8은 표준 배치를 보여준다.

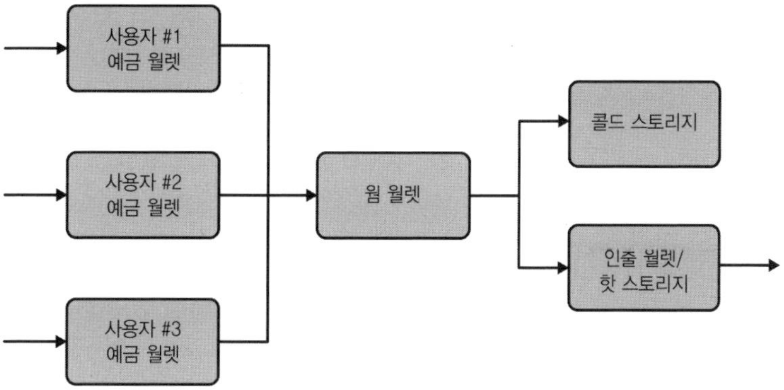

그림 6-8. 거래소에서 커스터디 작동 방식

거래소에서의 커스터디 작동 원리와 주요 용어를 살펴본다.

거래소 사용자는 계좌에 입금하고 싶을 때 입금 주소로 송금한다. 거래소는 각 사용자에게 별도의 입금 주소를 부여한다. 이를 통해 거래소는 자금이 들어올 때 어떤 사용자에게 자금을 입금해야 하는지 알 수 있다.

사용자 예금 주소를 통해 거래소에 자금이 입금되면 자동으로 웜 월렛[3]으로 흘러 들어 화이트리스트에 기재된 주소 또는 미리 정해진 주소로만 자금을 보낼 수 있다. 웜 월렛은 수신 자금을 핫 월렛 또는 콜드 월렛으로 분배한다. 거래소는 인출 지갑에 더 많은 자금을 보충해야 한다.

콜드 스토리지Cold storage란 암호화폐 보유 자산과 개인 키를 오프라인으로 저장하는 것을 의미한다. 가령 은행금고에 있는 적층 종이에 개인키를 인쇄할 수 있다. 자금을 전송하기 위해 서명을 하는 과정도 오프라인에서 콜드 스토리지에 있는 개인키와 함께 이뤄진다. 서명이 생성되면 인터넷에 연결된 기계에 수동으로 입력돼 트랜잭션 요청을 블록체인 네트워크로 브로드캐스트한다. 이는 다음과 같이 두 가지 방법으로 할 수 있다.

- 인터넷이 연결되지 않은 로컬 컴퓨터에서 서명을 텍스트 파일에 저장한 다음 텍스트 파일을 포맷하고 정리한 USB 저장장치에 복사한다. 다음으로 USB 저장장

3 웜 월렛(warm wallet): 콜드 월렛(cold wallet)과 핫 월렛(hot wallet)의 단점을 보완하기 위해 나온 개념으로, 보안을 위해 일부 가상화폐는 핫 월렛처럼 온라인에 보관하고 나머지 가상화폐는 콜드 월렛처럼 하드웨어에 보관하는 것– 옮긴이

치를 인터넷에 연결된 컴퓨터에 넣고 해당 컴퓨터의 서명과 함께 트랜잭션을 브로드캐스트한다. 이후 USB 저장장치를 포맷한다.

- 종이에 서명을 적어 인터넷에 연결된 컴퓨터에 수동으로 입력한다. 종이를 파기한다.

개인키를 인터넷에서 분리한 상태로 유지한다는 것은 개인키에 접근하기 위해 물리적으로 사람이 있어야 한다는 것을 의미한다. 해커가 인터넷에서 개인키를 복제하거나 바이러스, 멀웨어, 키로거 등 부정 이용에 의해서 개인키를 훔치는 것은 불가능하게 된다. 훔칠 방법은 물리적인 절도 뿐이다.

콜드 스토리지의 단점은 사람이 필요하기 때문에 거래는 평균 24시간에서 48시간이 걸릴 수 있다는 것이다. 그러나 거래소 이용자는 자신의 계좌에서 보통 몇 분 안에 암호화폐가 인출되기를 기대한다. 이는 거래소가 즉시 인출을 가능하게 하는 핫 스토리지 지갑 또는 인출 지갑에 자금을 보유해야 함을 의미한다. 핫 스토리지의 장점은 블록체인 트랜잭션이 사람의 개입을 요구하지 않고 기계에 의해 즉시 시작될 수 있다.

핫 스토리지는 은행 지점이 현금 더미를 금고에 보관하는 것과 유사한 암호화폐로, 일상적인 현금 수요를 충족시키기에 충분한 양이다. 개인키가 인터넷에 연결된 디바이스에 있기 때문에 해커들이 백도어 접근권 등으로 해킹할 수 있다는 단점이 있다. 따라서 거래소는 키의 보안을 확보하기 위해 많은 주의가 필요하다.

주의해야 할 개념을 추가로 소개하면 다음과 같다.

5% 미만의 규칙

거래소는 보통 고객 자금의 95% 이상을 콜드 스토리지에 보관하고 5% 미만의 자금을 핫 스토리지에 보관한다. 이렇게 하면 해커가 거래소를 침해할 때 핫 스토리지에 저장된 자금만 빼내면 된다. 저장된 자금을 잃으면 거래소의 수익에 타격을 줄 수 있지만 완전히 폐쇄될 가능성은 낮다.

화이트리스트 주소

거래소는 들어오는 모든 지갑을 핫 월렛에만 자금을 보낼 수 있도록 구성해야 한다.

이때의 자금 구성 방법을 화이트리스트라고 한다. 예금 지갑이 손상된 경우 해커는 해당 주소(또는 화이트리스트 주소 세트)에만 자금을 보낼 수 있으며, 이는 해커에게 문제가 된다.

유동성의 징후

사용자들이 자금을 인출할 때 시간이 오래 걸리는 것은 거래소가 곤경에 처해 폐쇄될 가능성이 있다는 신호일 수 있다. 지연은 기술적인 문제로 인해 발생할 수 있지만, 종종 필요에 따라 즉시 자금을 발행할 수 없는 거래소의 증상이다. 마운트곡스가 운영되던 몇 년 동안, 자금 인출이 느리다고 불평하는 사용자는 별로 없었다. 그러나 거래소가 서비스를 중단하기 몇 주 전부터 사용자 탈퇴 요청 처리에 상당한 시간이 걸리기 시작했고 경우에 따라서 며칠이 걸렸다. 고객의 인출 요청에 대한 응대가 늦어지는 것은 거래소가 유동성이 부족하고 사용자 자금에 대한 유동성이 없어졌다는 증상이다. 거래소에서 이용자에게 숨기기가 어려운 문제다.

마켓 데이터

정확한 데이터는 얻기 힘들 수 있다. 가령, 암호화폐 시가총액과 가격에 관해 두 출처에서 수십억 달러의 차이가 나는 데이터를 제공할 때가 있기 때문이다. 따라서 암호화폐 시장 데이터 소스에 익숙해져야 한다. 오늘날 시장 정보에 관해 일반적인 데이터를 제공하는 출처는 다음과 같다.

- 코인데스크CoinDesk
- 스큐Skew
- 글래스노드Glassnode
- 트레이딩뷰TradingView

데이터 소스 업체들은 블록 익스플로러나 트랜잭션 추적 시스템과 같은 각각 다른 데이터셋과 툴을 제공한다.

블록 익스플로러

사용자는 블록 익스플로러를 통해 체인의 각 블록의 내용을 조사해 모든 블록체인 트랜잭션을 볼 수 있다. 사용자는 트랜잭션 ID로 블록체인에서 최근 또는 과거 트랜잭션의 세부 정보를 검색하고 특정 주소에서 수행한 모든 트랜잭션을 볼 수 있다. 블록 익스플로러는 또한 주소를 다른 트랜잭션에 연결한다. 한 주소를 보면 다른 주소로 만든 트랜잭션을 볼 수 있다. 암호화폐 세계에서 블록 익스플로러는 블록체인 트랙잭션을 추적하면서 무슨 일이 일어나고 있는지 알 수 있다.

> 비트코인 거래의 경우 블록체인닷컴(Blockchain.com)이 가장 인기 있는 블록 익스플로러다. 이더리움과 ERC-20 토큰의 경우, 이더스캔(Etherscan.io)이 가장 우세한 익스플로러다.

블록 익스플로러를 사용하면 암호화폐 이동을 식별하는 데 도움이 된다. 그러나 상당수 거래소는 내부 지갑 간 거래가 기록되지 않아 외부 당사자(외부 거래소나 지갑)와의 거래가 완료될 때까지 자금 흐름을 숨기는 경우가 많다.

트랜잭션 흐름

블록체인에서 트랜잭션 흐름을 추적하는 기능은 거래 패턴을 분석하는 데 도움이 된다. 암호화폐의 움직임을 추적하는 것은 피아트 통화를 추적하는 것보다 훨씬 쉽다. 특히 지갑, 거래소 및 기타 서비스 간에 이체가 발생할 때 모든 거래가 체인상에서 발생하기 때문이다.

그래프센스GraphSense는 오스트리아 공과대학의 오픈소스 도구로 비트코인, 비트코인캐시, 라이트코인, 제트캐시 등을 지원해 블록체인 흐름을 교차 분석할 수 있다. 고래 경보Whale Alert는 ERC-20 토큰 100대 등 각종 암호화폐를 다수 추적할 수 있는 무료 기본 API를 제공한다. 빅딜을 트윗하는 트위터 계정 @Whale_Alert도 있다.

분석

암호화폐 시장에서 트레이더가 돈을 벌기 위해 사용하는 시장 분석 방법이 있다. 의사결정에 사용되는 주요 분석 유형은 기술적 분석과 기본적 분석이다. 두 가지 방법을 사용하는 트레이더도 있고 한 가지 방법만 사용하는 트레이더도 있다.

기본적 분석은 관련된 경제적, 재정적 요인들을 조사해 암호화폐의 가치를 측정하는 것이다. 뉴스, 기초 보고서, 기술 로드맵, 예상 사용자 또는 네트워크 성장과 같은 데이터를 포함한 암호화폐에 관한 모든 사용 가능한 정보를 수집한다.

기술적 분석은 가상화폐의 가치를 측정하기 위한 차트 중심의 접근 방식을 의미한다. 기술적 분석은 시장 데이터와 암호화폐의 거래 방식 및 과거 실적과 관련된 특정 지표를 기반으로 한다.

두 가지 접근법을 자세히 살펴본다

기본적 암호화폐 분석

개발을 주도하는 암호화폐 재단보고서를 모니터링하면 개발, 사용자 채택 수치 및 규제 개발에 대한 뉴스가 단기적으로 기본적 분석에 도움이 된다. 장기적으로 바라보면 두 가지로 비교가 가능하다. 암호화폐는 튤립 파동인가 아니면 인터넷인가? 두 주장은 금융 시장의 역사에서 매우 다른 두 가지 점을 시사하고 있다.

튤립 파동인가 인터넷인가?

17세기에 홀랜드[Holland]는 소위 황금기라고 불리는 시대에 있었으며, 이때는 네덜란드가 과학, 무역, 예술 분야에서 세계 최고에 속했다. 황금기에 튤립 구근에 대한 투기성 돌풍이 일어났는데, 주로 특정 꽃의 색상의 희소성과 희귀성 때문이다. 시장에는 다양한 튤립이 있었고, 몇 달 동안 가격이 1100% 이상 올랐다. 이로 인해 시장이 크게 상승했고, 일부 투자자들에게는 막대한 손실을 안겨 엄청난 손실을 겪었다. 그림 6-9는 튤립 파동 기간 동안 튤립 가격의 상승과 하락을 보여준다.

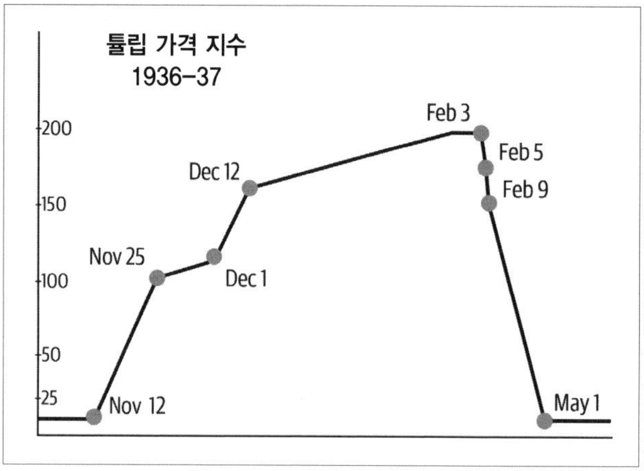

그림 6-9. 네덜란드 황금기 튤립 파동 시대의 시장 흥망성쇠

1990년대에 사람들은 겉보기에는 닷컴.com이라는 이름으로 상장된 모든 회사에 재산을 투자했다. 닷컴 투자는 저금리로 인해 사람들이 돈을 빌리고 소비하도록 장려되는 분위기였다. 가격이 계속해서 상승했지만 결국 시장이 붕괴돼 많은 회사들이 파산하는 닷컴 붕괴로 이어졌다(그림 6-10 참조). 많은 투자자들이 막대한 손실을 입었고, 이러한 닷컴 기업들 중 일부는 살아남아 번창했다. 특히 아마존은 온라인 서점에서 소매 및 컴퓨팅 인프라 거대 기업으로 변모했다.

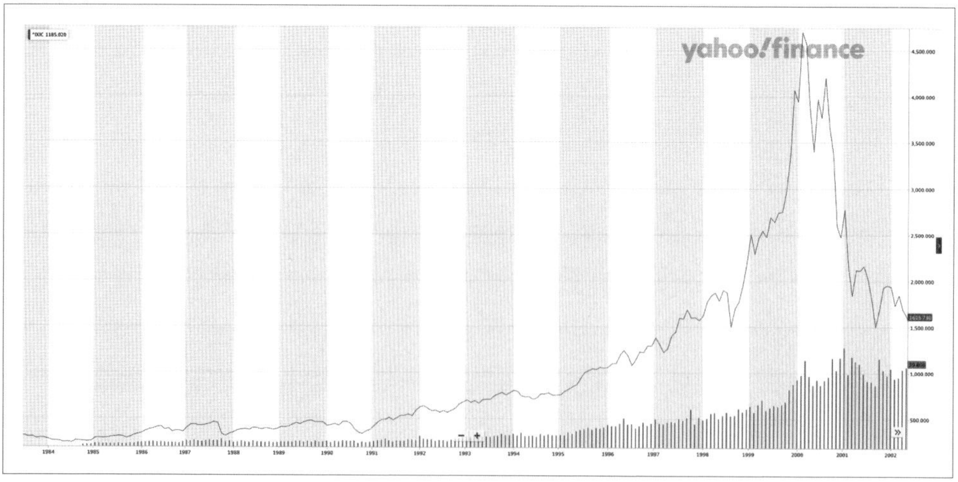

그림 6-10. 나스닥 닷컴 추락 사고 그래프

튤립 파동과 닷컴 버블 사건을 언급한 데는 이유가 있다. 암호화폐 시장의 많은 투자자가 갖고 있는 근본적인 논쟁은 두 가지 추락을 중심으로 전개된다. 튤립 시장은 파동으로 그친 반면, 인터넷은 동적 웹, 스마트폰, 소셜 미디어와 같은 1990년대에는 존재하지 않았던 새로운 기술에 의해 힘을 얻어 다시 돌아왔다.

문제는 암호화폐가 장기적인 미래를 가지고 있느냐는 것이다. 코넬대학의 조셉 스티글리츠Joseph Stiglitz를 비롯한 많은 경제학자들은 암호화폐 시장이 일부 사람들이 생각하는 것만큼 통제되지 않는다고 생각하지 않으며, 정부가 암호화폐를 강력하게 규제할 것이라고 믿는다. 오늘날의 현실은 암호화폐의 주요 사용 사례가 투기라는 점에서 시장 조사가 중요한 이유다.

기본 분석 도구

기본적 분석을 위해서는 뉴스 및 분석 자료를 검토해야 한다. 전통 매체에는 암호화폐에 대한 보도를 잘 하는 기성 매체들이 다수 존재한다. 그러나 다른 일부 매체는 의심스러운 부분이 있는데, 광고주들에게 편향된 뉴스 기사를 특징으로 한다.

겉보기에는 편파적이지 않은 뉴스 기사에 실리기 위해 상당한 요금을 지불하는 '페이 투 플레이Pay-to-play'가 암호화폐 업계에 만연하다. 암호화폐 뉴스 사이트에 연락해 많은 이들이 호의적인 취재를 대가로 기꺼이 돈을 챙긴다는 사실을 밝힌 적 있다. 뉴스 매체들은 긍정적인 기사를 위해 가끔 수천 달러를 요구하는데, 이는 업계에 존재하는 허위 정보에 대한 그림자 시장을 보여준다. 그림 6-11은 일부 매체가 호의적인 기사에 부과하고자 하는 가격을 보여준다.

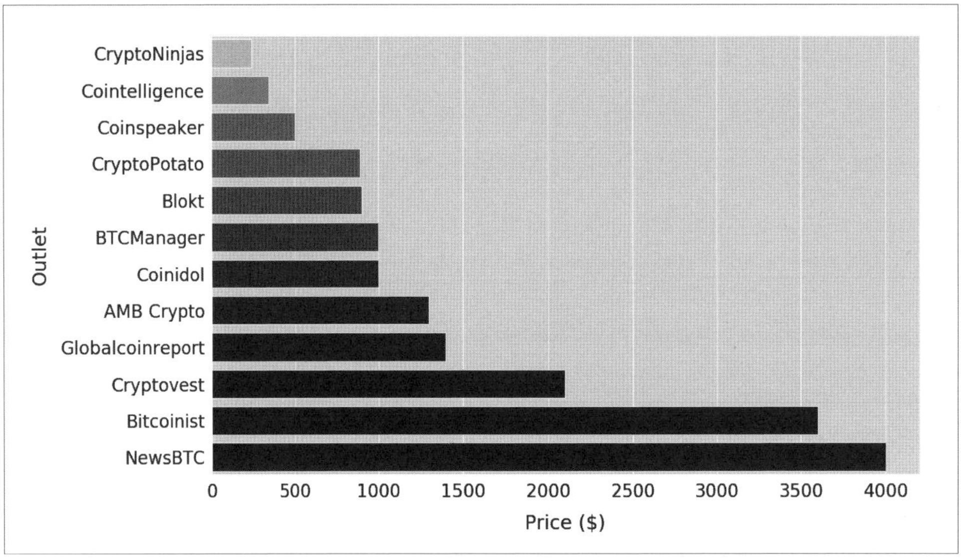

그림 6-11. 페이 투 플레이

소셜 미디어는 뉴스 수집의 도구로 활용할 수 있지만, 조심해서 해석해야 한다. 트위터에는 비트코인, XRP 등 암호화폐에 대한 생각에 영향을 주기 위한 캠페인이 있다.

레딧Reddit의 일부 암호화폐 커뮤니티는 비판적인 정보를 삭제하는 조치를 취하기도 한다. 다양한 암호화폐 프로젝트에 대한 정확한 기초 정보를 찾을 때 이를 명심하는 것이 중요하다. 정보 중 완전히 신뢰할 수 있는 것은 거의 없으며, 이로 인해 트레이더들은 데이터를 검증하는 데 주의를 기울여야 한다.

기술적 암호화폐 분석

기술 암호화폐는 차트에 추정할 수 있는 가격 데이터 세트를 갖고 있다. 차트를 통해 트레이더는 과거 기록을 분석해 미래의 가격을 결정할 수 있다. 암호화폐 세계에서는 근본적인 분석을 위한 신뢰할 수 있는 정보원을 찾기 어려울 수 있다. 따라서, 기술적 분석의 활용은 많은 사람들이 상당히 변동성이 있을 수 있는 암호화폐 시장의 움직임을 어느 정도 평가하고 예측하는 데 도움이 된다. 심지어 근본적인 분석을 피해 차트만으로 자산 가격이 어디로 움직일지 감지할 수 있는 트레이더들도 있다.

기술 분석 차트

기술 분석을 위한 최고의 도구는 차트다. 증권가 분석 전문가들도 함께 사용하는 차트 작성 도구인 트레이딩뷰가 다양한 암호화폐 거래소 데이터 소스를 통합하는 성과를 거뒀다. 또한 이동 평균, 볼륨 표시기 및 다양한 오실레이터를 포함해 기술 분석가가 사용하는 여러 가지 도구를 갖추고 있다. 트레이딩뷰는 무료이며, 이메일 가입으로 사용자는 차트를 저장할 수 있다.

바트 패턴

기술적 분석을 위해서는 패턴을 살펴봐야 하는데 암호화폐에 독특한 패턴이 있다. 그림 6-12와 같이 바트 심슨의 헤어스타일과 매우 비슷한 모양의 바트 패턴Bart이다.

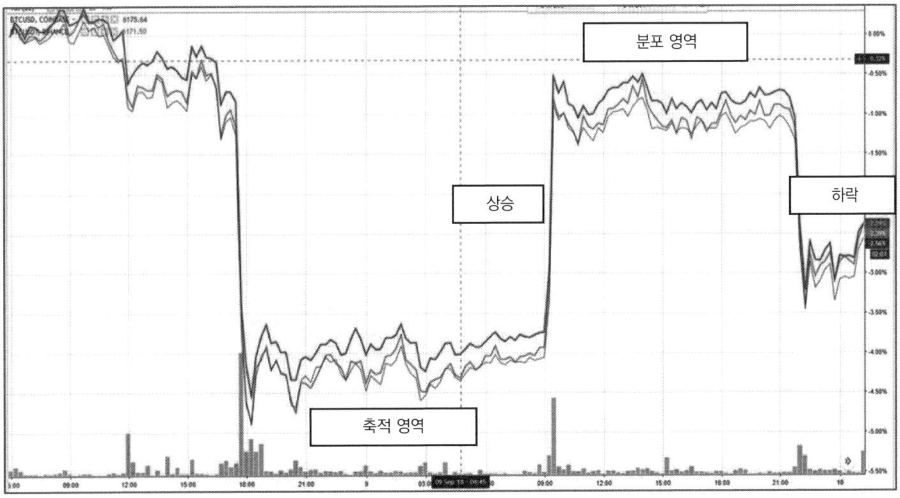

그림 6-12. 유명한 바트 패턴

기술 분석가들은 분석 과정이 과학보다 예술에 가깝다고 말한다. 미래를 예측할 수는 없지만 때로는 트레이더의 의사결정에 도움이 되는 지표를 제공할 수도 있다. 결정을 내리는 데는 요인이 여러 가지인데 행동 방식은 트레이더에게 달려 있다.

암호화폐의 바트 패턴은 이 시장의 본질에 대한 교훈을 제공한다. 암호화폐는 상대적으로 새로운 시장이며, 많은 사람들이 생각하는 것보다 시장 참여자 수가 적다. 이로 인해,

시장의 깊이 또는 유동성 수준이 낮아지는데, 이를 얇게 거래되는 시장이라고 한다. 유동성 부족은 바트 패턴의 한 원인이기도 한데, 암호화폐 거래소에 대한 오더북이 전통 시장만큼 깊지 않아서 가격이 빠르게 움직일 수 있음을 의미한다.

차익 거래

기본적인 차익 거래는 두 개의 다른 시장을 사용해 자산을 사고 파는 것이다. 예를 들어 코인베이스 프로의 비트코인 매입 가격과 미국의 암호화폐 거래소인 제미니[Gemini]에서의 판매 가격 사이에 1%의 재정 거래가 분산된 경우, 트레이더는 다음을 수행한다.

1. 코인베이스 프로의 USD/BTC 마켓에서 1개의 비트코인을 USD 10,000달러에 구입한다.
2. 제미니의 USD/BTC 시장에서 1개의 비트코인을 USD 10,100달러에 즉시 판매한다.

이렇게 되면 수수료를 제외하고 100달러의 수익을 얻는다.

삼각 차익 거래는 세 가지 이상의 다른 시장을 사용해 자산을 사고파는 것을 포함한다. 예를 들어 다음과 같다.

1. 코인베이스 프로의 USD/BTC 마켓에서 1개의 비트코인을 USD 10,000달러에 구입한다.
2. 코인베이스 프로에서 1비트코인을 70이더에 거래한다.
3. 제미니에서 70이더를 10,200달러에 판매한다.

예에서는 수수료를 제외하고 200달러의 수익을 얻을 수 있다.

타이밍 및 플로트[4] 관리

차익 거래 전략을 실행하기 위해서는 유동성 즉, 거래 가능한 유동성 자금이 필요하다. 다양한 거래소에 플로트가 배치돼 있으며, 차익 거래 기회가 제공되는 시점에 사용된다.

차익 거래 기회가 왔을 때, 두 가지 이유로 차익 거래의 모든 단계를 가능한 빠르게 완료해야 한다.

1. 거래소 가격은 빠르게 변경될 수 있다.
2. 다른 사람들은 그 기회를 이용해서 따라할 수 있다.

보통 차익 거래용으로 예약된 플로트가 많을수록 실행 속도가 빨라진다. 그러나 자본을 방치하고 미래의 잠재적 기회를 기다리는 것은 기회 비용과 리스크가 있다. 언제든지 이용할 수 있는 자금의 양 또는 유동성에는 항상 제한이 있기 때문에 어느 시장과 차익 거래 경로를 대상으로 할지를 파악하는 것이 중요하다.

다음은 차익 거래를 위해 플로트를 설정하기 위한 몇 가지 가능한 구성을 설명한다.

플로트 구성1

구성1은 코인베이스 프로에 5만 달러, 제미니에서 5BTC를 예치한다. 두 시장 사이에 차익 거래의 기회가 생기면 즉시 실행한다. 차익 거래자가 코인베이스 프로에서 비트코인을 곧바로 구입해 제미니에서 바로 판매할 수 있다는 의미이기 때문이다. 그러나 차익 거래의 속도는 거래소 API를 수신하고 이행하는 데 전적으로 의존한다.

차익 거래가 이뤄지면 모든 환전 계좌에 잔액이 달라진다. 같은 방향으로 계속 차익 거래 기회가 지속된다면(코인베이스 프로의 매수가격이 낮고 제미니의 매도가격이 높다) 결국 한 거래소가 다른 거래소보다 더 자금이 많은 플로트에 불균형이 생길 것이다. 불균형은 트레이더가 코인베이스 프로에서 비트코인을 구입하거나 제미니에서 비트코인을 판매할 수 없다는 뜻이다. 차익 거래를 위해 플로트를 계속 사용하려면 결정을 내려야 한다.

4 플로트(float): 유통되는 주식의 총 개수 즉, 거래가 가능한 주식의 총수 – 옮긴이

트레이더는 다음과 같은 조취를 취할 수 있다.

- 5BTC를 코인베이스 프로에서 제미니로 이전하고 플로트를 균형있게 조정하기 위해 제미니에서 코인베이스 프로로 5만 달러를 이전한다. 거래소 간 5BTC 전송은 간단하며 약 1시간이 소요된다. 거래소 간 5만 달러 환전은 은행 네트워크를 통해 이뤄지므로 은행 계좌가 필요하다. 일부 은행은 거래소 간 이체를 용이하게 할 수 있는 기능을 제공한다.
- 반대의 상황이 돼 차익 거래 기회를 기다린다. 제미니에서 비트코인을 싼값에 사들여 코인베이스 프로에서 더 높은 가격에 팔겠다는 뜻이다.

플로트 구성2

구성2는 코인베이스 프로에 5만 달러를 준비하고 제미니는 플로트를 요구하지 않는다. 제미니에는 플로트가 없으므로 두 거래소 사이에 차익 거래 기회가 생기면 추가 조치가 필요하다. 코인베이스 프로에서 제미니로 자금 이전을 실행해야 하는데, 기회가 생기면 차익 거래자는 다음과 같이 행동한다.

1. 코인베이스 프로에서 1BTC를 구입한다.
2. 1BTC를 코인베이스 프로에서 제미니로 전송한다.
3. 코인베이스 프로에서 구입한 것보다 1% 높은 가격에 제미니 1BTC를 판매한다.

구성2에서 가장 큰 위험은 BTC를 제미니로 옮기는 데 약 1시간이 걸린다는 것이다. 옮기는 시간 동안 제미니에 대한 BTC의 판매 가격은 바뀔 수 있어, 트레이더가 손실로 1 BTC를 판매해야 할 가능성이 있다.

구성2는 실행에 필요한 자본이 훨씬 적지만, 플로트의 부재로 인해 상당한 지연이 발생해 손실의 위험이 늘어난다. 위험을 완화하기 위한 한 가지 방법은 다른 암호화폐를 이용한 차익 거래다. 시간 지연의 사례는 다음과 같다.

- 비트코인 블록타임은 평균 10분이며, 거래소는 6개의 신용자금 확인이 필요한 경

우가 많고, 펀드이체까지 총 60분이 소요된다.

- 평균적으로 이더리움 블록 시간은 15초로 거래소는 신용펀드에 대해 30여 건의 확인을 요구하며, 돈을 이전하는 데 총 7.5분이 걸린다.
- 리플 블록 시간은 평균 4초다. 트랜잭션이 처리되는 것을 시스템이 보자마자 신용 펀드를 주고받는 경우가 많다. 거래소에 따라 전송 시간은 보통 30~60초다.

플로트 구성3

거래소 간 이동 자금 손실의 위험을 완화하려면 거래소에 대한 전체 차익 거래를 완료하면 된다. 각 단계에서 구매 및 판매율이 유리하다고 가정할 때 여러 시장과의 거래소에서 삼각형 차익 거래를 사용해 수행할 수 있다.

차익 거래는 코인베이스 프로의 시장만을 사용해 실행된다.

1. USD/BTC 시장 : 1만 달러에 1BTC를 구입한다.
2. BTC/ETH 시장 : 70 ETH에 1BTC를 거래한다.
3. ETH/USD 시장 : 70 ETH를 10,200달러에 판매한다.

차익 거래의 모든 단계를 완료한 후 수수료를 제외한 200달러의 수익을 창출한다.

2012년에는 암호화폐 산업의 초창기였기 때문에, 일부 거래소에서는 차익거래 기회가 30%까지 확장됐다. 하지만 2020년부터 차익 거래자가 대거 등장하면서 기회가 줄어들었다. 어려움을 극복하는데 드는 비용은 차익 거래 기회에 대한 보상보다 높을 수 있는데, 보상은 0.1%에서 최대 10% 사이로 제한될 것으로 예상된다.

규제 문제

규제를 준수하는 거래소는 거래소를 운영 국가의 법을 따른다. 법은 나라마다 다르다. 가령 전 세계 대부분의 거래소는 다른 나라에 거주하는 고객에게 서비스를 제공한다. 그러나 한국 거래소는 한국에 거주하는 고객에 한해 서비스를 제공할 수 있다. 한국 정부는 외국인들에게 서비스를 제공하는 거래소를 정지했다. 게다가 한국은 출국할 수 있는 자금의 양을 제한하는 자본 통제권이 있다.

2017년 비트코인 강세 기간 동안 이런 요인들은 한국 거래소에서 오랜 기간 지속된 김치 프리미엄[5]으로 이어져 다른 나라 거래소보다 5~10% 높은 판매가를 기록하는 경우가 많았다.

뱅킹 리스크

피아트가 포함된 차익거래를 할 때는 은행 계좌가 필요하며, 거래소간 자금 이동을 위해 사용된다. 국제적으로 규제당국과 은행들이 더 엄격한 자금세탁방지AML와 고객알기제도KYC [6] 규칙을 부과하는 추세가 있어 9장에서 이를 설명한다. 규칙은 새로운 암호화폐 사업체들이 은행 계좌를 개설하는 장벽을 크게 증가시킨다. 캐나다에서는 5대 은행 중 2개만 송금 서비스 사업을 위한 신규 계좌 개설을 고려하고 있다. 미국에서는 암호화폐 사업을 위해 은행 계좌를 개설하는 기업이 극히 소수에 불과하다.

은행이 거래를 감사[7]할 때 다음 상황을 보고 사기 위험이 증가했음을 추측한다.

다른 나라에서 송금/수령되는 기금

자금세탁방지 국제기구FATF는 각국에 위험 순위를 제공한다. 이를테면 시리아는 제재를 받고 있고, IS의 존재가 있기 때문에 고위험국가로 간주된다.

대량거래

은행의 가장 큰 우려 중 하나는 사기를 조장한 사례로 언론에 언급되는 것이다. 그러나 자금 이동이 적으면 위험은 낮다. 또한 국가은행 대부분은 특정 임계치 이상의 거래에 대해 의심스러운 활동 보고서를 정부에 제출해야 한다. 미국에서는 1만 달러 이

---

5 김치 프리미엄 : 해외 거래되는 코인의 매매가 보다 한국에서 거래되는 코인의 매매가가 5~10% 이상 높아 해외거래소에서 구매한 뒤 국내 거래소에서 판매해 얻는 이익.– 옮긴이

6 KYC(Know Your Customer= 고객에 대해 알기): 금융 기관이 은행 계좌 예금주의 신분을 확인하기 위해 반드시 따라야 하는 일련의 규정을 이르는 용어– 옮긴이

7 감사(audit): 회계 분야에서 공인 회계사와 같은 감사인이 실시한 감사 결과를 기재한 문서. 단문식 회계 감사 보고서, 장문식 회계 감사 보고서, 회계 감사 특수 보고서가 이에 속함. – 옮긴이

상의 거래를 할 경우 금융범죄단속네트워크FinCEN, Financial Crimes Enforcement Network에 보고해야 한다.

암호화폐 관련 사항

은행권은 여전히 암호화폐가 부도덕한 목적으로 자주 사용된다고 여기고 있다. 암호화폐에 관한 국제적인 뉴스 기사들은 비양심적이거나 불법적인 행위와 관련이 많기 때문이다. 불법 활동에는 마약 판매, 암호로 랜섬웨어 결제를 강요하고 북한이 제재를 회피하는 것이 포함된다.

> 서로 다른 국가의 암호화폐 거래소들 사이에서 대규모 피아트를 활용해 차익거래를 진행하는 것은 세 가지 위험 요소를 동시에 야기할 수 있다. 암호화폐에 우호적이지 않은 은행을 이용하는 것은 위험을 수반한다. 언제든지, 예고 없이, 제어할 수 없는 이유로 은행은 자금을 동결하거나 거래를 취소할 수 있다.

거래소 리스크

거래소는 차익거래를 수행하기 위해 많은 신뢰를 받는다. 차익 거래 단계를 신속히 실행하려면 매수자와 매도자 간의 교환을 촉진하는 소프트웨어인 거래 API와 거래 엔진의 신뢰성이 관건이다. 신뢰성과 관련해 예상되는 문제는 다음과 같다.

- 거래소 API의 버그
- 거래 우선순위를 매기기 위해 거래 봇을 실행하는 규제되지 않은 거래소
- 환율제한을 도입하는 거래소에서 차익 거래 API 호출 제한
- 거래소 서버에서 접속 문제가 발생해 API 호출 지연

기본적인 실수

기본적인 재정 거래 실수는 다음과 같다.

- 거래 수수료와 세금을 차익 거래 계산에 포함시키지 않는 경우

- 차익 거래 기회를 계산할 때 시세 가격만 보는 경우

기회를 계산할 때 가격 차이를 고려하는 것만으로는 충분하지 않다. 또한 가격별로 오더북에 있는 자금의 양을 보고 반드시 시장 깊이를 고려해야 한다. 따라서 하락이 이익을 상쇄하거나 손실로 이어지지 않도록 해야 한다.

거래소 API 및 트레이딩봇

트레이딩봇에 의해 대량의 암호화폐 거래가 실행된다. 그러나 아무리 좋은 트레이딩봇이라도 통합되는 거래소 API에 크게 성능이 의존한다.

모든 거래소는 소규모 스타트업에서 시작돼 고품질 API를 구축하려고 시도했지만, 좋은 문서 작성은 보통 우선순위가 아니다. 은행업무, 규제, 지갑 관리, 유동성 확보가 최우선 사항이다. 거래소가 일정 수준의 사업 성과를 달성하고 자금이 풍부해지면, 적절한 기술 인재를 채용할 수 있어 API의 품질이 크게 향상된다.

최고의 거래소는 타사 개발자에게 제공하는 것과 동일한 API를 사용해 웹사이트와 모바일 앱을 구축한다. 그러나 모든 거래소가 같지 않으며, 실시간 거래 전에 기본적인 API 기능을 테스트하는 것이 중요하다. 고품질 API의 특징은 다음과 같다.

- 고속 네트워크 접속을 갖춘 강력한 서버에서 실행
- API 호출은 다양한 트레이딩 전략을 수용하도록 설계
- REST(풀)[8] 및 웹 소켓WebSocket(푸시)[9] 지원
- 높은 속도 제한

8 REST(Representational State Transfer): 로이 필딩(Roy Fielding)이 정의한 네트워크 소프트웨어 아키텍처. 쉽게 말하면 '네트워크에서 통신을 구성할 때 이런 구조로 설계하라는 지침' 정도로 볼 수 있음 – 옮긴이

9 웹 소켓(WebSocket): 웹 서버와 웹 브라우저 사이의 통신을 위한 양방향 통신 규격으로, 인터넷 표준화 단체인 W3C(World Wide Web Consortium)와 IETF(The Internet Engineering Task Force)에서 규정 – 옮긴이

- 페이스북에서 대중화한 OAuth2[10] 또는 해시 계산을 사용하는 HMAC와 같은 산업 표준 보안 계획을 따름
- 문서화는 각 API 호출의 사례와 명확하고 간결하며 일관된 방식으로 제시
- 테스트/스테이징 환경을 제공
- 여러 코딩 플랫폼에 라이브러리를 제공
- 플랫폼의 실시간 커뮤니케이션과 사고 관리의 투명성

양질의 API를 구축할 수 있는 충분한 자원을 확보한 거래소 사례는 코인베이스 프로와 크라켄이다.

개발자가 API를 평가할 때 가능한 최소한의 노력으로 기본 호출을 수행해본다. 현재 BTC/USD 시세 가격을 조회하는 경우에는 데이터가 공개돼 있어서 어떤 설정도 필요 없다.

코인베이스 프로에서 BTC/USD 티커 API 호출은 다음과 같다.

```
Request:
    GET - https://api.pro.coinbase.com/products/BTC-USD

Response:
{
    "id": "BTC-USD",
    "base_currency": "BTC",
    "quote_currency": "USD",
    "base_min_size": "0.00100000",
    "base_max_size": "280.00000000",
    "quote_increment": "0.01000000",
    "base_increment": "0.00000001",
    "display_name": "BTC/USD",
    "min_market_funds": "5",
    "max_market_funds": "1000000",
```

10 OAuth(Open Authorization): 인터넷 사용자들이 비밀번호를 알려주지 않고 다른 웹사이트의 정보에 접근할 수 있도록 허용하는 방법으로 일반적으로 사용되는 접근 위임의 개방형 표준 – 옮긴이

```
    "margin_enabled": false,
    "post_only": false,
    "limit_only": false,
    "cancel_only": false,
    "trading_disabled": false,
    "status": "online",
    "status_message": ""
}
```

제미니에서 BTC/USD 티커 API 호출은 다음과 같다.

```
Request:
    GET - https://api.gemini.com/v2/ticker/btcusd

Response:
{
    "symbol": "BTCUSD",
    "open": "9179.77",
    "high": "9298",
    "low": "9050",
    "close": "9195",
    "changes": [
        "9219.54",
        "9211",
        "9211.71",
        "9243.67",
        "9243.71",
        "9250",
        "9249.03",
        "9235.41",
        "9237.69",
        "9244.22",
        "9244.68",
        "9240.38",
        "9248",
        "9263.61",
        "9289.8",
        "9291.62",
        "9269.68",
```

```
        "9222.01",
        "9210.09",
        "9160.63",
        "9165.4",
        "9152.46",
        "9164.7",
        "9173.33"
    ],
    "bid": "9195.00",
    "ask": "9195.01"
}
```

티커 API 호출처럼 간단한 경우에도 응답 데이터에서 큰 차이를 볼 수 있다. 코인베이스 프로의 API는 봇이 시장이 거래가 불가능한 시점을 인식하고 그에 따라 조정할 수 있는 상태 필드를 포함한다. 제미니 API는 변경사항을 포함하며, 배열은 두 개의 거래에 대한 이전 가격을 보여준다. 트레이딩봇은 이로써 가격 동향을 인식할 수 있다.

두 거래소는 상당한 자원을 가진 미국 내 거래소로 API가 상당히 다르다. 전 세계에는 API 체계와 품질에 있어 훨씬 더 큰 차이를 보이는 수백 개의 거래소가 있다. 따라서 여러 거래소에 통합되는 트레이딩봇을 개발하려면 많은 시간과 노력이 필요하다.

트레이딩봇을 사용하고 API를 처리할 때 주의해야 할 몇 가지 사항을 알아본다.

오픈소스 트레이딩 기술

개발자가 코드에 포함할 수 있는 기존 라이브러리를 사용해 거래소의 API와 통합하는 것이 훨씬 빠르다. 이런 방식으로 모든 거래소의 API 호출과 통합되고 API의 보안을 탐색하는 기존 코드를 채택할 수 있다. 라이브러리가 없으면 개발자는 많은 추가 코드를 직접 작성하고 테스트해야 한다.

API로 거래를 시작하는 데 도움이 되는 오픈소스 프로젝트가 있다. 가장 인기 있는 프로젝트 중 하나는 암호화폐 거래소 트레이딩 라이브러리CryptoCurrency eXchange Trading Library, CCXT로, 개발자는 125개 이상의 암호화폐 거래소와 통합할 수 있다. 트레이딩 라이브러리를 사용하면 개발자가 각 거래소의 API를 이해하거나 각 거래소에 대한 사용자 지정

코드를 작성할 필요가 없다. 라이브러리는 많은 거래소와 통합할 수 있는 통일된 호출 세트를 제공한다.

모든 공개 호출은 개발자가 거래소에 대한 계좌를 소유하지 않아도 된다. 공개 호출로 BTC/USD의 시가 등 공적 정보를 읽을 수 있다. 모든 개인 호출은 개발자가 거래소에서 API 키를 제공해야 하며 계정 설정이 필요하다. 개인 호출은 개인정보의 읽기/쓰기를 허용한다. 개인 호출의 사례로는 거래소 사용자로부터 미체결한 한도 주문을 받거나 마켓 주문을 시작하는 것이 있다.

중요한 API 호출은 다음과 같다.

- 티커 가격 검색(공개 호출)
- 오더북 데이터 검색(공개 호출)
- 계정 거래 내역 검색(비공개 호출)
- 거래 계좌 간 자금이체(비공개 호출)
- 주문 작성, 실행 및 취소(비공개 호출)

속도 제한

모든 거래소 API는 외부 서버에서 수행할 수 있는 요청 수에 제한이 있다. API 서버에 대한 각 호출은 서버 리소스를 사용하며, 요청 제한은 외부 서버가 API 액세스를 남용하지 못하도록 한다. 업계에서 DDoS 공격으로부터 보호 계층을 제공한다.

예를 들어 코인베이스는 일부 API 엔드포인트 또는 통신 채널에 초당 3개의 요청, 기타 엔드포인트에는 초당 5개의 요청으로 제한한다. 외부 서버가 제한을 초과한 요구를 하면 429 에러가 발생한다.

REST 통신과 웹 소켓 통신

높은 품질의 트레이딩 봇을 구축하는 데 속도는 중요한 요소다. 속도가 빨라야 봇이 다른 사람들보다 먼저 시장을 읽고 거래를 실행할 수 있다. REST API를 사용하는 경우, 트레이딩봇은 API를 지속적으로 폴링해 시장의 최신 상태를 확인해야 한다. 이는 시장에서 일어나는 변화와 그 변화를 보는 트레이딩봇 사이에 시간 차이가 발생하기 때문이다. 시간 차이는 트레이딩봇이 요청 제한을 받고 유효한 요청을 할 때까지 잠시 기다려야 할 때 크게 증가한다.

트레이딩봇이 시장의 현재 상태를 보다 빠르게 보려면 웹 소켓을 구독하면 된다. 마켓에 변화가 생기면 즉시 거래소 서버가 웹 소켓의 모든 구독자에게 알림을 보내도록 설정돼 있다. 웹 소켓을 구독하는 트레이딩봇은 동시에 같은 정보를 받는데, 추가적인 API 요청을 보내서 요청 제한 할당량을 소진할 필요가 없다.

> 트레이더가 거래소에서 API 서버를 호스팅하는 정확한 위치를 파악하고 트레이딩봇을 같은 위치에 호스팅하는 것이 도움이 된다. 예를 들어 거래소의 API 서버가 북버지니아(Northern Virginia) 지역의 AWS에서 호스팅되는 경우, 트레이더는 더 빠른 통신을 보장하기 위해 같은 지역의 AWS로 봇을 호스팅할 수 있다.

샌드박스에서의 테스트

개발자가 트레이딩봇의 다양한 기능을 테스트할 때는 샌드박스[11] 환경에서 가짜 돈을 사용해 테스트하는 것이 이상적이다. 거래소의 API가 샌드박스 환경을 갖추지 않은 경우 개발자들은 실제 돈을 사용해 기능을 테스트해야 하며, 이는 거래 봇의 테스트 용량을 제한한다. 버그로 인해 쉽게 손실될 수 있는 실제 돈을 사용해 새로 테스트하는 것은 매우 위험하다.

마켓 에그리게이터[12]

코인마켓캡CoinMarketCap이나 코인게코CoinGecko와 같은 서비스는 수백 개의 거래소에서 시장 가격을 집계해 데이터를 API로 패키지화했다. API의 장점은 트레이딩봇이 시장을 높은 수준으로 쉽게 파악할 수 있다는 점이다. 그러나 타사에 의존해 데이터를 집계하면

11 샌드박스 환경(sandbox environment): 보호된 영역 안에서 프로그램을 작동시키는 보안 소프트웨어 – 옮긴이

12 마켓 에그리게이터(Market Aggregator): 여러 회사의 서비스에 대한 정보를 모아 하나의 웹사이트에서 제공하는 인터넷 회사 – 옮긴이

에그리게이터[Market Aggregator]의 가격 데이터가 지연되고 에그리게이터의 API에 오류가 있을 수 있으며 잘못된 데이터가 전송될 위험이 있다는 단점이 있다.

요약

암호화폐 시장은 아직 규제 구조가 완전히 정립되지 않았기 때문에 여러 흥미로운 사례를 확인 할 수 있다. 암호화폐 시장에서 생기고 있는 많은 기회는 새로운 사람들을 유입시킨다. 아직 초기 시장이기 때문에 암호화폐 가격만이 유일한 동기화 요소로 작용하고 있다.

암호화폐 시장은 빠르게 변화하고 있다. 6장에서 다루는 내용은 개발자와 트레이더들이 시작할 수 있는 다양한 아이디어를 제공하고 있다.

7장

탈중앙화된 금융과 웹

암호화폐, 블록체인, 스마트 콘트랙트의 인기가 높아지면서 개인정보 보호 강화부터 안정적인 결제 시스템 구축, 완전히 새로운 형태의 블록체인 기반 애플리케이션까지 다양한 기능을 제공하는 새로운 사용 사례가 생겨나고 있다. 7장에서는 탈중앙화 금융DeFi, Decentralized Finance 및 탈중앙화 애플리케이션DApp, Decentralized Application 영역이 보여주는 흥미로운 가능성을 살펴본다.

신탁[1] 재분배

은행들은 계속 혁신을 시도하고 있지만, 여전히 느리고 비용이 많이 든다. 국경을 넘어 돈을 보내는 데는 하루 이상 걸린다. 그리고 은행 계좌가 없는 사람은 다른 나라에 사는 가족이나 친구들에게 돈을 보내려면 많은 비용이 든다. 암호화폐를 사용하는 결제 계층은 블록체인으로 중개자 없이 거래할 수 있다. 시간이 지남에 따라 회사가 아닌 개인이 데이터를 소유할 수 있게 된다.

해킹의 정체성과 위험성

사용자가 데이터 소유권을 갖는 것이 중요한 이유는 무엇일까? 테크놀로지 및 금융 분야의 대기업들은 반복적으로 침입, 해킹 등 다른 방법으로 피해를 입어 데이터 관리자의

1 신탁(Trust): 금전, 유가증권, 부동산 등 재산의 소유자가 어떤 이유로 그 재산을 운용할 수 없을 때 신뢰할 수 있는 개인에게 그 재산의 관리 또는 처분을 의뢰하는 것 – 옮긴이

역할을 하지 못하고 있다. 대부분 사고를 경시하거나 은폐하려고 하지만 나중에 적발되는 일이 부지기수다. 예를 들면 다음과 같다.

- 야후Yahoo는 2013년에 30억 개의 계정이 유출됐다고 밝혔다. 2017년까지 해킹에 대한 정보를 공개하지 않았고 결국 1억 1,750만 달러의 보상금을 지불하기로 합의했다.
- 페이스북Facebook은 2018년에 5천만 명의 사용자 계정이 유출됐다. 미국 연방거래위원회FTC, Federal Trade Commission는 사용자 데이터를 잘못 취급한 혐의로 50억 달러의 벌금을 부과했다.
- 에퀴팩스Equifax는 2017년 1억 4천 3백만 명의 고객 개인정보가 유출됐다고 밝혔다. 회사는 7억 달러의 벌금과 보상금을 지불하기로 감독당국과 합의했다.
- 이베이eBay는 2014년에 1억 4천 5백만 명 이상의 개인정보(패스워드 포함)가 유출됐다.
- 우버Uber의 서버는 2016년에 두 명의 해커가 깃허브에서 비밀번호 정보를 검색할 수 있게 된 후 뚫렸다. 해커들은 5천 7백만 명의 승객과 60만 명의 운전자의 개인정보에 접속했다. 우버는 1년 넘게 위반 사실을 숨겼고 결국 1억 4천 8백만 달러의 벌금을 부과 받았다.

IT 기업의 사례 정도만 소개했다. 타겟Target, 매리어트Marriott, 홈디포Home Depot, JP모건JPMorgan의 경우에도 악의적인 목적으로 정보를 사용하려는 사람들에게 사용자 데이터를 탈취당했다. 블록체인 기술은 다양하고 많은 산업들을 꽤 빠르게 중개할 수 있는 능력이 있다는 점에서 유망하다. 기술, 금융, 취업, 게임을 포함한 산업은 붕괴 가능성이 높고, 블록체인 도입을 위한 실험은 이미 시작됐다. 오늘날 사용자가 데이터를 보다 효과적으로 제어할 수 있도록 기술적 스캐폴딩[2]이 구축 중이다.

블록체인의 기술로 탄생한 궁극의 아이디어는 개인이 고유한 식별자를 생성하고 공개키-개인키 쌍을 사용하는 방법이다. 다시 말해 자신의 개인정보를 공개키로 접근하고

2 스캐폴딩(Scaffolding): 스캐폴딩은 애플리케이션의 뼈대를 재빨리 세우는 기법– 옮긴이

제어 및 저장을 자기 주권 정체성인 개인키로 인증하는 개념이다. 대기업이나 정부 관료 대신 사용자가 소유하는 개념은 신분을 위험에 빠뜨리는 미래의 해킹과 도난의 위험에서 벗어날 수 있어 블록체인 개발자들이 열광한다.

중요한 문제는 복잡성과 사용 편의성의 균형을 맞추는 방법이다. 개인키 관리 및 거래이력 확인절차는 주류 사용자에게 가르치기 어렵거나 꽤 번거롭기 때문이다. 초기 플랫폼은 균형 문제를 해결하려고 노력하고 있다.

지갑

디파이DeFi[3] 서비스를 이용하려면 사용자는 지갑에 익숙해져야 한다. 다행히도, 오늘날 이용할 수 있는 서비스가 많다. 메타마스크는 현재 크롬, 파이어폭스 및 오페라 브라우저에서 작동하는 소프트웨어 지갑Wallets이다. 7장 뒷부분에서 알아볼 새 유형의 브라우저인 브레이브도 다룬다. 레저Ledger와 같은 하드웨어 지갑은 대안으로 사용할 수 있으며, 키 저장에 관심이 없는 사용자들을 위해 지갑을 보관해주는 코인 베이스Coinbase와 같은 서비스를 이용할 수도 있다.

기억할 점: 키를 소유하지 않는 것은 자산을 소유하지 않는 것과 같다.

개인키

메타마스크와 레저 지갑은 사용자가 개인키를 알고 신중하게 저장해야 한다. 패스워드 또는 니모닉[4]이 손실되면 개인키를 잃어버린 것과 같다. 따라서 개인키를 보호하면서 ID를 유지할 수 있는 새로운 서비스가 필요하다. 코인베이스는 이미 가상화폐 지갑에 관해 조치를 취하고 있다.

3 디파이(DeFi): 탈중앙화 금융(Decentralized Finance)의 약자로서, 탈중앙화된 분산금융 또는 분산재정을 의미 – 옮긴이

4 지갑을 회복하는 데 필요한 모든 정보를 저장하는 단어 목록

키베이스Keybase 및 블록스택Blockstack과 같은 식별 서비스는 사용자들이 웹 3.0의 다양한 유형에 대해 개인키를 유지하기 쉽게 해준다.

네이밍 서비스

공개키는 이메일 주소, 사용자 이름 또는 기타 식별자보다 훨씬 사용하기 어렵지만 탈중앙화 서비스에서는 매우 중요하다. 그림 7-1은 공개키와 개인키의 예를 보여준다. QR코드는 키의 표현이다.

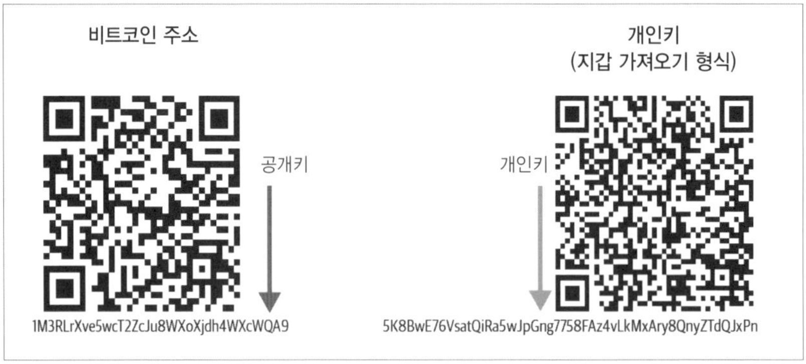

그림 7-1. 공개키와 개인키

네이밍 서비스로 복잡한 공개키보다 훨씬 쉽게 읽고 쓸 수 있는 이름을 가질 수 있다. 이더리움 네이밍 서비스는 공개키로 변환되는 〈username〉.eth 명명 규칙을 사용할 수 있도록 한다. 다만 블록체인은 거래를 분석하고 추적할 수 있기 때문에 신원 정보를 노출하는 위험을 가져올 수 있다는 단점이 있다.

탈중앙화 금융

중개인이 없는 금융 서비스 생태계가 빠르게 성장하고 있다. 이는 개발자들의 많은 관심을 받고 있는 블록체인의 매력적인 분야로, 현재 많은 플랫폼이 탈중앙화 금융을 제공하기 위해 노력하고 있다.

디파이 서비스는 스마트 콘트랙트, 암호화폐, 블록체인을 활용해 은행권이 전통적으로 제공해온 일부 서비스를 대체한다. 그림 7-2는 다음과 같다.

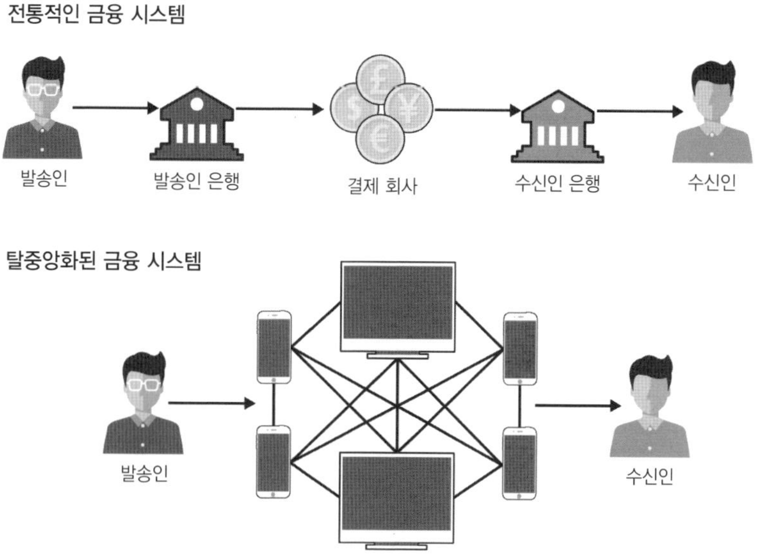

그림 7-2. 기존 금융과 탈중앙화 금융

디파이는 여러 구성요소로 이뤄져 있으며, 그중 상당수가 이더리움과 ERC-20 자산에 의존한다. 디파이는 이더리움에서 ERC-20의 유연성을 통해 가능한 것인데, 이는 시장 상황에 따라 유동성의 풀을 확장하거나 줄일 수 있기 때문이다.

중요한 정의

스마트 콘트랙트는 디파이 모델에 필수다. 많은 암호화폐는 유통되는 자산의 고정 공급이 존재하기 때문에 가치가 있다. 단, 많은 디파이 토큰은 시스템의 디자인에 따라 인플레이션 또는 디플레이션을 발생시키는 탄력적인 공급장치를 갖고 있다.

민팅

민팅Minting은 암호화폐 공급을 늘리기 위해 사용되며, 새 자산을 만드는 기능을 포함한다. 민팅은 보상을 받으려는 스테이커(초기투자자)나 인센티브용으로 자산을 모으는 사용자(소액투자자)를 위해 새 블록을 생성해 수행된다. 거버넌스 시스템을 통해 인플레이션을 제한하기 위해 민팅은 적절하게 통제돼야 한다. 그렇지 않으면 암호화폐의 가치가 다른 자산과 관련해 하락해, 암호화폐의 구매력과 가치 재산의 저장을 감소시킬 수 있기 때문이다. 민팅은 알고리듬적으로 고정되거나 시스템 내의 권한으로 부여될 수 있다.

소각

암호화폐 공급을 줄이기 위해 코인 소각burning[5]을 사용하는데 이때 자산의 소멸이 수반된다. 시스템 관계자가 소멸을 수행한다. 소각은 유통량을 줄이고 공급을 줄임으로써 가상화폐 가격을 상승시킨다. 그러나 소각 과정을 통해 자산은 디플레이션이 될 수 있으며, 가치가 상승하는 동안 다른 자산의 가격이 하락하기도 한다. 소각은 일회성 이벤트일 수도, 수익이나 이익에 의해 촉발된 시차적 이벤트일 수도 있다. 소각은 또한 수요와 가격 상승을 희망해 공급을 줄임으로써 토큰 보유자들에게 이익을 분배하는 방법이다.

랩드토큰

이더리움 플랫폼은 ERC-20 표준을 염두에 두고 설계된 것이 아니다. 비트코인이나 이더리움 생태계 밖의 다른 어떤 암호화폐도 마찬가지였다. 스마트 콘트랙트로 ERC-20과 다양한 암호화폐를 거래하려는 사용자들로 인해 랩드토큰Wrapped token이 해결책이 됐다. 원래 자산은 포장되는 형태 즉, 담보로써 온체인에서 보유할 수 있다. 스마트 콘트랙트로 ERC-20 대표자들의 외부 암호화폐 담당자들을 위해 예금(민팅)과 인출(소각) 과정이 쉬워진다. 외부 토큰이 랩드토큰 잔액 소유자를 위해 보관돼 있는지 확인하려면 일정 수준의 신뢰가 필요하다. 보통 다중 서명 체계는 탈퇴 요청에 대해 상호 서명하는 이해관계가 없는 관리자 사이에서 구현된다.

DAO

탈중앙화 자치 단체DAO, Decentralized Autonomous Organizations는 주로 이더리움 스마트 콘트랙트를 통해 조직된 프로젝트다. 중앙 당국의 통제를 받지 않는 DAO는 거버넌스를

5 코인소각: 개인키가 존재하지 않은 지갑으로 코인을 이동시켜 출금 할 수 없는 상태로 만드는 것 – 옮긴이

제공할 토큰 홀더를 보유하고 있다. DAO는 블록체인 기반 스마트 콘트랙트를 활용하기 때문에 트랜잭션에 대한 투명한 기록과 DAO를 조정하는 규칙이 있다. 법적, 규제적 지위는 분명하지 않지만 DAO는 이미 금융, 게임 및 소셜미디어에 사용되고 있다.

오라클

블록체인은 관계형 데이터베이스와 같은 데이터 소스와의 인터페이스가 없기 때문에, 오라클Oracle은 외부에 정보를 제공하기 위해 필요하다. 중앙집중식 데이터베이스에 기록된 실제 발생하는 이벤트나 데이터를 블록체인으로 가져오는 역할이 필요하며, 오라클은 그 목적을 달성한다. 오라클은 그림 7-3처럼 오프체인 데이터를 온체인으로 가져온다.

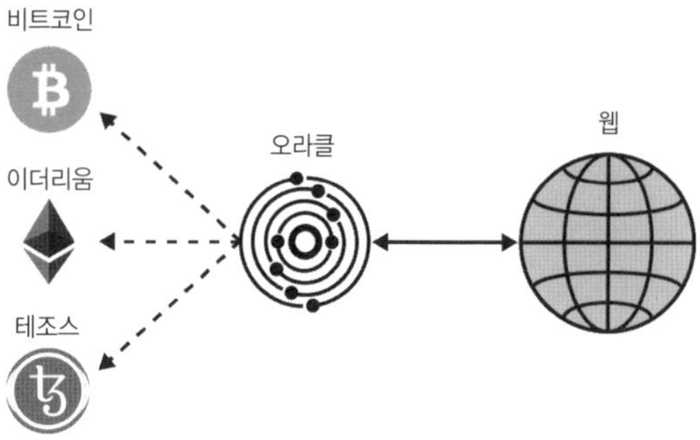

그림 7-3. 오라클과 블록체인의 상호작용하는 방식

> 오라클은 스마트 콘트랙트가 코드 실행에 사용하는 데이터를 제공해서 블록체인 생태계에서 중요한 역할을 한다. 오라클의 피드나 조작이 잘못되면 스마트 콘트랙트가 실행돼 회복할 수 없는 자금 손실이 발생한다. 스마트 콘트랙트를 완벽하게 보호하고 감사할 수 있지만, 만약 오라클이 조작되고 있다면 해커들이 악용할 수 있는 취약점이 되기도 한다. 오라클 시스템에 대한 신뢰가 가장 중요하다.

스테이블코인

미국 달러화 및 기타 피아트 통화에 부합하는 블록체인 기반 자산으로, 스테이블코인Stablecoins은 은행 중개인이 필요 없는 서비스를 뒷받침한다. 스테이블코인에는 규제 위험이 있다(6장). 또한 프로젝트 간에는 다양한 수준의 거버넌스 및 중앙집중화가 있다. 그럼에도 스테이블코인으로 흥미로운 실험이 진행 중인데, 그중 몇 가지를 간단히 살펴본다.

DAI

변덕스러운 암호화폐 세계에서 디파이는 사용자에게 적절하게 서비스하려면 안정적인 자산이 필요하다. 오늘날 사용되는 주요 스테이블코인 암호화폐는 메이커Maker 프로젝트의 DAI(다이코인Daicoin)다. 2018년에 출시된 DAI는 원래 이더리움의 ETH만 지원하는 단일 담보 토큰이었다. 이후 DAI는 ETH 및 BAT (베이직어텐션 토큰으로, 브레이브 브라우저에 전원을 공급하는 이더리움 토큰) 및 기타를 포함한 여러 암호화폐를 지원하는 다중 담보 토큰으로 업그레이드가 됐다.

스테이블코인인 DAI를 뒷받침하는 암호화폐는 본질적으로 변동성이 크다. 그렇다면 메이커는 변덕스러운 시장으로부터 안정적인 자산을 어떻게 창출할 수 있을까? 해답은 바로 자산을 잠그는 것이다. 다음은 메이커 프로젝트가 작동하는 방식이다.

1. 사용자는 ETH를 볼트라고 하는 메이커 스마트 콘트랙트에 입금한다.
2. 메이커는 사용자가 DAI를 철회할 수 있도록 한다. 인출할 수 있는 금액은 150%를 담보로 해야 한다. 이는 150달러 상당의 ETH를 예치한 사용자가 최대 100달러 상당의 DAI를 인출할 수 있다는 것을 의미한다. DAI는 사용자가 입금하는 ETH의 지원을 받는다.
3. ETH가 예치된 값에 대해 하락하기 시작하면(예에서는 150 달러 미만), 시스템은 포지션을 종료하기 시작한다. 사용자가 50달러 상당의 DAI만 인출하면 ETH가 150% 담보 임계 값인 75달러로 떨어질 때까지 시스템이 종료되지 않는다. 사용자가 담보 요구사항을 보충하기 위해 ETH 또는 DAI를 입금하지 않으면 포지션이 종료된다.
4. ETH나 다른 담보로 사용되는 암호화폐를 회수하기 위해 DAI를 반환할 때는 안정성 수수료가 부과된다. 현재 수수료는 3%이지만 바뀔 수 있다. DAI가 시스템

에 반환되면 DAI는 담보물에 의해 더는 뒷받침되지 않아서 소실되거나 파괴된다. 안정성 수수료는 메이커가 시스템 개발에 지원하기 위해 사용된다.

메이커는 DAO이며 투자 토큰인 MKR을 제공하기도 하는데, MKR은 MakerDAO 시스템 내부의 요소를 결정하는 암호화폐다. MKR을 가진 사람들은 시스템에 영향력이 있다. 여기에는 담보화 요건, 안정성 수수료 및 사용 방법, 가격 폭락 시 비상 정지 프로토콜에 대한 입력 정보가 포함된다.

안정성 수수료로 지불되는 모든 달러는 MKR 시장에서 구매되고 제거된다. 또한 표준 담보 경매로 바로잡을 수 없는 청산(채무, 채권 등에 대한 재산 관계를 정리)의 경우 MKR 상당액도 매입해 시장에서 퇴출하는 채무경매가 발생한다.

메이커 시스템은 스마트 콘트랙트 기반이기 때문에 사용자가 참여하기 위해 개인 고객 확인절차KYC 정보를 제출하지 않아도 된다. 상호작용하기 위해서는 개인키와 일부 이더로의 접근이 필요하다.

USDC

ERC-20 스테이블코인인 USDC(USD Coin)는 암호화폐에서 가장 크고 잘 알려진 회사인 코인베이스와 서클Circle이 만들었다. 센트레Centre라는 컨소시엄이 USDC를 구성했으며, 회원들은 스테이블코인의 관리 및 사용 사례에 대해 협력한다. 그랜드 손튼Grant Thorton LLP은 USDC의 감사 회사다. 그랜드 손튼은 USDC 스테이블코인을 뒷받침할 수 있는 충분한 매장량이 있다는 것을 매월 증명한다. 발행인으로부터 USDC를 취득하거나 상환하는 사용자가 KYC 수표에 대한 개인정보를 제출하도록 요구하는 시스템으로 운영된다.

TrueUSD

트러스트토큰TrustToken이라는 미국 기반 회사의 지원을 받는 TrueUSD(TUSD)는 ERC-20 프로토콜을 사용하는 달러 기반 스테이블코인이다. 트러스트토큰은 캐나다 달러, 영국 파운드, 호주 달러 및 홍콩 달러가 뒷받침하는 스테이블코인을 보유하고 있다. 트러스트토큰은 감사 회사인 코헨앤드코헨Cohen & Cohen이 암호화폐 자산을 백업하기에 충분한 은행 보유 준비금을 보유하고 있는지 매월 증명한다. 사용자가 TUSD를 취득하거나 사용하기 위해 개인 KYC 정보를 제출하도록 요구하는 시스템으로 운영된다.

사용자 본인인증(KYC)과 익명성

DAI는 언급했던 것처럼 사용자의 KYC 정보를 필요로 하지 않지만 TUSD 및 USDC는 필요하다. 은행 관계로 인해 TUSD와 USDC는 사용자가 자신의 스테이블코인을 피아트로 사용하기 위해 개인정보를 제공해야 한다. 그러나 블록체인 생태계 내부에서는 그림 7-4에서처럼 블록체인 레코드를 남기면서 익명으로 사용할 수 있다.

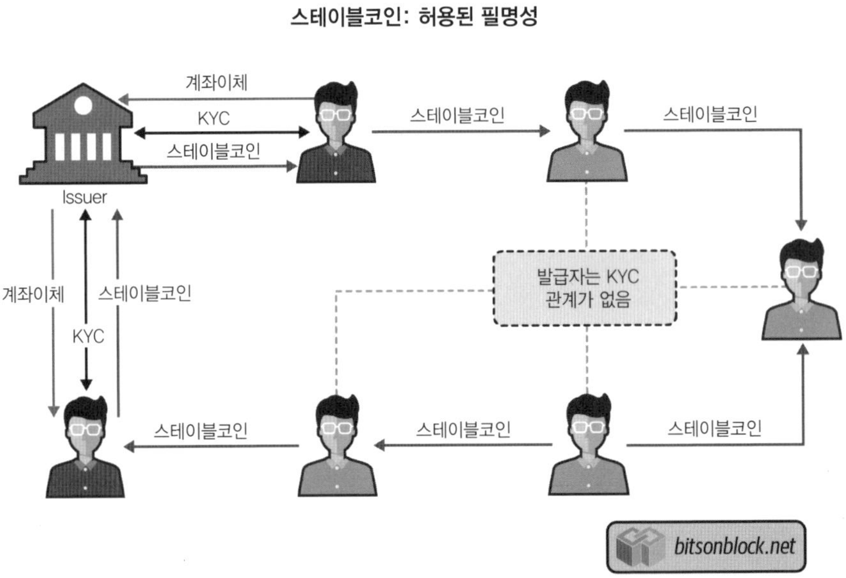

그림 7-4. 어떻게 스테이블코인을 익명으로 사용할 수 있는가?

DAI는 디파이 응용 프로그램에서 가장 많이 사용되는 스테이블코인이지만 은행 지원 솔루션 경쟁 업체다. TUSD와 USDC는 피아트를 지원하는 반면, DAI는 암호화폐를 지원한다는 것이 가장 큰 차이점이다.

디파이 서비스

스테이블코인 유동성이 늘어나면서 암호화폐 위에 금융 서비스가 구축되고 있다. 웹사이트 디파이펄스DeFi Pulse는 주목 받고 있는 프로젝트에 적합한 지표이다. 스마트 콘트랙트에 락업된 ETH의 수를 보면 어떤 프로젝트가 사용자에게 관심을 받고 있는지 디파이펄스에서 쉽게 알 수 있다. 디파이 서비스DeFi Services를 통해 하루가 다르게 성장하고 있는 초기 시장에서 서비스들이 어떤 용도로 사용되고 있는지 알 수 있다.

대출

피아트를 빌려 암호화폐를 지키려는 사용자를 위한 시장이 있다. 디파이 대출Lending은 일반적으로 매우 구체적인 목적이 있다. 암호화폐 보유자들은 투기적 이유로 혹은 암호화폐의 장기적 가치를 믿거나 피아트로 전환할 때 세금을 내지 않기 위해 암호화폐를 팔지 않는다. 또한 자산을 포기하지 않으려 하고, 특혜를 위해 비용을 지불할 것이다.

이때 가장 큰 분권형 대출 플랫폼 중 하나인 컴파운드Compound와 같은 서비스를 사용한다. 컴파운드는 사용자가 암호화폐를 담보로 대출할 수 있게 해준다. 차입금은 과잉 담보로 DAI에서 발행된다. DAI는 달러에 고정돼 있어서 시장에서 피아트에 판매되거나 다른 암호화폐에 투자하는 데 사용될 수 있다.

예치

디파이 예치Savings는 사용자가 암호화폐(스테이블코인)를 스마트 콘트랙트로 잠그는 방식이다. 콘트랙트는 기준 암호화폐로 수익률을 제공한다. 예치는 스마트 콘트랙트에 의해 암호화폐가 잠긴 결과 검증되는 트랜잭션이 없다는 점을 제외하고는 스테이킹(2장)과 유사하다.

메이커는 이른바 DAI에 대한 저축률을 가진 DAI 예치 보상DAI Savings Rate, DSR 콘트랙트다. 지급되는 이자는 ETH와 같은 암호화폐에 맞서 금고 소유자가 DAI를 빌리기 위해 지불하는 안정성 수수료에서 나온다. 속도는 MKR 토큰 홀더에 의해 가변적으로 결정된다. DAI를 빌릴 때와 달리 저축한 DAI나 지급된 이자를 빼도 위약금이 없다. 컴파운드는 디파이 예치 프로그램도 운영하고 있다.

파생상품

디파이에서 파생상품Derivatives은 합성자산Synthetics assets[6]을 위한 담보로 사용된다. 가령 ERC-20 네트워크에서 BTC나 금 등의 자산을 얻기 위해 ETH를 활용한다. 다수의 파생 자산을 제공하는 거래소가 생겨나고 있어 트레이더는 과거에 불가능했던 방법으로 자산 간에 원활하게 이동할 수 있다. 이전에는 여러 다른 마켓에서 거래를 시도해야 했다.

> 신세틱스(Synthetix)는 이더리움 기반의 합성 자산을 거래하고 발행하는 플랫폼이다. 파생 자산에 액세스하려면 사용자가 SNX 토큰을 보유하고 있어야 한다. 신세틱스는 현재 ETH, BTC, USD, MKR, 골드, EUR, 바이낸스코인(BNB) ERC-20 버전을 지원한다. SNX 담보화는 750%이며, 사용자는 SNX 토큰을 소각이나 발행해 유지할 수 있다.

탈중앙화 거래소

암호화폐 거래소가 대부분 중앙집중화돼 있으며, 지갑을 호스팅하고 모든 거래에서 수수료를 챙긴다. 스마트 콘트랙트를 통해 개발자는 DEX라고도 알려진 탈중앙화 거래소를 구축할 수 있다. 탈중앙화 거래소는 트레이더가 자신의 개인키를 쥐고 암호화폐(랩드 토큰[7])를 교환할 수 있도록 한다.

유니스왑Uniswap은 가장 인기 있는 탈중앙화 거래소 중 하나다. ETH/ERC-20 교환을 쉽게 할 수 있게 하는 스마트 콘트랙트가 주를 이룬다. 플랫폼은 유동성 보호 구역에 배치된 각 거래에 수수료를 0.3% 부과한다. 수수료는 거래 자산 풀을 유지하기 위해 유동성 공급 업체를 장려하는 데 쓰인다. 거래에 데이터베이스를 사용하는 중앙집중화 거래소와 달리 유니스왑과 같은 탈중앙화 거래소의 모든 거래는 중간자가 없는 체인에서 발생한다.

탈중앙화 거래소와 중앙집중화 거래소

탈중앙화 거래소는 중앙집중화 거래소과는 매우 다른 방식으로 작동하도록 설계됐다.

6 합성자산(Synthetic assets): 특정자산을 보유한 경우와 똑같은 금융결과를 불러오도록 구성한 증권이나 자산의 집합체 – 옮긴이

7 랩드토큰(wrapped tokens): 다른 암호화폐의 가치에 고정된 암호화폐 토큰 – 옮긴이

탈중앙화 거래소의 목표는 교환의 어떤 부분에도 전원을 공급할 수 있는 중앙집중화 권한에 의존하지 않고 사용자에게 100% 기능을 제공하는 것이다. 이를 통해 보다 투명하고 안전하며 신뢰할 수 있는 서비스로 사용자는 언제든지 자금을 관리할 수 있다. 탈중앙화 거래소는 속도와 확장성이 실행하는 블록체인에 의해 제한되는 단점이 있는데, 사용자들이 자금의 보관권을 유지하게 되면서 전반적인 경험이 복잡해지기 때문이다.

거래소별 기반 인프라

중앙집중화 거래소에서 모든 인프라는 단일 엔티티(통상 기업)에 의해 제어되며 웹사이트를 통해 사용자에게 전달된다. 이와 반대로, 유니스왑의 모든 부분은 그림 7-5에 설명된 바와 같이 지역 사회에 의해 운영된다.

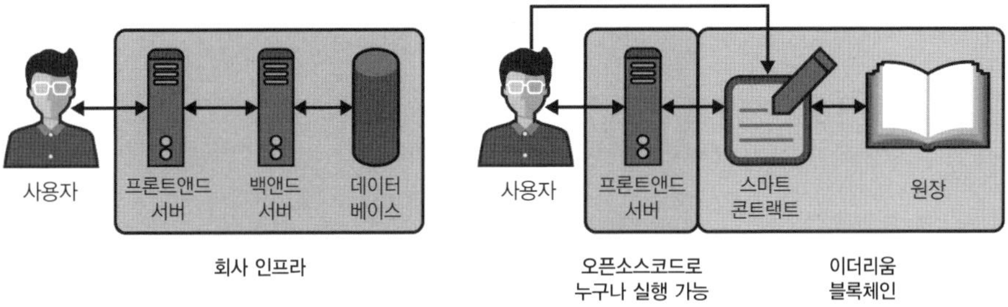

그림 7-5. 중앙집중화 거래소와 탈중앙화 거래소 간의 인프라 차이 개요

표 7-1은 중앙집중화 및 탈중앙화 거래소(유니스왑)의 프론트엔드 코드를 비교한다.

표 7-1. 중앙집중화 거래소와 탈중앙화 거래소(유니스왑)의 프론트엔드 차이점

항목	중앙집중화 거래소	탈중앙화 거래소(유니스왑)
유통 및 투명성	프론트엔드 코드는 거래소에 의해 비공개로 유지되며 거래소가 제어하는 인프라에서 실행된다.	프론트엔드 코드는 유니스왑의 깃허브 저장소에서 공유된다.
운영방식	프론트엔드는 인프라에서 거래소와 해당 호스팅 공급자 제어로 실행된다.	커뮤니티 내 누구나 유니스왑과 상호작용하는 자체 웹사이트를 제작할 수 있다.

항목	중앙집중화 거래소	탈중앙화 거래소(유니스왑)
기능	프론트엔드는 백엔드로부터 데이터를 수신한다(예: USD/ETH 시장의 환율을 취득한다). 프론트엔드 코드는 예를 들어 거래를 실행하는 명령도 백엔드로 전송한다.	프론트엔드 코드는 스마트 콘트랙트로부터 데이터를 수신한다. 명령은 백엔드로 전송되지 않는다. 대신 사용자는 메타마스크와 같은 이더리움 지갑을 사용해 클라이언트 기기에서 직접 스마트 콘트랙트로 전송한다. 프론트엔드 코드는 사용자에 대한 트랜잭션을 설정함으로써 프로세스를 보다 사용하기 쉽게 만든다.
트랜잭션 승인	트랜잭션 허가는 프론트엔드 코드로 수행되며, 보통 쿠키 또는 액세스 토큰이 브라우저에 저장된다.	사용자는 메타마스크에 저장된 개인키를 사용해 트랜잭션 서명을 생성한 다음 트랜잭션을 승인한다. 이후 메타마스크는 트랜잭션을 스마트 콘트랙트로 푸시한다.

그림 7-6은 유니스왑에서 거래 중인 사용자의 모습이다. 트랜잭션 허가는 프론트엔드 코드가 아닌 메타마스크에서 발생한다.

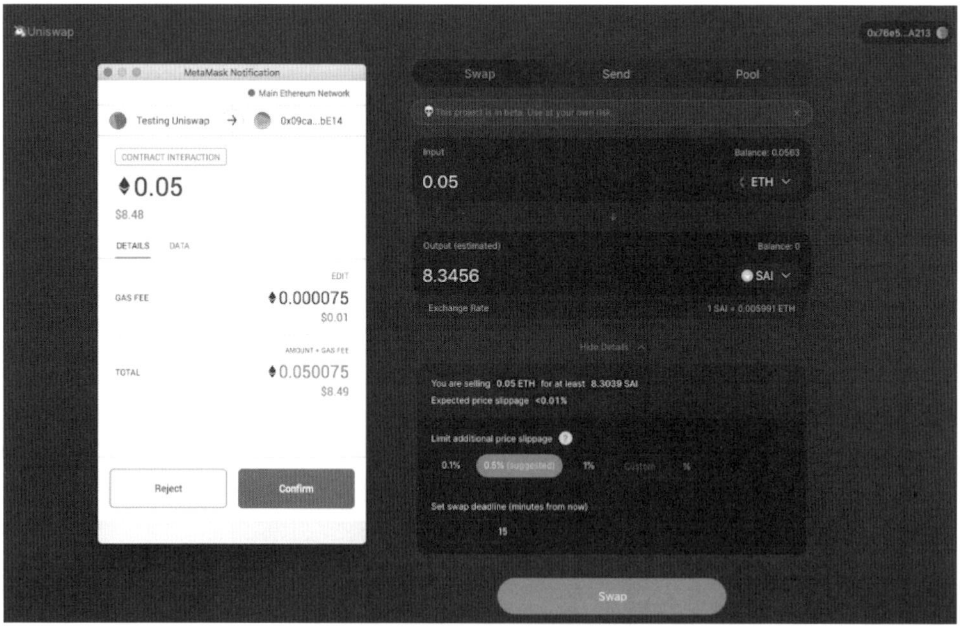

그림 7-6. 유니스왑에서 거래 중인 사용자

표 7-2는 백엔드 및 데이터베이스와 관련해 중앙집중화 거래소와 탈중앙화 거래소의 차이를 개략적으로 보여준다.

표 7-2. 중앙집중화 거래소와 탈중앙화 거래소(유니스왑) 타입의 차이

항목	중앙집중화 거래소	탈중앙화 거래소(유니스왑)
유통 및 투명성	백엔드 및 데이터베이스는 거래소에서 비공개로 유지된다. 일반인은 거래소의 코드를 감사할 수 없다.	백엔드 로직은 스마트 콘트랙트로 실행된나. 즉 유니스왑 거래소의 스마트 콘트랙트의 코드를 공개적으로 볼 수 있으므로 잠재적 사용자는 덱스를 사용하기 전에 코드를 감사할 수 있다. 모든 유니스왑 트랜잭션은 이더리움 블록체인에 기록되며, 또한 공개적으로 볼 수 있다.
운영방식	백엔드는 거래소 및 호스팅 공급자가 제어하는 환경에서 실행된다. 거래소는 언제든지 백엔드 서버 또는 데이터베이스를 변경할 수 있다. 거래소, 호스팅 공급자는 언제든지 백엔드, 데이터베이스를 종료할 수 있다.	유니스왑 스마트 콘트랙트와 트랜잭션은 수천 명의 마이너들에 의해 추진되고 기록된다. 스마트 콘트랙트와 트랜잭션은 불변이며 절대 변경할 수 없다. 스마트 콘트랙트를 종료하거나 트랜잭션을 삭제하려면 이더리움 네트워크를 종료하는 것이 유일한 방법이다.
코드 실행 승인	비즈니스 로직을 실행하기 전에 백엔드는 JWT 또는 OAuth와 같은 보안 표준을 사용해 API 요청을 승인한다.	스마트 콘트랙트 코드는 EVM(Ethernet Virtual Machine)에서 실행된다. 스마트 콘트랙트 블록을 생성하는 마이너의 노드 및 체인을 검증하고, 전체 노드를 실행하는 네트워크의 모든 노드에서 실행된다.

그림 7-7은 블록체인으로 볼 수 있는 유니스왑 V1 거래소 템플릿 스마트 콘트랙트의 일부를 보여준다.

Contract Source Code (Vyper language format)

```
# @title Uniswap Exchange Interface V1
# @notice Source code found at https://github.com/uniswap
# @notice Use at your own risk

contract Factory():
    def getExchange(token_addr: address) -> address: constant

contract Exchange():
    def getEthToTokenOutputPrice(tokens_bought: uint256) -> uint256(wei): constant
    def ethToTokenTransferInput(min_tokens: uint256, deadline: timestamp, recipient: address) -> uint256: modifying
    def ethToTokenTransferOutput(tokens_bought: uint256, deadline: timestamp, recipient: address) -> uint256(wei): modifying

TokenPurchase: event({buyer: indexed(address), eth_sold: indexed(uint256(wei)), tokens_bought: indexed(uint256)})
EthPurchase: event({buyer: indexed(address), tokens_sold: indexed(uint256), eth_bought: indexed(uint256(wei))})
AddLiquidity: event({provider: indexed(address), eth_amount: indexed(uint256(wei)), token_amount: indexed(uint256)})
RemoveLiquidity: event({provider: indexed(address), eth_amount: indexed(uint256(wei)), token_amount: indexed(uint256)})
Transfer: event({_from: indexed(address), _to: indexed(address), _value: uint256})
Approval: event({_owner: indexed(address), _spender: indexed(address), _value: uint256})

name: public(bytes32)                            # Uniswap V1
symbol: public(bytes32)                          # UNI-V1
decimals: public(uint256)                        # 18
totalSupply: public(uint256)                     # total number of UNI in existence
balances: uint256[address]                       # UNI balance of an address
allowances: (uint256[address])[address]          # UNI allowance of one address on another
token: address(ERC20)                            # address of the ERC20 token traded on this contract
factory: Factory                                 # interface for the factory that created this contract

# @dev This function acts as a contract constructor which is not currently supported in contracts deployed
#      using create_with_code_of(). It is called once by the factory during contract creation.
@public
def setup(token_addr: address):
    assert (self.factory == ZERO_ADDRESS and self.token == ZERO_ADDRESS) and token_addr != ZERO_ADDRESS
    self.factory = msg.sender
    self.token = token_addr
    self.name = 0x556e69737761702056310000000000000000000000000000000000000000000000
    self.symbol = 0x554e492d56310000000000000000000000000000000000000000000000000000
    self.decimals = 18
```

그림 7-7. 이더리움 블록체인에서 공개적으로 볼 수 있는 유니스왑의 스마트 콘트랙트

토큰 상장

토큰 발행사들이 거래소에 토큰을 상장하려 할 때 양쪽 당사자가 비즈니스 거래 조건을 협상하려고 시도하는 동안 상장이 길게 지연되기도 한다. 또한 토큰 제조사는 거래소의 책임을 줄이기 위해 상장 수수료를 지불하고 법률 문서와 법률 의견을 제공해야 한다.

탈중앙화 거래소는 그 누구도 제어하지 않기 때문에 토큰 발행사는 자신의 토큰을 직접 상장시킬 수 있다.

ERC-20 토큰을 유니스왑에 등록하려면 그림 7-8과 같이 유니스왑 토큰 팩토리 스마트 콘트랙트(0xc0a47dFe034B400B47bDaD5FecDa2621de6c4d95)에서 `createExchange` 메서드를 호출하기만 하면 된다.

```
@public
def createExchange(token: address) -> address:
    assert token != ZERO_ADDRESS
    assert self.exchangeTemplate != ZERO_ADDRESS
    assert self.token_to_exchange[token] == ZERO_ADDRESS
    exchange: address = create_with_code_of(self.exchangeTemplate)
    Exchange(exchange).setup(token)
    self.token_to_exchange[token] = exchange
    self.exchange_to_token[exchange] = token
    token_id: uint256 = self.tokenCount + 1
    self.tokenCount = token_id
    self.id_to_token[token_id] = token
    log.NewExchange(token, exchange)
    return exchange
```

그림 7-8. 유니스왑 토큰의 팩토리 메서드로 누구나 유니스왑 탈중앙화 거래소에 ERC-20 토큰을 상장시킬 수 있다.

인수로 ERC-20 토큰 스마트 콘트랙트 주소를 전달해야 한다. ERC-20 스테이블 토큰인 사이[SAI]로 (0x89d24A6b4CcB1B6fAA2625fE562bDD9a23260359)를 추가할 때 `createExchange` 메서드를 실행해 다음 인수를 전달한다.

인자명	값
token	0x89d24A6b4CcB1B6fAA2625fE562bDD9a23260359

유니스왑의 팩토리는 누구나 ETH와 사이를 교환할 수 있는 새로운 스마트 콘트랙트를 생성한다.

커스터디 및 거래처 리스크

중앙집중화 거래소 사용자는 거래하기 위해 암호화폐를 예치해야 하고, 거래소는 예치 자금을 보관한다. 거래소가 사용자의 자금을 통제하기 때문에 상대방에게 노출될 위험이 있다. 즉, 거래소가 해킹당하거나 문을 닫으면 사용자의 자금이 손실될 위험이 있다.

탈중앙화 거래소를 사용하면, 스마트 콘트랙트는 입출금, 거래, 사용자 자금의 보관 및 유지를 관리한다. 탈중앙화 거래소에 자금을 보내기 전에 사용자는 스마트 콘트랙트 코드를 감사해 자금이 어떻게 사용될지 알 수 있다. 스마트 콘트랙트에서 주의해야 할 중요한 사항은 다음과 같다.

- 스마트 콘트랙트에서 사용자의 자금을 이동시킬 수 있는 함수는 무엇인가?
- 사용자의 자금을 이동시키기 위해 누가 이 함수를 호출하는가?
- 사용자의 자금은 어디로 옮길 수 있는가?

유니스왑에서 사용자 자금을 관리하는 방법을 명확히 하기 위해 그림 7-9와 같이 탈중앙화 거래소에서 소규모 거래를 수행한 후 거래를 감사했다.

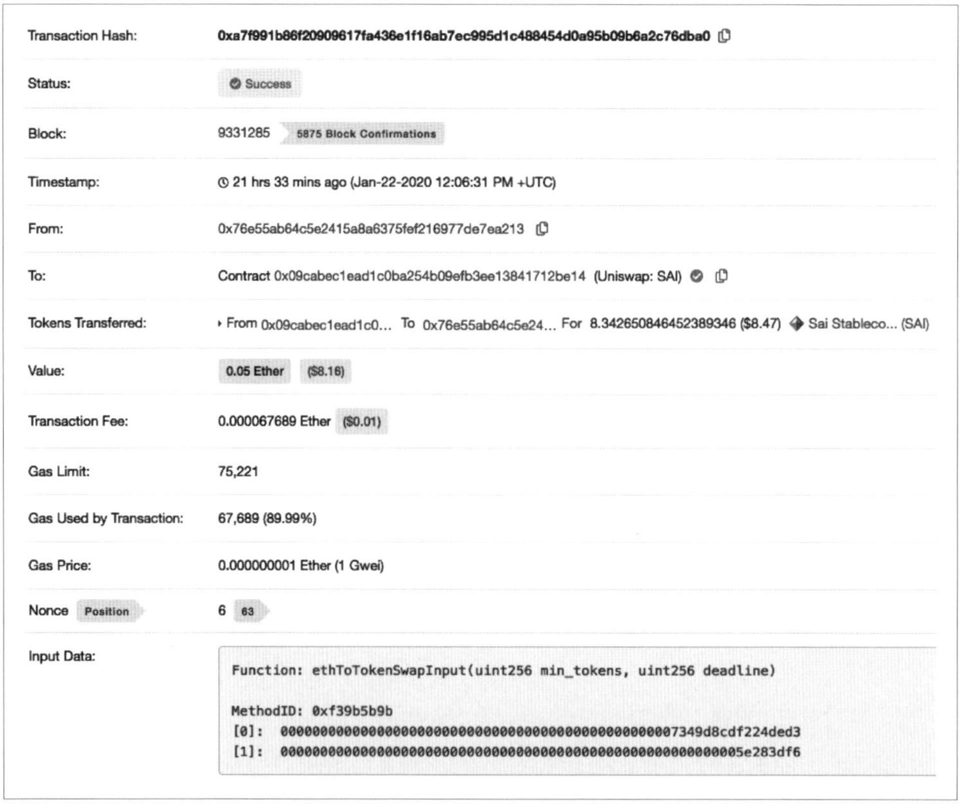

그림 7-9. 유니스왑의 스마트 콘트랙트에 공개적으로 기록된 8.34 SAI 토큰(약 8달러)과 0.05 ETH를 거래한다.

트랜잭션 레코드의 입력 데이터 필드에는 다음 값이 들어 있다.

```
0xf39b5b9b0000000000000000000000000000000000000000000000007349d8cdf224ded30000000
0000000000000000000000000000000000000000000000005e283df6
```

입력 데이터를 분해하면 어떤 스마트 콘트랙트 기능이 호출되고 인수가 전달되는지 알 수 있다.

입력 데이터 필드의 처음 10자에서 호출할 함수를 지정한다. 트랜잭션에서 처음 10자는 0xf39b5b9b다. 호출되는 함수가 `ethTokenSwapInput(uint256, uint256)`이라는 것을 알 수 있다. 입력 데이터 필드의 나머지 문자는 함수로 선달된 인수의 값이다.

```
0000000000000000000000000000000000000000000000007349d8cdf224ded3
000000000000000000000000000000000000000000000000000000005e283df6
```

트랜잭션을 감사하면서 다음과 같은 조치가 취해졌음을 알 수 있다.

1. 트랜잭션은 주소 0x76e55ab64c5e2415a8a6375fef216977de7ea213에서 유니스왑 사이 스마트 콘트랙트 0x09cabec1ead1c0ba254b09efb3ee13841712be14로 0.05ETH를 전송했다. 자금은 향후 트랜잭션의 유동성으로 사용될 스마트 콘트랙트에 남을 것이다. 이는 은행 계좌와 유사하다. 사용자가 자금을 투입해도 여전히 자금을 소유하고 언제든지 인출할 수 있다. 그러나 자금이 있는 동안은 은행도 자금을 사용할 수 있다.
2. 트랜잭션은 다음 입력 값을 사용해 유니스왑 사이 스마트 콘트랙트(0x09ca…be14)의 `ethTokenSwapInput` 함수를 호출했다.

인자명	값
min_tokens	0000000000000000000000000000000000000000000000007349d8cdf224ded3
deadline	000000000000000000000000000000000000000000000000000000005e283df6

스마트 콘트랙트는 바이트 코드로 컴파일되기 때문에 인수는 16진수 형식이다. 인수를 사람이 읽을 수 있는 값으로 디코딩하면 다음과 같다.

인자명	값	타입
min_tokens	8307409366703988435	uint256

인자명	값	타입
deadline	1579695606	uint256

스마트 콘트랙트를 호출할 때 사용자는 16진수 값을 인수로 전송해야 한다. Moesif의 바이너리 인코더/디코더 등 트랜잭션과 함께 전송되는 입력 데이터를 작성하는 데 도움이 되는 도구를 온라인으로 이용할 수 있다.

앞에서 설명한 유니스왑 V1 거래소 템플릿 스마트 콘트랙트에 정의된 ethToKenSwapInput 함수를 자세히 살펴본다(그림 7-10).

```
def ethToTokenSwapInput(min_tokens: uint256, deadline: timestamp) -> uint256:
    return self.ethToTokenInput(msg.value, min_tokens, deadline, msg.sender, msg.sender)
```

그림 7-10. 유니스왑 템플릿 코드의 ethTookenSwapInput 함수

함수를 보면 ethToTokenInput이라는 다른 함수를 호출하는 것을 알 수 있다. 그림 7-11과 같이 트랜잭션의 실제 로직이 발생하는 함수다.

```
127 def ethToTokenInput(eth_sold: uint256(wei), min_tokens: uint256, deadline: timestamp, buyer: address, recipient: address) -> uint256:
128     assert deadline >= block.timestamp and (eth_sold > 0 and min_tokens > 0)
129     token_reserve: uint256 = self.token.balanceOf(self)
130     tokens_bought: uint256 = self.getInputPrice(as_unitless_number(eth_sold), as_unitless_number(self.balance - eth_sold), token_reserve)
131     assert tokens_bought >= min_tokens
132     assert self.token.transfer(recipient, tokens_bought)
133     log.TokenPurchase(buyer, eth_sold, tokens_bought)
134     return tokens_bought
```

그림 7-11. ethToTokenInput 함수의 트랜잭션 로직

그림 7-11의 128행에서 다음 사항을 확인한다.

- 지정된 기한은 트랜잭션이 포함된 블록의 타임스탬프와 같거나 이후다.
- eth_sold의 값이 0보다 크다.
- min_token 값이 0보다 크다.

129행은 스마트 콘트랙트가 현재 보유하고 있는 토큰의 양을 가져온다.

130행은 사용자가 트랜잭션에서 받아야 할 토큰 수를 가져온다. 130행은 트랜잭션에 대한 환율이 어떻게 계산되는지를 보여주기 때문에 중요하다. 이 함수는 `getInputPrice` 함수를 호출해 현재 스마트 콘트랙트에 있는 SAI 대비 ETH 비율에 따라 환율을 결정한다.

131행은 `tokens_bupported` 값이 `min_tokens` 값(사용자가 수신할 수 있는 최소 토큰 수) 이상인지 확인한다.

앞의 체크가 모두 유효하면 132행이 실행된다. 132행은 스마트 콘트랙트에서 수신자의 주소로 토큰을 전송한다. 보다 기술적으로 말하면, SAI 스마트 콘트랙트(0x89d2...0359)의 transfer 함수를 호출하고 다음과 같은 인수를 전달한다.

인자명	값	타입
dst	0x76e55ab64c5e2415a8a6375fef216977de7ea213	address
wad	8342650846452389346	uint

133행은 `TokenPurchase` 이벤트의 모든 리스너에게 거래가 실행됐음을 알린다.

134행은 사용자가 받은 토큰 값 `token_booted`를 반환한다.

트랜잭션의 예에서 `ethTokenInput` 함수에 전달된 입력값을 나타낸다. 그 결과 8.34 SAI 토큰에 대해 0.05ETH가 거래된다.

인자명	값	타입	설명
eth_sold	50000000000000000	uit256(wei)	`msg.value`는 트랜잭션으로 전송된 ETH의 양(0.05 ETH)을 나타낸다. 타입은 `uint256(wei)`이며, 1 ETH = 10^{18} wei(wei: 이더의 최소 단위 - 옮긴이)이므로 0.05에 10^{18}을 곱한다.
min_tokens	8307409366703988435	uint256	트랜잭션에서 전달된 값이다. 트랜잭션을 실행하기 전에 받을 수 있는 최소 토큰 수를 지정한다.

인자명	값	타입	설명
deadline	1579695606	timestamp	트랜잭션에서 전달된 값이다. 타임스탬프 값은 트랜잭션 실행에 대해 최근에 문제가 없는 시간을 나타낸다.
buyer	0x76e55ab64c5e2415a8a6375fef216977de7ea213	address	msg.sender 인수가 전달됐다. msg.sender 인수는 트랜잭션을 실행한 주소를 나타낸다. 곧 자신의 주소다.
recipient	0x76e55ab64c5e2415a8a6375fef216977de7ea213	address	위와 같다.

거래 환율

중앙집중화 거래소에서 시장 거래의 환율은 매수자와 매도자가 모두 동의하는 가격으로 설정된다. 로직은 거래소의 백엔드 서버에 프로그래밍돼 있다. 탈중앙화 거래소에서 환율은 거래를 실행하는 스마트 콘트랙트에 프로그래밍돼 감사를 받을 수 있다.

본인인증

모든 중앙집중화 거래소에는 사용자가 이메일 주소, 전화번호, 정부 발급 ID(주민등록번호, 여권번호 등)와 같은 식별 정보를 공유해야 하는 등록 프로세스가 있다. 거래소는 관할 지역에 따라 일정량의 본인 확인 정보를 수집해야 서비스를 이용할 수 있다. 본인인증KYC, Know your customer은 정부가 거래소와 같은 금융 기관들이 돈세탁과 테러 자금 조달을 용이하게 하는 것을 막기 위한 중요한 방법이다. 탈중앙화 거래소를 사용하면 어떤 신원 정보도 공유하지 않고 누구나 거래를 할 수 있다. 공유되는 정보는 암호화폐 주소뿐이다.

암호화폐를 가진 사람이라면 누구나 허가 없이 탈중앙화 거래소를 사용할 수 있다는 장점이 있다. 단점은 암호화폐 거래만 허용하고 USD나 EUR와 같은 피아트 통화는 지원하지 않는다는 것이다. 피아트 통화를 지원하지 않는 이유는 모든 피아트 통화가 은행이나 금융 기관과 같은 중앙 기관을 사용하는 전통적인 은행 시스템에 묶여 있기 때문이다.

확장성

중앙집중화 거래소는 초당 수백만 건의 작업을 쉽게 수행할 수 있는 잘 확립된 기술을 기반으로 인프라를 운영할 수 있다. 따라서 수백만 명의 사용자에게 서비스를 제공하더라도 빠른 거래 경험을 제공할 수 있다.

탈중앙화 거래소는 퍼블릭 블록체인으로 동작하기 때문에 트랜잭션 처리량은 블록체인의 최대 트랜잭션 속도에 의해 제한된다. 2020년 기준 최대 거래량은 초당 20건 미만이다. 이에 비해 비자의 결제 네트워크는 앞서 언급한 바와 같이 초당 최대 65,000건의 거래를 처리할 수 있다.

플래시론[8]

표준 대출에는 대출 대상자와 대출 가능한 최대 금액을 평가하는 절차(신용평가 및 담보평가 모형)가 있다. 일부 대출은 보증을 위해 대출자가 담보물을 제공해야 할 수도 있다. 대출자는 차입자가 자금을 반환하지 않을 수 있는 위험으로부터 스스로를 보호하기 위해 담보 제공과 같은 과정을 만든다. 차입자가 자금을 오래 보유할수록 위험은 증가한다.

반면 플래시론은 같은 이더리움 거래에서 수수료를 더한 금액을 돌려주는 조건으로 이더리움 스마트 콘트랙트로 담보 없이 대부업체의 자금을 빌릴 수 있게 해준다. 이는 하나의 이더리움 거래에서 다른 스마트 콘트랙트로 여러 호출을 실행할 수 있고, 따라서 빌린 자금을 동시에 돌려줄 수 있기 때문에 스마트 콘트랙트 차입 자금에 유용하다.

그림 7-12는 스마트 콘트랙트가 한 번의 거래에서 어떤 작업을 수행할 수 있는지를 보여준다.

스마트 콘트랙트에서 자금과 수수료를 올바르게 반환하지 않으면(3단계), 1단계부터 3단계까지는 같은 트랜잭션에서 실행되므로 1단계에서 디파이 대출 플랫폼에 오류를 반환할 것이다. 따라서 대출 플랫폼은 대출 디폴트(채무불이행) 위험이 없다. 즉, 대출자

8 플래시론(Flash Loans): 무담보 성격의 디파이의 종류 중 하나로, 대출받은 암호화폐로 이득을 취한 뒤 바로 되갚는 대출. – 옮긴이

에게 위험이 없기 때문에, 대출자는 대출 풀에서 사용할 수 있는 모든 자금을 스마트 콘트랙트로 대출할 수 있다.

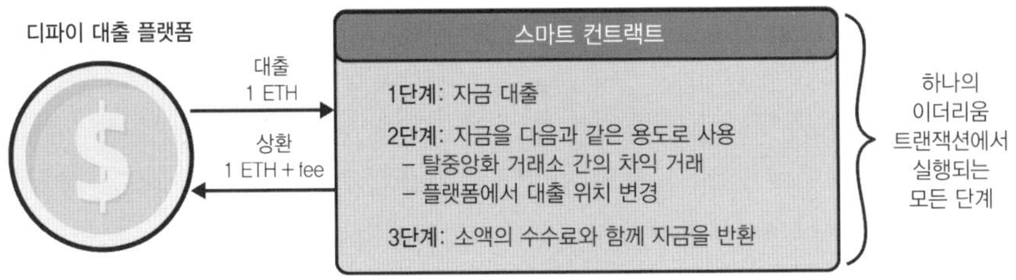

그림 7-12. 플래시론의 예

스마트 콘트랙트 자금을 보유하고 받으며, 전송할 수 있다. 또한 잔액에 대한 기록을 유지한다. 기본적으로 스마트 콘트랙트와 커뮤니티 인센티브는 전통적인 금융상품의 중앙 집중식 권한을 대체한다.

플래시론 콘트랙트 작성

플래시론을 실행하는 방법의 예는 다음과 같다.

1. 플래시론을 실행할 수 있는 스마트 콘트랙트를 작성한다.
2. 플래시론을 실행한다.

플래시론 콘트랙트는 에이브Aave 디파이 서비스 대출 풀에서 DAI(ERC-20 토큰) 1개를 빌린 후 1.0009 DAI를 돌려준다. 반환되는 금액은 플래시론의 수수료가 포함돼 있기 때문에 더 높다.

플래시론 스마트 콘트랙트의 코드는 다음과 같다.

```
pragma solidity ^0.6.6;
// 에이브 플래시론 코드를 불러온다.
import "https://github.com/aave/flashloan-
  box/blob/Remix/contracts/aave/FlashLoanReceiverBase.sol";
import "https://github.com/aave/flashloan-
```

```
  box/blob/Remix/contracts/aave/ILendingPoolAddressesProvider.sol";
import "https://github.com/aave/flashloan-
  box/blob/Remix/contracts/aave/ILendingPool.sol";

contract Flashloan is FlashLoanReceiverBase {

/**
플래시론 스마트 콘트랙트를 생성할 때 다음 생성자가 실행된다.
에이브의 LendingPoolAddressProvider 콘트랙트 주소를 반드시 지정해야 한다.
이 인수는 작업 환경에 따라 다르다. 주소를 얻으려면 에이브 문서(Aave docs)를 참조한다.
*/
    constructor(address _addressProvider) FlashLoanReceiverBase(_addressProvider)
       public {}

  /**
  다음 함수는 콘트랙트가 플래시론 금액을 받은 후 에이브에 의해 플래시론 콘트랙트에 호출된다.
  */

   function executeOperation(
        address _reserve,
        uint256 _amount,
        uint256 _fee,
        bytes calldata _params
   )
        external
        override
   {
        require(_amount <= getBalanceInternal(address(this), _reserve),
                "Invalid balance, was the flashloan successful?");
        // Your logic goes here.
        // !! Ensure that *this contract* has enough `_reserve` funds to
        // pay back the `_fee` !!

        uint totalDebt = _amount.add(_fee);
        transferFundsBackToPoolInternal(_reserve, totalDebt);
   }

   /**
   플래시론을 실행하면 다음 함수를 호출한다. 파라미터 _asset은 플래시론으로 빌리는 토큰의 주소다.
   예에서 빌리는 토큰은 DAI다.
```

```
*/

    function flashloan(address _asset) public onlyOwner {
        bytes memory data = "";
        uint amount = 1 ether;

        ILendingPool lendingPool =
          ILendingPool(addressesProvider.getLendingPool());
        lendingPool.flashLoan(address(this), _asset, amount, data);
    }
}
```

콘트랙트의 배포

그림 7-13과 같이 리믹스 및 메타마스크를 사용해 스마트 콘트랙트를 배포할 수 있다.

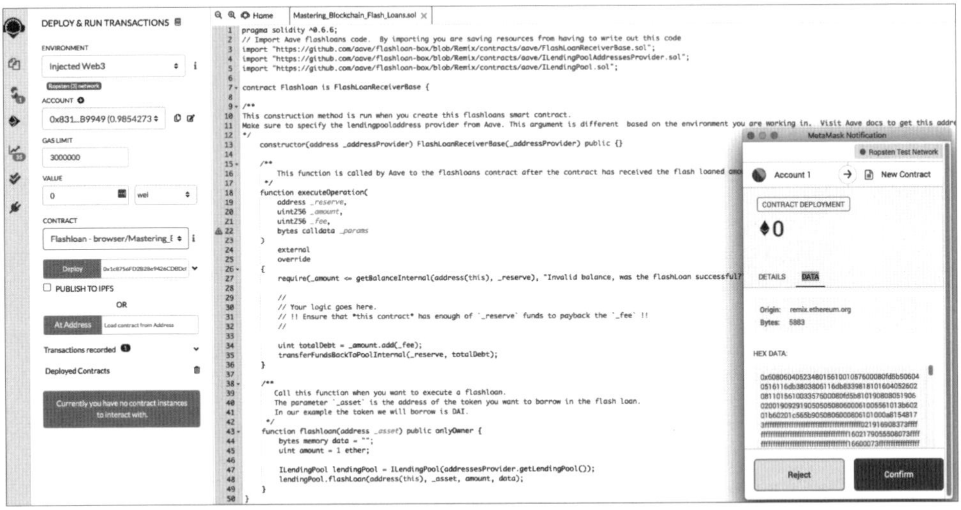

그림 7-13. 플래시론 콘트랙트 배포

플래시론 스마트 콘트랙트를 롭스텐 네트워크에 배포하는 데 필요한 단계를 설명한다.

1. 스마트 콘트랙트 코드(깃허브 주소: https://github.com/Mastering-Blockchain-Book)를 복사해 리믹스에 붙여 넣는다.

2. 컴파일러 버전 0.6+commit.6c089d02으로 코드를 컴파일한다(컴파일러 버전을 확인하려면 리믹스 IDE 왼쪽 상단에 있는 세 번째 버튼을 클릭한다).

3. 롭테인 환경에 코드를 공개한다. [Deploy] 버튼 옆의 필드에 반드시 에이브 LendingPoolAddressProvider 콘트랙트 주소를 입력해야 한다(참조. https://docs.aave.com/developers/v/2.0). 이 인수는 플래시론 콘트랙트를 만들 때 생성자로 전달된다. 기본적으로 자금을 빌릴 때 에이브와 통신하는 방법을 플래시론 콘트랙트에 알려준다.

4. 리믹스에서 배포를 클릭하고 메타마스크에 배포를 확인한다.

배포한 플래시론 스마트 컨트랙트의 주소는 다음과 같다.

플래시론 실행

플래시론을 실행하려면 기능 플래시론(`address _asset`)을 호출하는 이더리움 트랜잭션을 수행한다.

예에서는 1 DAI를 빌리는 플래시론을 실행하려고 한다. 플래시론 콘트랙트는 롭테인 환경에 있으므로, 필요한 것은 롭테인의 DAI 토큰 콘트랙트 주소다. 주소는 다음과 같다.

```
0xf80a32a835f79d7787e8a8ee5721d0feafd78108
```

에이브가 수수료를 부과하고 플래시론 콘트랙트가 수수료를 지불할 수 없다면 오류가 발생한다는 내용을 반드시 기억해야 한다. 수수료를 지불할 수 있도록 플래시론 콘트랙트가 적어도 0.0009 DAI를 보유했는지 확인한다. 스마트 콘트랙트 도구인 이더스캔을 활용해 민트한 뒤 콘트랙트로 자금을 이체할 수 있다.

우선 DAI 토큰 콘트랙트 주소를 확인하고 플래시론 DAI를 준비하면 플래시론 컨트랙트의 수수료를 지불해 실행할 준비가 된다.

플래시론은 많은 양의 가스를 사용해 여러 트랜잭션을 수행하기 때문에 가스 제한을 반드시 높게 설정해야 한다. 가스 제한이 너무 낮으면 '가스 부족^out of gas^' 오류가 발생한다.

예시에서 다음 트랜잭션을 플래시론 콘트랙트로 보낸다.

- Amount: 0 ETH
- Gas limit: 300,000
- Data: 0x36c40477000000000000000000000000f80a32a835f79d7787e8a8ee5721d0feafd78108

데이터 필드에는 두 가지 정보가 들어 있다.

데이터 값	설명
0x36c40477	`flashloan(address _asset)` 함수를 호출하라는 명령이다.
`000000000000000000000000f80a32a835f79d7787e8a8ee5721d0feafd78108`	`_asset` 인수가 함수로 전달된다. 예에서는 DAI 토큰 콘트랙트의 주소다.

그림 7-14는 입력 데이터를 포함해 플래시론 콘트랙트로 전송할 트랜잭션을 보여준다.

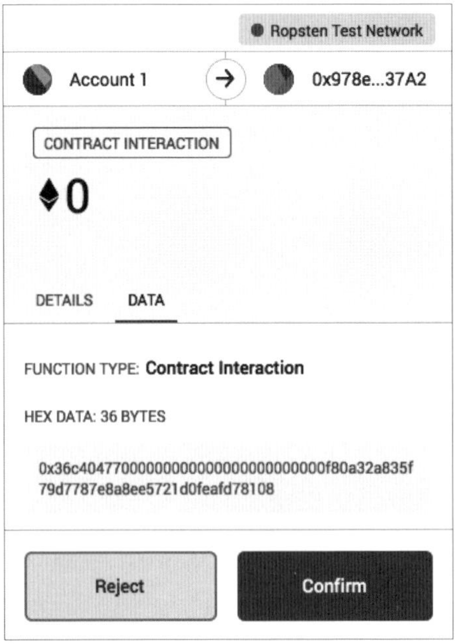

그림 7-14. 메타마스크 지갑에서 플래시론 콘트랙트 거래

온라인에서 플래시론의 성공적인 트랜잭션을 볼 수 있다. 기능 호출 및 토큰 전송을 포함한 트랜잭션 (0xc779 ...1f23)에서 많은 활동이 일어났다.

샘플 플래시론 콘트랙트에서 토큰 전송을 보면 단일 플래시론에서 3개의 토큰 거래가 발생했다는 것을 알 수 있다(표 7-3 참조).

표 7-3. 플래시론 트랜잭션에서 송금된 자금 목록

거래#	요청값	응답값	금액
1	Aave lending pool (0x4295···9472)	Flashloan contract (0x978e···37A2)	1 DAI
2	Flashloan contract (0x978e···37A2	Aave lending pool (0x4295···9472)	1.0009 DAI
3	Aave lending pool (0x4295···9472)	Aave fee collector (0xeBA2···fC9C)	0.00027 DAI

플래시론 트랜잭션에서 수행된 기능 호출을 보면 그림 7-15에 나와 있듯이 10개의 다른 스마트 콘트랙트와 1개의 사용자 계정이 포함된 총 24개의 기능 호출이 표시된다.

플래시론 콘트랙트에서 중요한 기능 호출은 다음과 같다.

1. **플래시론 시작**: 플래시론은 콘트랙트를 만든 같은 사용자 계정(0x8319 ... 9949)을 사용해 시작된다. 사용자 계정은 플래시론 콘트랙트(0x978e ... 37a2)에 있는 함수 `flashloan(address _asset)`을 충분한 가스를 갖고 호출한다.
2. **대출 요청**: 플래시론 콘트랙트 (0x978e ... 37a2)는 에이브 콘트랙트 중 하나에서 플래시론 요청을 보낸다.
3. **프로세스 및 전송 자금**: 에이브 콘트랙트는 일련의 통화를 통해 실행되며 결국 DAI 토큰 콘트랙트(0xf80a.8108)를 호출해 1 DAI를 플래시론 콘트랙트(0x978e ... 37a2)로 이전한다. 1 DAI는 빌린 돈이다.
4. **보내진 자금 통지**: 1 DAI가 플래시론 콘트랙트(0x987e ... 37a2)에 보내진 후, 에이브의 콘트랙트 중 하나가 자금이 보내졌다는 것을 알리기 위해 호출한다. 이때 플래시론 콘트랙트는 어떤 목적으로든 1 DAI를 사용할 수 있다. 예시에서는 간단하게 하기 위해 토큰이 사용되지 않았다.

5. 수수료로 자금을 상환: 플래시론 콘트랙트(0x987e ... 37a2)는 에이브 콘트랙트 중 하나를 호출해 자금을 반환한다. 이 콘트랙트는 DAI 토큰 콘트랙트(0xf80a ... 8108)를 호출해 1.0009 DAI를 에이브 콘트랙트로 이전한다.

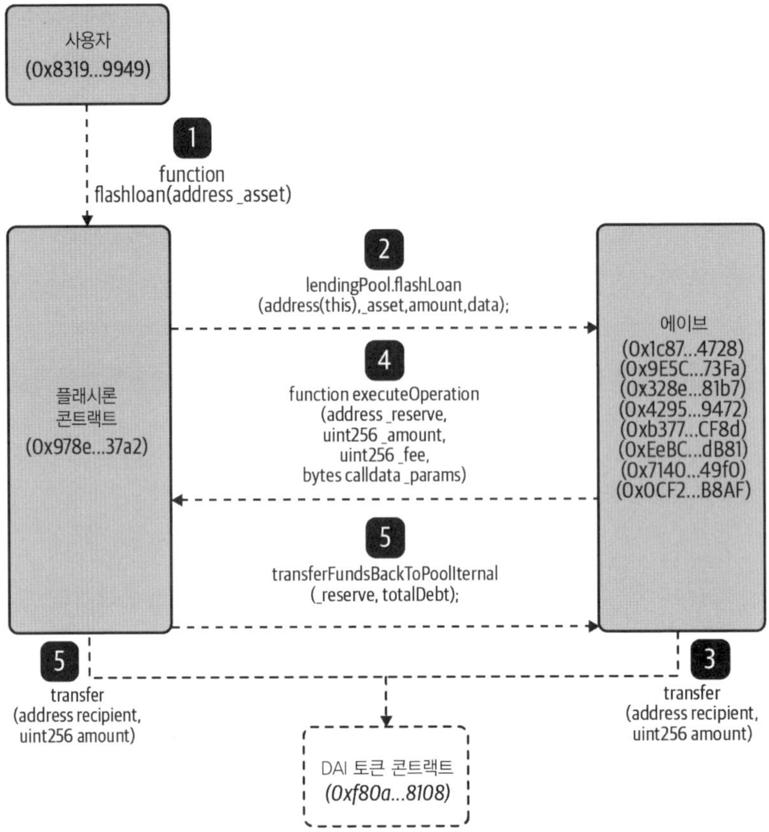

그림 7-15. 다른 스마트 콘트랙트 사이에서 중요한 기능 호출 순서를 보여주는 흐름도

차익 거래를 위한 플래시론

플래시 대출의 주요 적용 사례 중 하나는 여러 디파이 플랫폼 간에 가격 차이를 이용한 차익거래다. 가장 큰 이점은 차익거래에 참여하는 거래소에 자산을 일시적으로 보유할 필요가 없다는 것이다. 암호화폐 거래소 사이의 거래에서 유동성은 담보물과 교환가치에 대한 등가 가치에 대한 설정 등에 따른 거래 위험도가 발생할수 있다. 이에 차익 거래

가 가능한 금액을 제한하고 교환가치 담보물을 제한하는 등 거래수익을 더 높일수 있도록 진입 장벽을 두고 플래시론을 운영하고 있다. 그러나 플래시론으로 중재하면 허가를 요청하지 않고 여러 개의 대규모 유동성 풀에 실시간으로 접근할 수 있다.

대출자는 스마트 콘트랙트에 자금을 입금하면 대출을 받을 수 있다. 이후 언제든지 콘트랙트로 진액올 살펴보고 자금의 몇 퍼센트가 대출됐는지 볼 수 있다. 트랜잭션이 중간에 멈추면 트랜잭션이 완료되지 않았으므로 대출이 일어나지 않는다. 플래시 대출 수행에 드는 비용은 실행하는 데 필요한 가스 비용이다.

풀크럼 플랫폼 해킹 사건

해커들이 디파이 플랫폼의 취약성을 이용하기 위해 플래시론을 사용한 적이 있다. 2020년 2월 15일 해커가 플래시론을 사용해 선물 거래를 지원하는 bZx사의 선물 거래소, 펄크럼Fulcrum의 마진 트레이딩 플랫폼에서 오라클 조작 공격을 수행한 사건이다.

오라클은 신뢰할 수 있는 외부 뷰를 제공하는 스마트 콘트랙트를 제공한다. 가령, 디파이 스마트 콘트랙트에서는 오라클로 BTC/USD 환율을 알 수 있다. 공격 당일 풀크럼 플랫폼은 카이버와 유니스왑을 포함한 여러 오라클의 환율 데이터를 수신하고 있었다. 풀크럼이 두 덱스에서 환율 데이터를 수집하는 이유는 풀크럼 사용자에게 마진 거래를 제공하기 위해 유동성 풀에 액세스하기 때문이다.

오라클 조작 공격을 수행한 플래시론 콘트랙트 트랜잭션 ID는 다음과 같다.

```
0xb5c8bd9430b6cc87a0e2fe110ece6bf527fa4f170a4bc8cd032f768fc5219838
```

트랜잭션에 관한 자세한 사항은 온라인에서 확인할 수 있다. 총 13개의 스마트 콘트랙트 함수 호출이 이뤄져 있다.

익스플로잇[9]에서 공격하는 플래시 대출 콘트랙트는 랩드토큰을 빌리고 거래하며, 상환한다. 이들은 다른 암호화폐의 가치를 나타내는 ERC-20 토큰이다. 1wBTC는 1 BTC를 나타내는 래핑된 비트코인이며 이론상 1BTC의 가치가 있지만 ERC-20 토큰 형태다.

9 익스플로잇(Exploit): 보안 취약점 혹은 시스템의 취약점을 이용한 공격 – 옮긴이

랩드토큰은 디파이 플랫폼이 원래 ERC-20 토큰의 형태가 아닌 암호화폐를 거래할 수 있게 해준다. 단순하게 1 wETH를 볼 때마다 1 ETH와 같다고 가정할 수 있다. wBTC와 BTC도 마찬가지다.

공격 과정은 그림 7-16과 같이 다섯 단계로 선명히 구분된다.

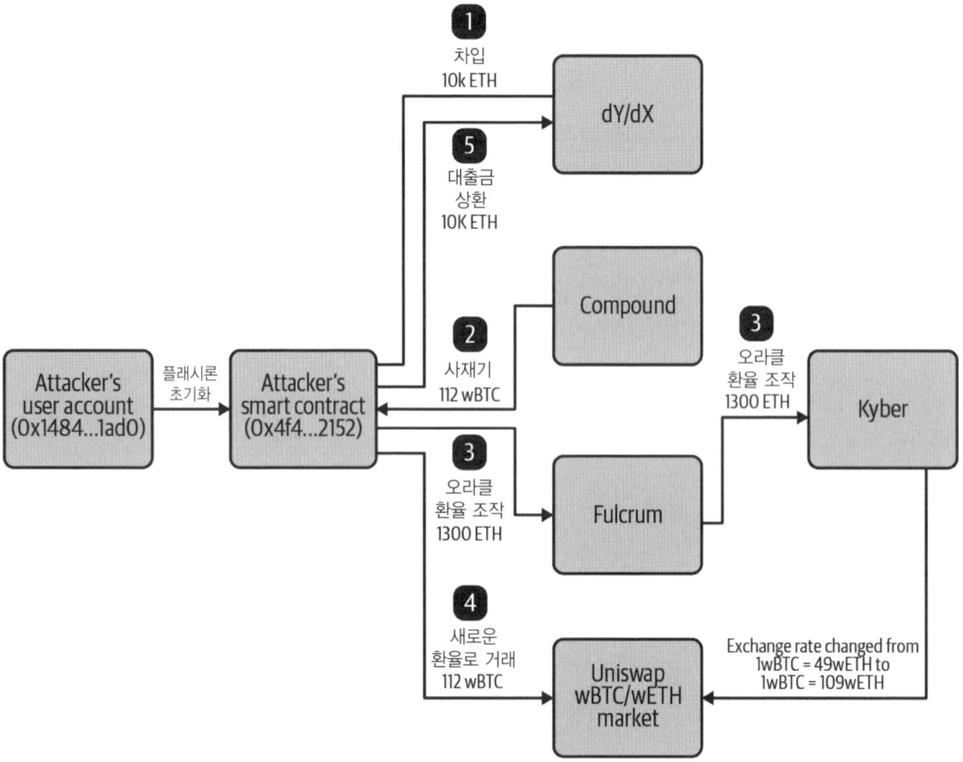

그림 7-16. 풀크럼 공격의 진행

단계를 요약하면 다음과 같다.

1. **차입**: 공격자의 플래시론 콘트랙트는 dYdX 탈중앙화 거래 플랫폼에서 10,000 ETH(2.81M USD)를 대출한다. 대출은 이더리움 거래가 끝날 때 대출금과 수수료를 상환해야만 유효하다.

2. **사재기**: 디파이 대출 플랫폼 컴파운드에서 112wBTC(115만 달러)를 빌린다. 자금 확보를 위해 5,500 ETH(150만 달러)를 담보로 제공하고 있다. 112wBTC는 나중에 오라클에서 비율을 조작하기 위해 다른 시장에 보낼 것이다.

3. **오라클 환율 조작**: 1,300 ETH를 풀크럼 마진 거래 플랫폼에 예치하고, 5배의 레버리지로 wETH/wBTC 시장에서 가격이 하락할 것이라고 장담하는 단기 거래 포지션을 개설한다. 짧은 포지션으로 인해 도미노 효과가 발생한다. 풀크럼이 쇼트 포지션 서비스를 제공하기 위해 카이버Kyber에서 5,637 ETH(158만 달러)를 51.34wBTC (52만5천 달러)에 스왑했다. 카이버는 유니스왑에서 큰 규모의 wBTC를 인출하면서 중대한 슬리피지(금융 시장에서 유동성 부족으로 인해 가격이 크게 변동하는 현상)가 발생한다. 그러면 유니스왑의 wETH/wBTC 환율이 1wB에서 변경된다. TC = 1wB에 대한 사재기 단계에서 컴파운드가 부여하는 비율인 49wETHTC = 109.8 wETH다.

4. **새로운 환율로 거래**: 현재 유니스왑의 wETH/wBTC 환율이 상승함에 따라 공격자의 플래시론 콘트랙트는 유니스왑 시장에 112wBTC를 덤프해 거래에서 6,871ETH(193만 달러)를 받고 있다. 이 동작에서 1wB의 환율을 받는다. TC = 61.3(ETH)다. 당초 컴파운드에서 받은 요금보다 약 25% 높은 금액으로 1,371 ETH(38만5천 달러)의 이익이 발생한다.

5. **대출금 상환**: 수익이 발생한 후 플래시론 콘트랙트는 dYdX에서 원래의 10,000 ETH 대출을 상환한다. 그렇지 않으면 오류가 발생해 트랜잭션이 끝나지 않는다. 공격자는 총 0.03 ETH(7.47 달러)를 들여 거래를 실행했으며 약 38만5천 달러 상당의 암호화폐를 확보했다. 그리고 나서 컴파운드 대출을 갚았다.

금융 기술에 큰 혁신이 있을 때마다, 기술 변화를 악용할 새로운 방법을 찾는 사람들이 항상 있다. 페이팔 초기 해커들은 자동으로 가짜 페이팔 계정을 생성해 대규모 신용카드 사기를 치기 시작했다. 결국 페이팔은 위협을 억제하기 위해 인간 사용자를 기계와 구별하는 컴퓨팅 테스트인 CAPTCHA의 초기 버전을 만들었다. 디파이도 예외는 아니다. 이는 금융 서비스 제공 방식의 근본적인 변화이며, 유동적인 상황으로 인해 공격자가 지속적으로 이익을 얻을 수 있는 악용 방법을 모색하게 된다.

프라이버시

비트코인이나 이더리움 같은 퍼블릭 블록체인은 개인정보 보호 측면에서는 탁월하지 않다. 금융과 웹의 분산을 생각할 때 정보보안은 신중히 고려해야 한다. 여러 솔루션으로 신원을 숨길 수 있다. 프라이버시는 블록체인 기술의 실험적 영역이어서 솔루션을 활용한 다양한 방식이 등장할 것이다.

비트코인과 이더리움을 통해 모든 트랜잭션 정보는 공개 블록체인에서 볼 수 있는데, 여기에는 발신자와 수신자의 거래량과 주소가 포함된다. 그러나 블록체인 트랜잭션 정보가 비공개로 남아 있어야 하는 사례가 있으며, 이런 필요를 충족시키기 위해 제트캐시 및 모네로와 같은 프라이버시 중심의 블록체인이 출시됐다. 또한 조직이 참여할 수 있도록 허용되기 전에 초대 또는 자동 조사가 필요한 코다Corda 및 쿼럼Quorum과 같은 개인 블록체인 네트워크가 있다. 여기서는 개인정보 보호의 몇 가지 측면만 고려하고 9장에서 다시 이 주제를 다룬다

영 지식 증명서

영 지식 증명Zero-Knowledge Proof은 증명자Prover가 검증자Verifier에게 진술이 참이라는 것을 증명하는 암호화 방법 또는 프로토콜이다.

증명자가 '월리를 찾아라'라는 그림에서 월리를 발견했다는 것을 검증자에게 증명해야 한다고 가정해보자. 가장 쉬운 접근법은 증명자가 월리를 가리키는 것이지만, 그렇게 하면 검증자가 월리가 어디에 있는지 알게 돼 비밀이 드러난다. 영 지식 접근법은 검증자가 월리 그림보다 훨씬 큰 종이를 준비해 중앙에 구멍을 내고 월리를 가리켜 증명하는 방식이다. 검증자가 보이지 않는 곳에서 증명자는 도면을 덮어 종이 구멍을 통해 월리만 보이게 한다. 그러면 검증자에게 월리를 찾는 데 도움이 될 만한 정보를 공개하지 않고 월리를 찾았다는 것을 증명자가 입증할 수 있다.

다른 예를 들면 검증인이 웹사이트에 로그인하기 위한 올바른 비밀번호를 알고 있음을 검증자에게 증명하고 싶다고 하면, 현재 많은 웹사이트가 사용하는 방법은 사용자의 암호 해시를 데이터베이스에 저장하는 것이다. 사용자가 로그인할 때 다음 시퀀스가 수행된다.

1. 사용자는 암호를 일반 텍스트로 서버로 보낸다.
2. 서버는 MD5와 같은 표준 암호화 알고리듬을 사용해 암호를 암호화한다.
3. 새로 생성된 MD5 해시가 데이터베이스에 저장된 해시와 일치하면 입력한 암호가 유효함을 입증한다.

그러나 위 방법을 적용하면 사용자의 암호가 취약해진다. 취약점을 살펴보자

중간자 공격

해커가 사용자와 서버 간의 통신을 손상시킬 때 일반 텍스트 암호를 가로챌 수 있다.

무차별 대입 공격과 사전 공격

웹사이트의 데이터베이스가 탈취되면, 해커는 시행착오를 거쳐 무차별 공격이나 단어 또는 구phase 목록을 이용한 사전 공격을 포함한 다양한 방법을 시도해 사용자의 암호를 해독할 수 있다.

영 지식 접근 방식에서, 사용자는 비밀번호가 무엇인지 밝힐 필요 없이 유효한 비밀번호를 갖고 있음을 증명할 수 있다. 서버는 비밀번호의 어떤 것도 저장하지 않으며, 심지어 해시도 저장하지 않는다. 신버스 SRPThinbus Secure Remote Password 프로토콜[10]로 구현하면 다음과 같은 작업을 수행할 수 있다.

1. 서버는 임의로 생성된 솔트salt 또는 추가 입력으로 사용되는 무작위 데이터와 암호 해독이 불가능한 검증기verifier를 저장한다.
2. 사용자가 웹사이트에 로그인할 때 해당 특정 로그인에만 사용된 일회성 값을 보낸다. 시도할 때마다 메시지는 매번 다르게 보일 것이다. 서버는 일회성 값을 수신하며, SRP를 통해 수신된 메시지가 유효한 암호를 가진 사용자에 의해 전송됐는지 확인할 수 있다. 그림 7-17은 SRP 등록 작업 흐름을 보여준다.

10 SRP(Secure Remote Password Protocol): 안전하지 않은 네트워크 연결을 통한 암호 기반 상호 인증을 위한 강력한 암호화 인증 프로토콜 – 옮긴이

신버스는 암호 라이브러리이므로 원하는 대로 작업을 수행할 수 있다.

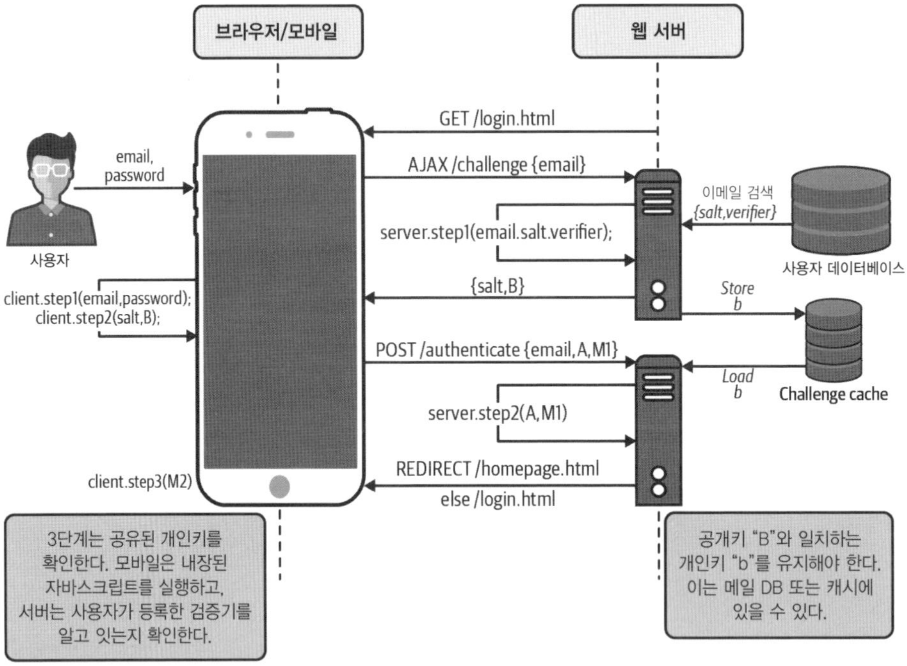

그림 7-17. SRP의 등록 작업 흐름

영 지식 증명을 구현하면 시스템의 개인정보 보호와 보안이 크게 향상된다. 그러나 처리 능력과 하드 드라이브 공간에는 추가 비용이 발생한다. 또 다른 단점은 두 당사자(증명자 및 검증자)가 서로 직접 상호작용해야 한다는 것이다.

웹사이트에서는 문제되지 않는 단점이지만, 블록체인에 영 지식 증명을 구현하는 것은 다음과 같은 이유로 인해 상당한 영향을 미칠 수 있다.

- 블록체인 마이너들은 전체 블록체인 히스토리의 복사본을 유지하며, 이는 네트워크 사용량이 증가함에 따라 매우 빠르게 커진다. 더 많은 데이터를 추가하면 문제가 더욱 악화된다.
- 블록체인 네트워크에서, 송신자는 트랜잭션이 유효하다는 것을 증명하기를 원하고, 마이너들은 각각 타당성을 검증한다. 문제는 발신인이 모든 마이너와 직접 소

통하지 않는다는 점이다. 오히려, 송신자는 거래 세부사항을 브로드캐스트하고 마이너는 직접 일대일 상호작용을 수반하지 않는 프로세스인 거래를 검증한다.

블록체인이 영 지식 증명 방법을 채택하기 위해서는 네트워크의 노드가 직접 통신하지 않는 노드에서 영 지식 증명으로 검증할 수 있도록 해야 한다. 그러기 위해서는 더 나은 확장성과 비대화성을 만족해야 한다. 이 방법을 사용하면 트랜잭션의 송신자(증명자)가 하나의 데이터를 브로드캐스트할 수 있으며 마이너(검증자)는 송신자와 추가적인 상호작용 없이 트랜잭션의 유효성을 확인할 수 있다. 트랜잭션 송신자가 네트워크에 브로드캐스트하는 데이터는 블록체인에 저장되기 때문에 크기 또한 매우 작아야 한다.

영 지식 증명은 마이닝이 사용되지 않는 기업용 블록체인 애플리케이션에서 사용된다. 이에 대한 내용은 9장에서 자세히 다룬다.

비인터랙티브 지식 논쟁

제트캐시와 같은 암호화폐에서 이미 사용되는 개인정보 기술인 영 지식 증명은 비인터랙티브 지식 논쟁zk-SNARKs이다. 이더리움에서는 스마트 콘트랙트에서 프라이버시를 강화하는 데 사용할 수 있다.

언젠가 통합될 것으로 예상되지만, 현재 zk-SNARKs는 막대한 가스 비용이 필요하기 때문에 이더리움 같은 네트워크에서 출력을 생성하기 위해 입력 데이터를 미리 컴파일하거나 처리해야 한다. 현재로서는 EVM 외부에서 러스트Rust 또는 자바스크립트JavaScript를 사용해 사전 컴파일하는 가장 좋은 방법이다. 아즈텍Aztec은 프라이버시를 강화하기 위해 zk-SNARKs를 성공적으로 통합하는 이더리움을 위한 초기 메인넷 또는 생산 환경 기술이다.

제트캐시

제트캐시Zcash는 거래 정보를 공개 또는 비공개로 만들 수 있는 옵션을 제공하는 개인정보 중심의 블록체인이다. 프라이빗 제트캐시 거래는 zk-SNARKs를 사용한다. 제트캐시의 zk-SNARKs 구현은 퍼블릭 블록체인에 얼마나 유용할 수 있는지를 다음과 같이 보여줬다.

- 비트코인이나 이더리움 같은 퍼블릭 블록체인에서 프라이빗 트랜잭션을 허용
- 퍼블릭 블록체인의 스마트 콘트랙트 코드 비공개 실행 허용

링 서명

링 서명Ring Signatures을 사용하면 미리 정의된 그룹의 누구나 트랜잭션에 서명할 수 있으므로 실제 서명자의 신원을 파악하는 데 어려움이 있다. 그룹 구성원 중 한 명이 트랜잭션을 전송해 발신인을 숨기고 개인정보를 보호할 수 있다. 고리가 클수록 은닉 가능성이 높아진다. 모네로 암호화폐는 현재 UXTO를 숨기기 위해 혼란 유발 코인decoy 출력을 사용하는 것 외에도 링 서명 기술을 사용하고 있다.

웹 3.0

적절한 수준의 프라이버시를 갖춘 블록체인과 암호화폐는 웹을 위한 플랫폼을 만들어 새로운 유형의 개발을 장려하고 지난 10년 동안 지배해온 과두제[11] 모델에서 사용자를 멀어지게 할 수 있다.

월드 와이드 웹World Wide Web, WWW의 진화 과정을 단계로 이야기하는 것은 일반적이다. 웹 1.0은 정적 페이지, 양식 필드 및 수동 콘텐츠로 구성됐다. 웹 2.0은 동적 페이지, 대화형 필드 및 사용자가 만든 콘텐츠를 도입했다. 웹 3.0은 이전 두 세대에서 생성된 데이터가 반환되고, 수익성이 생기며 사용자가 제어한다. 전체적인 모습은 아직 명확하지 않지만 몇 가지 특징이 나타나고 있으며, 오늘날 웹 3.0 기술을 위한 발판이 만들어지고 있다.

사용자들은 자신도 모르게 가끔 많은 데이터를 주고받는데, 대부분은 웹 브라우저에서 발생한다. 브레이브Brave는 프라이버시에 초점을 맞춘 크롬 기반의 브라우저다. 다른 웹

11 과두제(寡頭制, oligarchy): 자산, 군사력, 정치적 영향력 등을 지닌 소수의 사회 구성원들에게 권력이 집중된 정부의 형태 – 옮긴이

브라우저들도 개인정보 보호 기능에 대해 다양한 주장을 내놓고 있지만, 블록체인 기술을 구현한 것은 브레이브가 처음이다. 광고 차단 기능을 내장해 광고를 암호화폐로 대체했다. ERC-20 암호화폐인 Basic Attention Token^BAT^은 광고 플랫폼 대신 웹사이트 소유자와 콘텐츠 제작자에게 보상하기 위해 사용된다.

독립적인 개발자들에게 오픈소스 코드를 작동시키기 위해 돈을 지불하는 과정은 다소 복잡할 것이다. 암호화폐와 블록체인이 소프트웨어 개발에 흥미로운 변화를 가져오고 있다. 깃코인과 같은 사이트는 웹 3.0 시대를 수용하고 지원하며, 개발자와 프로젝트를 찾는 기금 제공자를 연결해주는 역할을 한다. 개발자들은 버그 수정이나 기능 요청 구현 등 프로젝트에 대한 작업을 수행하며, 모든 지불은 암호화폐로 이뤄진다.

파일 저장은 웹 기반 응용 프로그램의 중요한 부분이며, 이를 탈중앙화시키는 것이 핵심이다. 데이터를 저장하고 공유하는 것은 많은 기술 제공업체들이 서비스 조건을 통해 사용자 정보를 자유롭게 이용할 수 있게 해주는 것이다. IPFS^InterPlanetary File System^는 단일 노드가 계속 실행되는 한 파일의 분산 저장을 가능하게 하는 영구적인 네트워크다. 디자인은 모듈형이므로 다양한 사용 사례에 사용될 수 있다.

탈중앙화 웹 프레임워크를 구축하는 것은 엄청난 작업이다. ID, 분산 시스템 및 블록체인을 개발자가 점점 분산된 응용 프로그램을 만드는 데 사용할 수 있는 발판으로 융합해야 한다. 블록스택^Blockstack^은 아이덴티티로 시작해 탈중앙화 시스템으로 구축한 초기 프레임워크 중 하나다. REST 호출을 사용해 개발자가 과거에 사용했던 것과 유사한 프레임워크에서 디앱을 만든다.

하나의 예시로 도박도 있다. 웹 3.0에서는 스마트 콘트랙트를 통해 가치가 이전되기 때문에 규칙이 공정한지 여부를 감사하기 쉽다. 전통적인 도박에서는 일반적으로 하우스가 이길 확률이 높다. 웹 3.0 프레임워크에서는 무손실 도박과 같은 새로운 종류의 게임이 개발 중이다. 모두가 스테이블코인을 넣어 수익을 올리는 DAO 풀이 있다고 가정하면, 풀은 무작위 선택 과정을 거쳐 우승자가 풀에서 벌어들인 이자를 모두 받고 패자는 원래 금액의 스테이블코인을 돌려받는 방식이다.

요약

웹 3.0 테크놀로지는 기존의 중앙집중화 서비스 모델의 중단을 기반으로 한다. 중앙집중화 서비스 모델은 한동안 성공했지만 사이버 공격이 늘어나면서 영향력이 점점 약해지고 있다. 새로운 아이디어가 금융과 웹에 주입되고 있으며, 개발자들은 블록체인, 암호화폐, 스마트 콘트랙트를 사용해 사용자의 개인 정보를 보호하고 개인정보에 대한 통제를 다시 사용자에게 돌려주는 방법을 연구하고 있다.

8장

캐치 미 이프 유 캔

블록체인과 암호화폐는 많은 가능성을 품고 있다. 그러나 성공으로 가는 길에는 함정도 많다. 비트코인 탄생 이후에는 스캔들, 해킹, 비트코인 관련 절도 등 다양한 사건이 일어났다.

역사가 지침으로 활용되지 못한다면 과거는 반복될 수 있으므로 사건들을 기억해야 한다. 8장에서 다루는 문제는 조금 심각해 보일지도 모르지만, 기회의 세계로 이어지는 길목에 있는 단순한 장애물로 바라보면 좋겠다.

가장 유명한 악용 사례는 비트코인을 지불 메커니즘으로 사용한 다크웹의 익명의 불법 시장인 '실크로드'다. 사용자들은 익명의 가상 사설망VPN 소프트웨어인 토르Tor를 통해 실크로드에 접속한다. 토르는 인터넷 트래픽을 라우팅하기 위해 글로벌 컴퓨터 네트워크를 사용하므로 추적하는 것이 거의 불가능하다. 사용자는 IP 주소와 같은 식별 정보를 모호하게 해 익명으로 유지할 수 있다.

2013년 10월, 오랜 수사 끝에, FBI는 실크로드의 운영자 로스 울브리히트Ross Ulbricht를 체포했다. 울브리히트는 캘리포니아 샌프란시스코의 공공 도서관에서 일할 당시, 암호화된 노트북을 열어 둔 덕에 체포됐다. 당국은 울브리히트의 컴퓨터에 있는 모든 정보에 접근할 수 있었는데, 사이트 운영과 관련된 정보도 포함돼 있었다. 울브리히트는 당시 가장 큰 불법 마약, 총기 및 기타 밀수품 시장을 운영한 혐의로 현재 가석방 없이 2회 연속 종신형을 선고받았다.

비트코인은 초기에 많은 사용자들이 블록체인 상의 거래를 추적하기 어려울 것이라고 생각했다. 시간이 지나면서 암호화폐에 중점을 둔 많은 기업과 개인이 거래소, 지갑 제공자 및 생태계 내 기타 이해관계자의 메타 데이터를 활용해 주소를 서로 연결하는 방법을 알아냈다.

암호화폐 세탁의 진화

비트코인 거래가 익명이라고 생각했던 2014년 이전까지는, 범죄자들은 암호화를 통해 불법 자금을 옮기면 행적을 감출 수 있을 것이라고 여겼다.

2011-2013년, 실크로드는 결제 목적으로 비트코인을 성공적으로 사용하고 있었다. 약 3년의 기간 동안 거래소에서 자금이 도난당해도 해결하기 위한 대응책이 존재하지 않는다고 생각했다. 2014년 초 일본 거래소 마운트곡스(203쪽 마운트곡스 참조)가 붕괴된 이후, 사라진 자금을 추적하기 위한 궁극적인 노력이 이어지면서 많은 사람들이 비트코인 거래가 완전히 익명이 아니라는 사실을 깨닫기 시작했다.

당시 사람들이 유일하게 볼 수 있는 것은 그림 8-1과 같이 Blockchain.info(현재 Blockchain.com)와 같은 블록체인 익스플로러를 사용하는 것이었다.

그림 8-1. 퍼블릭 블록체인 익스플로러의 두 주소 간에 전송되는 첫 번째 비트코인 트랜잭션

KYC 검사를 하지 않는 암호화폐 거래소가 많았고 정부는 이를 의무화하지 않고 있어서 범죄자들은 암호화폐를 피아트로 자금을 전환하는데 거래소를 이용했다.

> KYC는 규제 및 법령 준수에서 흔히 쓰는 용어다. '고객을 알고 싶다(Know Your Customer)'는 금융기관에서 계좌를 개설하려는 사용자의 신원을 확인하는 프로세스를 의미한다.

2014년, 블록체인 분석 회사 몇 군데에서 범죄 수사와 관련된 자금의 추적을 당국이 할 수 있도록 지원하기 시작했다. 이때부터 사람들은 실제로 비트코인이 익명이 아니라는 것을 깨달았다. 즉 비트코인 주소와 신원을 연관 지을 수 있다는 점을 알게 됐다. 또한 모든 비트코인 거래가 공개되기 때문에 거래 이력 전체가 존재해 서로 다른 주소 간의 관계를 판단할 수 있다.

다음과 같이 다양한 방법으로 비트코인 주소를 ID와 연결할 수 있다.

- 사람들은 자신들이 비트코인 주소의 소유자임을 공개적으로 밝힐 수 있다. 예를 들어, 위키리스크와 같은 일부 자선 단체는 사람들이 기부를 보낼 수 있도록 암호화폐 주소를 게시한다. 또 다른 예로는 온라인 포럼에 첫 번째 비트코인 거래에 참여해 사토시 나카모토로부터 10개의 BTC를 받은 할 피니Hal Finney가 있다. 그림 8-2와 같이 트랜잭션을 보면, 사토시와의 관계를 한층 더 자세하게 알 수 있다.

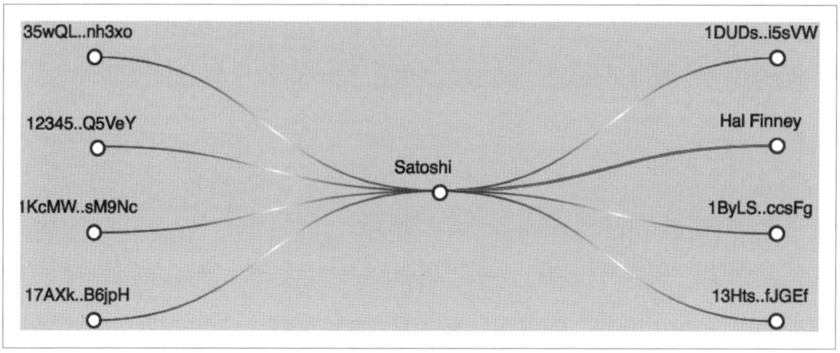

그림 8-2. 블록체인 분석 툴인 브레드크럼스의 모습으로 사토시가 할 피니와 관련된 다른 비트코인 주소를 보여준다.

- 비트코인 거래의 이용자들은 보통 상대방의 신원을 알고 있다.
- 많은 비트코인 주소는 지갑과 거래소를 포함한 암호화폐 관련 업체들이 소유하고 관리한다. 거래소는 각각의 사용자에 대해 고유한 비트코인 주소를 생성하고 일반적으로 해당 사용자에 대한 ID 정보를 가진다.
- 범죄 수사에서 수집된 증거로 비트코인 주소와 신원을 연결할 수도 있다. 예를 들어, 당국이 실크로드 서버를 압수하고 나서, 모든 비트코인 거래 정보를 확보했다. 하지만 모든 이용자를 추적할 수는 없었다.

오늘날 거래 세부사항을 대중에게 숨기는 프라이버시 중심 블록체인이 존재하는 이유가 바로 여기에 있다. 모네로는 현재 가장 인기 있는 프라이버시 블록체인이다.

범죄자의 관점에서 볼 때, 불법 자금을 보유하는 것은 이상적이지 않다. 자금을 세탁한 다음 지출하는 것이 목표다. 돈세탁은 예치-은폐- 통합의 세 단계로 진행된다.

간단히 말해서 암호화폐를 통해 자금이 세탁되는 방법은 다음과 같다.

1. **예치**: 범죄자금이 암호화폐에 예치되는 단계다. 자금이 현금이면 범죄자는 현금을 암호화폐로 변환하기 위해 일종의 온오프 램프on/off ramping[1]를 사용해야 한다. 많은 범죄자들은 자금이 이미 암호화돼 있기 때문에 예치 단계를 건너뛸 수 있다. 예를 들어, 다크웹에서 마약을 판매하는 상인은 암호화폐로 지불을 받게 된다.
2. **은폐**: 자금이 정리되는 단계다. 암호화폐에서 가장 효과적인 방법은 텀블러/믹싱 서비스tumbler/mixing service[2] 또는 모네로와 같은 프라이버시 블록체인을 통해 자금을 이동하는 것이다.
3. **통합**: 자금이 다시 범죄로 유입돼 범죄자에 의해 사용될 수 있는 단계다. 자금을 세탁한 후 범인은 반드시 온오프 램프를 사용해 자금을 환산해야 한다.

은폐 단계는 중앙 서버에 의존하지 않고 완전히 탈중앙화된 방식으로 수행될 수 있다. 그러나 예치 및 통합 단계에서는 암호화폐와 피아트 간에 자금을 전환하기 위해 온오프 램프가 필요하다. 여기서 돈세탁의 실질적인 전투가 벌어진다.

다양한 종류의 암호화폐 온오프 램프가 있으며, 관할구역도 여러 곳에 있다. KYC 규칙이 얼마나 엄격한지에 따라 다르다.

정교한 돈세탁 업자는 암호화폐 거래소에 가입할 때 위조 또는 도난당한 KYC 서류를 사용하게 된다. 거래소의 규정 준수 절차 또는 직원이 얼마나 엄격한지에 따라 신분을 감추는 데 성공한 자들도 있다. 허위 KYC 문서를 사용하면 거래소가 불법 자금 세탁 사실

1 온오프 램프(on/off ramping): 일반 법정 화폐(신용카드, 은행, 직불카드 등)를 사용해 일부 암호화폐를 구매하는 것– 옮긴이

2 텀블러/믹싱 서비스(tumbler/mixing service): 잠재적으로 식별 가능한 암호화폐의 다양한 스트림을 혼합하는 서비스. 암호화폐를 추적하기 어렵게 만들기 때문에 거래의 익명성을 향상시킴 – 옮긴이

을 발견했을 때 세탁자의 신원을 확인할 수 없다. 그러나 이 접근법의 성공 여부는 자금 세탁과 테러 자금 조달을 방지하기 위해 금융 기관이 시행하는 프로세스에 달려 있다. 영리한 운영자라면 문서 ID를 상호참조할 것이다. KYC 문서를 수동으로 확인하는 사람도 있고, 아쿠안트Acuant[3]와 같은 도구를 사용해 유효성을 확인하는 사람도 있다.

금융정보분석원 지침과 규제의 시작

규제와 범죄 측면에서 2013년은 블록체인 네트워크의 중심적인 해였다. 실크로드 폐쇄와 함께 미국 재무부 산하 금융정보분석원FinCEN, Financial Crimes Enforcement Network(이하 핀센)은 처음으로 전환가상통화CVC를 '전환 가능한 암호화폐를 취득해 실제나 가상의 상품 또는 서비스를 구입하는 사용자는 핀센의 규정에 따라 금전 서비스 업체MSB, Money Services Business가 아니다'라고 가이드라인을 발표했다.

그러나 '(1) 전환 가능한 암호화폐를 수락하고 전송하거나 (2) 전환 가상화폐를 구매하거나 판매하는 관리자 또는 거래소는 핀센의 규정에 따라 송금업자' 라고 명시하고 있다.

즉 다른 사람을 대신해 돈을 송금하는 사람들은 MSB 라이선스를 취득해야 한다. 핀센에서 정의하는 금전 서비스 업체MSB, Money Services Business는 다음과 같다.

- 딜러 또는 가상화폐를 화폐나 다른 가상화폐로 교환하는 자
- 보증수표
- 여행자 수표, 개인 수표, 우편환 혹시 통화 수단의 발행자, 환매인 혹은 출납원
- 직불 카드 및 상품권 판매업자stored value
- 자금이체업자
- 미국 우편 서비스

3 아쿠안트(Acuant): 로스앤젤레스에 본사를, 뉴햄프셔와 이스라엘에 엔지니어링 및 개발 센터를 두고있는 신원 확인, 문서 인증 및 사기 방지 기술 서비스 제공 업체 – 옮긴이

2013년에 CVC 지침과 함께 사용자나 고객을 위한 암호화폐 거래를 용이하게 하는 거래소, 지갑 및 기타 플랫폼을 포함할 수 있는 암호화폐 사업자들도 포함한다.

기관이 어떤 규정 준수를 요구하는지를 파악하는 것은, 다양한 규제 체제들 때문에 혼란스러울 수 있다. 미국 기관과 규제 기관은 암호화를 규제하는 것을 주장했다. 다음은 명확해진 주요 규칙 세 가지다.

CFTC

상품선물거래위원회Commodity Futures Trading Commission는 상품, 선물, 파생상품 시장을 규제하는 역할을 한다. CTFC 위원장은 인터넷이 가벼운 규제로 번성할 수 있었다고 언급하면서 암호화폐에 관해 '해롭지 않다'는 입장을 표명했다. 다만 CTFC는 암호화폐 관련 사기 및 조작 대응 조치를 강화할 것이 분명하다. 지금까지 CFTC는 비트코인과 이더리움 및 후속 파생상품의 관할권을 주장하고 있다. CFTC는 산하에 핀테크 혁신과 커뮤니티 활성화를 위해 조직된 랩CFTC 연구소CFTClab가 있다.

SEC

증권거래위원회Securities and Exchange Commission는 증권을 규제하는 권한이 있다. 증권은 투자 계약으로 정의되며, 자금 조달을 위해 사용된 일부 블록체인 기반 토큰은 이 정의에 해당할 수 있다. 실제로 SEC는 디지털 자산에 대한 투자 계약관련 지침을 발표했다. 또한 자산이 증권인지 아닌지에 대한 척도인 하위테스트Howey Test[4]를 피하기에 적합하다고 판단되는 프로젝트에 대해 액션 레터를 제공하지 않도록 동의하고 있다. 이는 프로젝트나 기업이 입법자에게 연락해 규칙을 역행적으로 적용하지 않을 것이라는 서한을 얻는 과정이다. SEC는 또한 블록체인 및 기타 금융 기술을 검토하기 위해 핀허브FinHub라는 부서를 두고 있다.

NYDFS

뉴욕 금융감독청New York Department of Financial Services은 미국 주의 금융 활동을 규제한다.

4 하위테스트(Howey Test): 어떤 거래가 투자에 해당하는지 여부를 판단하기 위해 사용하는 테스트. 투자에 해당한다면 증권법의 규제를 받아야 함. – 옮긴이

뉴욕은 미국의 금융 수도이며 NYDFS는 금융 서비스 및 제품을 담당한다. NYDFS는 2015년에 가상 통화 운영자가 주에서 사업을 수행하기 위해 비트라이선스BitLicense를 취득하도록 요구하기 시작했다. 여기에는 거래소, 지갑 및 암호화폐를 통합하는 기타 제품과 서비스가 포함된다. 면허를 취득하려면 신청서와 5천 달러의 수수료가 필요하며, 종합하면 10만 달러 이상의 비용이 든다. 뉴욕에서 운영되는 약 25개의 회사가 비트라이선스를 갖고 있다.

FATF와 여행 규칙

FATFFinancial Action Task Force가 제정한 새로운 규정인 여행 규칙Travel Rule은 암호화폐 운영자 간에 더 많은 데이터 공유가 필요하다. FATF는 미국, 캐나다, 프랑스, 독일, 영국, 이탈리아 및 일본을 포함하는 7개 그룹(G7) 정부 간 그룹이다.

이 표준은 가상자산 서비스 제공업체VASP가 거래소 등 서비스 제공업체로부터 자금을 옮기는 등 거래가 발생할 때 사용자 데이터를 제공하도록 규정하고 있다. 사용자 데이터에는 다음을 포함한다.

- 송신자의 이름
- 트랜잭션을 처리하는 데 사용되는 송신자의 암호화폐 주소
- 고유 식별자로써 송신자의 물리적 식별 번호
- 수신자의 이름
- 트랜잭션을 처리하는 데 사용되는 수신자의 암호화폐 주소

위의 규칙은 암호화폐와 블록체인 회사에게는 생소하겠지만 은행 업무에서는 그렇지 않다. FATF는 은행들이 수년 동안 돈세탁, 테러 자금 조달, 다른 금융 범죄와 싸우기 위해 자리를 잡고 있다.

MSB[Money Services Business] 표준에 준수해야 하는 암호화폐 세계의 모든 서비스 제공업체는 트래블 룰[Travel rule][5]에도 같은 작업을 수행해야 할 것이다. 기준에 대한 검토는 2020년에 이뤄졌다.

법을 어긴 사례

암호화폐와 블록체인 기술은 돈과 얽혀 있다는 점에서 흥미롭다. 돈과의 관계로 인해 규제 기관 및 법 집행 기관과 경쟁하는 얼리어답터가 많아졌다. 블록체인이 새로운 패러다임이라고 해서 법 위에 있다는 것은 아니다. 미국 집행 기관에 의해 처벌된 사례를 소개한다.

트렌든 세이버

BTCST[Bitcoin Savings & Trust]는 차익 거래를 통해 투자자에게 주당 7%의 수익을 약속하고 764,000 BTC 이상을 가로챌 계획을 세웠다. BTCST의 창립자 트렌든 세이버[Trendon Shavers]는 1년 6개월의 징역형을 선고 받았고 2015년에 123만 달러의 배상금을 지불하도록 명령 받았다. 유죄 판결과 함께 암호화폐 최초의 폰지 사기[6]이자 미국 범죄 증권 사기 사건으로 널리 알려졌다

찰리 슈렘

무면허 송금 사업으로 비트코인 거래를 촉진했다. 슈렘[Charlie Shrem]은 자신의 회사인 비트인스턴트[BitInstant]를 사용해 브로커가 실크로드 사용자에게 KYC/AML없이 비트코인을 제공하는 것을 무면허로 도왔고, 1백만 달러 이상의 비트코인 거래를 체결했다. 2014년 슈렘은 연방교도소에서 2년형을 선고받고 95만 달러를 몰수하라는 명령을 받았다.

에릭 부르히스

부르히스는 피드제버즈[FeedZeBirds]와 사토시다이스[SatoshiDICE] 두 회사에서 비트코인을

5 트래블 룰(Travel rule): 가상 자산의 이동을 추적하고 기록하는 시스템 – 옮긴이

6 폰지 사기(Ponzi scheme): 사전적 의미는 실제 이윤 창출 없이 나중에 들어온 투자자의 돈을 기존 투자자에게 수익금으로 나누어 주는 다단계 금융 사기 – 옮긴이

받는 대가로 미등록 증권을 판매했다. 2014년 SEC는 부르히스Erik Voorhees와 합의해 모금된 약 만 6천 달러(피해자에게 자금을 돌려주는 것)의 환수에 합의하고, 3만 5천 달러의 벌금을 부과했다. 또한 비트코인이나 다른 암호화폐로 더 이상 미등록 증권 판매에 참여하지 않기로 동의했다.

칼 포스

전 마약단속국DEA 요원인 칼 포스Carl Force는 실크로드 조사 중 DEA의 허위 진술로 비트코인을 압수했다. 포스는 또한 비트스탬프Bitstamp와 벤모Venmo를 통해 자금 세탁을 시도했다. 결제 서비스는 계좌를 동결시켰고, DEA의 지위를 사용해 동결해제를 시도했다. 포스는 2015년 돈세탁, 공무집행방해, 갈취 등의 혐의로 징역 6년 6개월을 선고받았다.

잭 코번

잭 코번Zachary Coburn은 등록되지 않은 국가 증권 거래소인 이더델타EtherDelta를 운영했다. 이더델타는 사용자가 이더리움 ERC-20 토큰을 거래할 수 있게 해주는 스마트 콘트랙트 기반 플랫폼이었다. 이더델타는 KYC/AML이 필요하지 않은 탈중앙화 거래소로 분류됐다. 코번은 2018년 SEC에 30만 달러, 이자 1만3천 달러, 벌금 7만5천 달러를 냈다.

레지 미들턴

SEC가 미등록 증권으로 조사한 레드 베리타시움Led Veritaseum의 ICO다. 베리타시움은 중개인이 필요 없는 시장 플랫폼을 제공한다는 개념으로 투자자들로부터 천 4백8십만 달러를 모금했다. 미들턴Reggie Middleton의 재산은 수사 과정에서 압수됐다. 2019년에 8백4십7만 달러의 환수금와 백만 달러의 민사 처벌을 받았다.

호메로 조슈아 가메자

암호화폐 채굴 회사인 GAW 마이너GAW Miners를 운영하면서 재고 보유량보다 더 많은 단위를 판매했다. 폰지 사기 와 비슷했다. GAW 마이너는 또한 미래의 채굴 이익을 위해 고객에게 가상 마이너Virtual Miner 또는 해시렛Hashlets을 판매했는데, 이는 SEC에 유가증권처럼 보이게 했다. 2018년 가메자는 사기 혐의로 21개월의 징역형을 선고받았다.

마크 스콧

수십억 달러의 수익을 창출한 폰지 사기인 원코인OneCoin의 변호사 역할을 했다. 스콧Mark Scott은 조세피난처Tax Haven[7]를 통해 4억 달러의 수익을 세탁한 책임이 있다. 원코인은 프라이빗 블록체인 기반 암호화폐에 대한 허위 주장에 대해 전 세계적으로 기소된 다단계 마케팅 활동이었다. 현재도 재판은 진행 중이다.

블록 원

2017년 6월부터 2018년 6월까지 ICO를 통해 미등록 증권 공모를 운영했다. 그 기간 동안 SEC는 DAO 보고서를 발표했는데, 운영자들을 위한 지침으로 암호화폐 커뮤니티에서 이전에 등록되지 않은 보안 제품을 다룬 보고서였다. 블록 원Block.One은 SEC에 2천4백만 달러의 합의금을 지불해야 했다.

이그니마

2017년 여름과 가을에 ICO를 통한 미등록 증권 공모를 운영했다. 2015년에 시작된 MIT 프로젝트 초기에 이그니마Enigma는 4천5백만 달러의 판매 ENG 토큰을 모았다. 이그니마는 SEC의 합의해 5십만 달러의 합의금을 지불하고, 토큰을 증권으로 등록해 피해를 입은 투자자를 위한 청구 절차를 수립하는 것이 포함됐다.

조사 회피: 규제를 이용한 차익 거래

규제 차익 거래는 미국과 같이 규제가 엄격한 관할권에서 규정 준수 검토를 피하기 위해 취해진 조치의 용어다. 거래의 성격을 위조하거나 지리적 영역을 전환하는 등 여러 방법으로 수행할 수 있다. 금융쪽에서는 규제 차익 거래는 오래 전부터 일반적인 관행이었고, 블록체인 산업도 따라서 다양한 관할구역으로 이동하고 있다.

7 조세피난처(Tax Haven): 일반적으로 정치, 경제적으로 안정된 환경에서 외국인 및 외국 기업에 세금에 대한 책임을 면제해 주거나 아주 적은 세금만을 받는 나라 또는 지역– 옮긴이

몰타

2018년에 몰타는 디지털 통화 규제를 육성하기 위한 몇 가지 법률을 제정했다. 법률에는 디지털 이노베이션인증법MDIA, Malta Digital Innovation Authority Act, 혁신기술 약정과 서비스법ITAS, Innovative Technology Arrangements and Services Act 및 가상금융자산법VFAA, Virtual Financial Assets Act이 포함된다. 소개한 법들은 암호화폐 사업을 위한 구체적인 운영 절차를 시행한다. 이에 따라 다수의 암호화폐 및 블록체인 기업이 몰타에 편입됐다.

지중해 중부의 군도인 몰타에도 논란이 없는 것은 아니다. 비록 EU 회원국이지만, 부패, 탈세, 사기 등 많은 스캔들이 몰타를 집어삼켰다. 위법 행위를 해결하기 위해 2020년에 들어온 새로운 정권은 세금 시스템 문제 중 일부를 해결하고 암호화폐 도입을 촉진시켰다.

싱가포르

싱가포르에서는 암호화폐를 일반 상품으로 취급한다. 거래, ICO 또는 일반 판매의 목적으로 사용되는 경우에도 똑같이 적용된다. 싱가포르의 Goods and Services taxGST은 다른 많은 국가에서 판매 가능한 품목에 적용되는 부가가치세VAT와 유사하기 때문에 세금 측면에서 이점이 있다.

싱가포르는 암호화폐와 블록체인 관련 법에 대해 전향적이고 명확한 입장을 보여왔다. 2020년 싱가포르 통화당국은 암호화폐 회사들을 위해 자금세탁방지AML 및 고객식별KYC 법을 제정하도록 요구하는 규정을 발표했다. 자금 세탁, 테러 자금 조달 및 기타 범죄 활동에 대한 우려로 ICO가 자금 조달 방법으로 성장하면서 이런 조치가 필요해진 것으로 판단된다.

홍콩

싱가포르와 마찬가지로 홍콩은 아시아의 금융 허브다. 홍콩의 매력으로 지역의 세금 정책을 꼽을 수 있다. 홍콩에는 양도소득세가 없고 표준소득세만 있다. 주요 금융 규제 기관인 증권선물위원회SFC, Securities and Futures Commission는 규제에 대한 손쉬운 접근 방식을 취해 일부 암호화폐 회사를 테스트하기 위해 샌드박스 프로그램에 초대했다.

SFC는 라이선스가 필요한 암호화폐 거래소에 대한 규정을 발표했다. 하지만 증권, 선물 및 파생상품과 같은 기타 고급 상품에 대한 규정이었다. 즉 등록 대상이 일반 소매의 형태가 아닌 전문 투자자 거래소에 해당하는 내용이었다. 비트코인처럼 자산을 거래하는 일반 암호화폐 거래소는 이런 라이선스를 신청하지 않을 것으로 보인다. 하지만 홍콩은 중국과 별도로 통치되기 때문에 앞으로는 바뀔 수 있다.

바하마

오랫동안 금융회사에 개방된 관할 구역으로 알려진 바하마는 암호화폐 프로젝트가 정착할 수 있도록 규칙을 제정하기 위해 노력하고 있다. 2019년 초에는 디지털 자산 및 거래소 등록DARE, Digital Assets and Registered Exchanges 법안이 포함됐다. 이 법안은 초안 마련을 위해 암호화폐와 블록체인 회사들의 의견을 수렴 중인 것으로 알려져 있다.

바하마는 다양한 암호화폐 프로젝트에 비조치의견서 제도[8]를 도입했다. 바하마는 여전히 조작, 탈세, 돈세탁 등이 금지돼 있지만 암호화폐를 도입시키기 위해 많은 시도를 하고 있다.

사토시 나카모토는 누구인가?

비트코인 백서는 익명으로 발표돼 저자인 사토시 나카모토가 실제로 누구인지에 관해 추측이 많았다. 그러나 어느 것도 사실임을 시사하는 증거는 없다. 가장 유력한 두 가지 추측은 다음과 같다.

도리안 나카모토

2014년 미국의 3대 뉴스 주간지인 뉴스위크에서 비트코인의 창시자로 지목한 조사 자료를 발표했다. 기사는 남부 캘리포니아에 사는 도리안 프렌티스 사토시 나카모토(Dorian Prentice Satoshi Nakamoto)라는 이름을 가진 한 남자를 가리켰다. 도리안 나카모토는 컴퓨터 과학을 전공했지만, 자신은 비트코인에 대한 자신의 개입을 부인했다. 어떤 확실한 증거도 그를 비트코인의 실제 발명가와 연결시킬 수 없었다.

8 비조치의견서 제도: 금융회사 등이 특정 행위를 시행하기 이전에 그 행위가 금융법규에 위반되는지 여부에 대해 금융당국에 사전심사를 청구하면, 금융당국이 이를 심사해 회답해주는 제도 – 옮긴이

크레이그 S. 라이트

호주의 컴퓨터 과학자인 라이트(Craig S. Wright)는 언론에서 사토시 나카모토가 될 수 있는 사람으로 언급됐다. 라이트는 자신이 실제로 비트코인의 발명가였다는 구체적인 증거를 공개적으로 제공하겠다고 약속했지만 거듭 실패했다. 라이트가 증명할 수 있는 한 가지 방법은 사토시가 채굴한 비트코인의 열쇠를 통제하는 것을 입증하는 것인데, 현재까지 사토시가 소유한 비트코인의 이동은 일어나지 않았다.

단지 두 가지 유명한 예일 뿐이다. 여기저기서 사토시라고 주장하거나 부정하기도 하며, 현재까지 그들의 정체를 밝힐 충분한 증거가 없다.

사토시가 소유하고 있는 것으로 알려진 비트코인 수에 대한 추측도 있었다. 한 가지 확실한 것은 사토시가 비트코인의 제네시스 블록을 채굴했기 때문에 이론적으로 가장 쉬운 방법은 그 주소 뒤에 있는 신원을 밝히는 증거를 찾는 것이다.

암호 기반 스테이블코인

7장에서 블록체인 기술을 사용해 암호화폐를 보다 안정적인 자산으로 고정시키는 스테이블코인의 사례를 살펴봤다. 스테이블코인은 대부분 글로벌 예비 통화로 알려진 미국 달러에 고정돼 있지만 금, 농산물 및 유로화를 비롯한 다른 자산에도 사용되고 있다.

암호화폐 세계에서 많은 스테이블코인은 규제가 없는 상태다. 그러나 스테이블코인 프로젝트 중 일부는 규제기관 및 은행들과 협력해 스테이블코인이 생태계의 중요한 부분이 될 수 있는 미래를 모색하고 있다. 스테이블코인은 실제 자산에 연결돼 고정하기 위해 노력하고 있지만, 오랜 기간동안 안정적으로 유지하기 위해 필요한 지원이나 유동성이 있는지 여부는 의문이다. 유동성 문제로 인해 과거에 어려움이 있었고 법적 공방도 있었다. 8장에서는 스테이블코인의 예를 설명한다.

누비츠

2014년에 도입된 누비츠NuBits는 미국 달러에 고정된 스테이블코인이다. 은행이 토큰의 안정성을 받쳐주기 위해 계좌 잔고의 일부만을 유지하는 것과 비슷한 논리로 부분적인 비트코인 예비자금을 사용해 토큰의 안정성을 보장했다. 예비자금은 이론적으로 비트코인의 가치 변화를 흡수할 수 있게 해준다. 2014년부터 2016년 중반까지 비트코인 가격은 비교적 안정세를 유지했다. 하지만 2016년 비트코인 가격이 오르면서 누비츠는 3개월 넘게 달러 기반 페그Peg를 잃었다.

2017년 말, 누비츠는 달러보다 높은 가치로 올랐다. 암호화폐의 호황 사이클 도중 발생했는데, 이는 마니아들이 프로젝트의 준비금인 비트코인을 거래하고 다른 자산으로 거래하면서 변동성을 조성하고 있었기 때문이다. 안정성이 떨어져서 많은 사람들이 떠난 이후 가치는 회복되지 않았다.

디직스

골드 토큰으로 알려진 디직스Digix는 2014년 암호화폐 단위를 금에 고정시키기 위해 출시됐다. 투자자가 런던귀금속시장협회London Bullion Market Association 정제 회사로부터 파생된 표준 금의 1g을 디지스 토큰DGX 1개로 소유할 수 있도록 하는 개념이었다. 디직스는 싱가포르에 등록돼 있어 금 1g에 대해 상대적으로 안정적인 페그peg를 유지할 수 있다. 하지만 유동성은 많지 않아 수요가 부족하다는 신호를 나타낸다. 디직스 토큰은 규제된 암호화폐 거래소에 등록돼 있지 않다.

디직스는 프로젝트를 위해 주로 이더리움으로 자금을 모으기 위해 디직스 DAODGD라는 토큰이 있는 DAO 스마트 콘트랙트 구조를 사용해 이더리움에서 시작한 최초의 프로젝트 중 하나였다. 2020년, DAO는 지역사회 투표 후에 폐쇄됐고, DGD를 투자자들에게 이더리움으로 돌려줬다. 디직스의 문제 중 하나는 금 가격이 달러 가치로 변동한다는 것인데, 이는 페그 암호화폐 거래자들이 선호하는 것이다. 하지만 암호화폐를 실물 자산에 묶었다는 점에서 디직스는 흥미로운 사례다.

베이시스

실리콘밸리에서 뜨거운 관심을 불러일으킨 야심찬 프로젝트인 베이시스Basis는 2018년 저명한 벤처 투자가들로부터 1억3천3백만 달러를 조달했다. 프로젝트의 목표는 거래자들이 '채권 토큰'과 주'식 토큰'이라고 불리는 것을 구매 및 판매하는 동기를 만들어 탈중앙화된 토큰을 만드는 것이었다. 전 세계에서 다양한 용도로 활용될 수 있는 안정적인 자산을 시장에 제공하는 것이 목표였으며, 개발도상국에서의 애플리케이션, 크라우드 펀딩, 거래소 거래 등을 포함한 여러 사용 사례에 활용될 수 있었다.

대규모 기금 모금 후, 베이시스는 미국 기반 회사가 스테이블코인을 시작하는 법적 현실에 직면했다. 또한 SEC가 증권으로 인정하는 채권 및 주식 토큰이 포함됐다. KYC 규칙은 베이시스가 이전 권한을 가진 사용자의 화이트리스트를 유지하도록 요구했을 것이다. 시스템을 중앙집중화하는 것을 포함해 몇 가지 옵션을 검토한 후 프로젝트는 종료되고 투자자에게 자금을 반환했다. 허락을 구하는 것보다 용서를 구하는 것이 낫다는 것이 실리콘 밸리의 일반적인 사고 방식이며, 베이시스가 그 예다.

테더

3장에서 본 비트코인 위에 구축된 옴니 프로토콜에서 시작된 테더USDT는 이제 이더리움, 트론TRON, 이오스EOS, 리퀴드Liquid 및 알고랜드Algorand를 포함한 여러 블록체인에 도달한다. 테더Tether는 미국 달러에 고정돼 있으며 2020년 시가 총액이 150억 달러가 넘는 암호화폐 생태계에서 가장 큰 스테이블코인이다. 블록체인 및 거래소 전반에 걸쳐 보급된 결과, 보다 변동성이 큰 암호화폐(예: ETH/USDT 또는 BTC/USDT)를 오가는 가장 인기있는 거래 쌍이다.

테더는 논란의 여지도 있다. 테더는 역외 거래소인 비트파이넥스Bitfinex가 중앙에서 통제하고 있다. 동등한 자산의 가치로 보장된다고 주장하고 있지만 예비 자금에 대한 전문적인 감사는 한 번도 없었다. 테더는 또한 8억 5천만 달러의 불법 대출 손실에 대한 뉴욕 검찰총장의 조사를 포함해 법적 문제의 대상이 됐다. 테더의 자문변호사는 법원 서류에서 테더 한 개가 예비자금의 1달러와 같지 않았다고 진술했으며, 이로 인해 테더를 거래하는 사람들에게 거래 상대방 위험Counterparty risk[9]이 생기게 됐다.

9 거래 상대방 위험(Counterparty risk): 금융거래에서 거래상대방이 결제를 불이행할 위험 – 옮긴이

초기 코인 제공

8장에서 설명한 바와 같이 ICO[Initial Coin Offerings]는 개발사에서 암호화폐 프로젝트를 출시하기 전에 자금을 모으는 방법이다. ICO 프로세스는 매우 간단하다. 블록체인 기반 프로젝트를 위해 돈을 모으려는 발행자는 일반적으로 투자자들로부터 비트코인 또는 이더리움과 같은 암호화폐로 받고 새로운 암호화폐의 토큰을 제공한다.

ICO는 프로젝트에서 널리 사용되는 용어이지만 다른 용어도 쓴다. 보안 토큰 제공(Security token offering, STO), 토큰 생성 이벤트(token generation event, TGE), 토큰 제공(token offering) 및 토큰 판매(token sale)도 일반적인 이름이다.

2017년 7월 25일 SEC는 이더리움 블록체인에서 실행되는 프로젝트인 DAO의 ICO에 대한 조사 결과에 대한 보고서를 발표했다. 4장에서 자세히 설명한 바와 같이, DAO는 암호화폐 투자자들로부터 자금을 조달하기 위해 만들어진 스마트 콘트랙트 기반의 탈중앙화된 자율 조직이다. 투자자들이 DAO가 투자할 다양한 프로젝트를 결정할 수 있도록 투표 메커니즘이 도입됐는데 대부분 블록체인이나 암호화폐를 중심으로 진행됐다.

DAO 보고서는 투자자에게 토큰을 판매하는 것이 증권 발행을 구성한다고 결론지었다. 또한 블록체인과 암호화폐에 미국 증권법이 적용될 수 있다는 점도 시사했다. ICO는 ICO 발행자가 종종 규제 기관보다 앞서 있다는 점에서 제도적 차익 거래의 사례가 됐다. 그럼에도 불구하고 DAO 조사 결과 ICO는 법의 범위 밖에서 합의가 흔해졌다.

2016년 이래로 수천 개의 암호화폐가 ICO로 출시됐으며 품질이 크게 달라졌다. 그림 8-3이 보여주듯이, 의도적이고 실행 가능한 것에서부터 완전히 사기에 해당하는 것까지 다양하다.

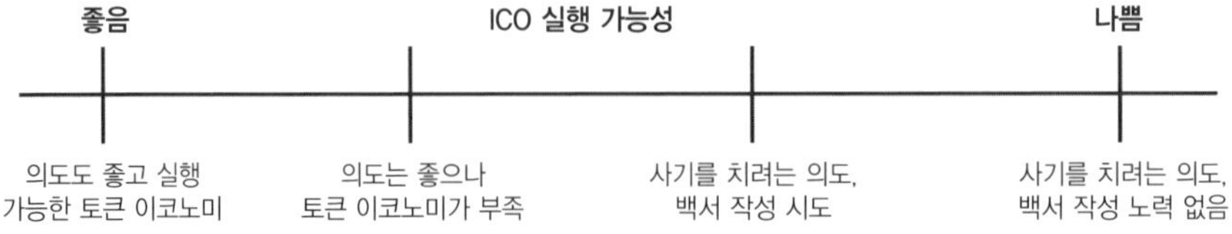

그림 8-3. ICO 생존 가능성의 스펙트럼

ICO의 장기적인 생존 가능성과 관련해 고려해야 할 세 가지 요소가 있다. 설계자의 의도, 토큰 이코노미 및 백서에서 약속한 내용을 이행하기 위한 노력의 양이다.

설계자의 의도

프로젝트의 설계자가 토큰을 이용해 문제를 해결하는 데 열정적일수록, 앞으로 5년에서 10년 동안 노력할 가능성이 더 커진다. 일반적으로 스타트업은 힘들다. 문제를 해결하려면 매우 높은 수준의 동기부여와 재능 있는 팀이 필요하다. 설립자의 의도가 단순히 자금을 모으는 것이라면 프로젝트는 판매 전술에 중점을 둘 것이다. 판매 목표가 달성되면 시간과 자원이 더 이상 토큰에 투입되지 않아 가치가 떨어진다.

토큰 이코노미

신생 기업의 투자자는 회사의 가치가 상승하고 나중에 그 주식이 더 높은 가격으로 팔 수 있기를 희망하면서 주식을 구입한다. 일반적으로 비즈니스가 성장할 수 있다면 신생 기업의 가치는 시간이 지남에 따라 올라간다. ICO에서 투자자는 토큰 가치가 상승하고 나중에 더 높은 가격으로 토큰을 판매할 수 있기를 기대하며 토큰을 구입한다. 가끔 사업 전망과는 아무런 관련이 없이 가치가 상승하기도 한다.

두 가지 유형의 토큰이 있다.

보안 토큰

보안 토큰 비즈니스의 자본과 마찬가지로 보안 토큰Security token은 투자자가 비즈니스 소유권을 부분적으로 소유할 수 있는 권한을 부여한다. 보안 토큰의 판매는 구매자와 판매자가 속한 관할권의 증권법에 해당되며 2020년엔 인기가 감소했다. 이중 일부는 보안 토큰 거래의 부족과 해당 거래소의 낮은 유동성과 관련이 있다.

유틸리티 토큰

유틸리티 토큰Utility token은 제품 또는 서비스에 대한 접근 권한을 제공한다. 투자자가 유틸리티 토큰을 구입하면 프로젝트가 제안한 제품이나 서비스에 대한 수요가 앞으로 크게 늘어날 것이라는 희망이 있다. 예를 들어 프로젝트가 아케이드 게임이면 토큰은 아케이드 게임을 하기 위해 게임 플레이어가 필요로 하는 코인일 수 있다. 투자자들은 아케이드에서 게임을 즐기는 수요가 증가하고 나중에 더 높은 가격으로 토큰을 판매할 수 있기를 희망하면서 유틸리티 토큰을 구매할 것이다.

백서

백서는 암호화폐 프로젝트의 비즈니스 계획과 같다. 프로젝트 설계자는 팀을 구성하고 백서에서 약속한 내용을 이행하기 위해 투자자 기금을 지출한다. 장기적으로 실행 가능한 토큰 이코노미를 가진 프로젝트는 일반적으로 다음과 같은 질문에 명확하게 답할 수 있다.

- 해당 제품 또는 서비스에 블록체인을 적용해야 하는 이유는 무엇일까?
- 중앙집중화 데이터베이스를 사용해 서비스할 수 없는 이유는 무엇일까?

대부분의 토큰 프로젝트는 두 질문에 대답을 잘 할 수 없으므로 토큰 이코노미가 부족하다고 할 수 있다. 블록체인에 있어야 하는 제품/서비스의 예로는 어거[Augur] 토큰이 있다. 어거는 미래를 예측하는 베팅 플랫폼을 위한 암호화폐다. 어거가 중앙집중화 서버에서 실행되면 서버를 점유해 서비스를 종료할 수 있다.

ICO를 운영자는 벤처 캐피탈이 지원하는 스타트업 기업을 운영하거나 투자하는 사람들과 동기가 다르다. 스타트업의 경우, 투자자가 회사에 돈을 일찍 투입할수록 더 많은 지분을 받게 된다. 회사가 인수, 합병, 주식 공모를 통해 다른 사람들이 주식을 구매하기를 원할 정도로 가치가 높아질 때까지 지분을 청산하는 것은 불가능하다. 이는 지분이 있는 설계자와 자본을 구매한 투자자의 동기 즉, 회사의 가치를 증가시키기 위한 동기를 일치시킨다. 토큰 프로젝트는 창립자 측에서 최소한의 노력으로 수백만 달러의 투자를 받는 경우가 많으며, 설계자는 책임을 완전히 면제받을 수 있다. 그래서 ICO를 통해 돈을 직접 챙기거나 회사에서 물러나는 창업자도 있다.

거래소 해킹

'키가 없으면 코인도 없다'는 암호화폐 세계에서 인기있는 말이다. 사용자를 대신해 개인키를 저장하는 중앙집중화 거래소는 블록체인 세계의 보안 문제를 겪고 있다. 거래소는 해커를 끌어들이는 중앙집중식 공격 벡터를 제공하므로 지속적인 공격을 받고 있다. 마운트곡스의 이야기와 그 붕괴의 여파로 발견된 것이 가장 좋은 경고 사례지만 이외에도 주목할 만한 내용이 있어 살펴보려고 한다.

마운트곡스

2014년 초, 마운트곡스Mt. Gox에서 85만 비트코인이 도난당한 것으로 밝혀졌다. 마운트곡스는 도쿄에 본사를 둔 중앙집중화 거래소다. 도난 사건은 몇 년 동안 계속되다가 나중에 발견됐는데, 당시 거래소는 붕괴 직전이었고 구제금융을 받기 위해 필사적으로 투자자들을 찾으려는 중이었다. 일본 정부에서 마운트곡스 사용자에게 자금을 돌려주기 위해 복구 노력을 했지만 결국 붕괴됐다.

2010년에 출시된 마운트곡스는 최초의 대규모 암호화폐 거래소였다. 여러 번의 공격으로 희생돼 수천 명의 사람들이 자금을 잃었다. 다음은 주요 사건들이다.

1. 2011년 1월 27일: 해커들은 마운트곡스 결제 플랫폼의 버그를 악용한 XML을 주입했다. 현재는 없는 리버티 리저브Liberty Reserve라는 회사가 마운트곡스에서 고객 철수를 추진하고 있었는데, 고객이 마운트곡스 홈페이지에서 철수를 요청하자 마운트곡스 서버가 리버티 리저브에 API를 호출해 정보를 가로챘다. 버그를 수정하기 전에 이 공격으로 총 5만 달러가 도난됐다.
2. 2011년 1월 30일: 이전 사건 직후 한 해커가 리버티 리저브를 통해 약 2백1십5만 달러를 인출하려다 실수로 전액을 마운트곡스 계정에 입금했다. 버그는 수정됐고 자금이 이동하기 전에 동결됐다.
3. 2011년 3월 1일: 마운트곡스의 소유권이 창업자인 제드 맥칼렙Jed McCaleb에서 새로운 소유주 마크 카펠레스Mark Karpelés로 바뀌기 직전에, 해커가 마운트곡스의 핫 월렛인 wallet.dat 파일을 복사해 80,000 BTC(wallet.dat 파일에는 비트코인 지갑의

개인키가 포함돼 있음)를 훔쳤다. 2020년 현재, 자금은 여전히 같은 비트코인 주소 (1FeexV6bAHb8ybZjqQMjJrcCrHGW9sb6uF)에 남아있다.

4. 2011년 5월 22일: 소유주 마크 카펠레스는 마운트곡스 개인키를 안전하게 보관하는 곳을 찾고 있었고, 그의 보안되지 않은 개인 컴퓨터는 파일에 임시로 접근할 수 있었다. 누군가가 마크의 컴퓨터에 접속해 300,000 BTC를 훔쳤다. 해커는 훔친 자금을 3,000 BTC 수수료를 받는 대가로 돌려줬다.

5. 2011년 6월 19일: 해커가 거래소 관리자 계정에 액세스했다. 해커들은 여러 계좌의 잔고를 바꿔서 마켓을 붕괴시켰다. 이 기간 동안 그들은 2,000 BTC를 훔쳤다.

6. 2011년 9월: 해커가 마운트곡스의 데이터베이스에 대한 읽기/쓰기 권한을 획득하고 계좌 잔액을 부풀린 후 자금을 인출했다. 총 77,500 BTC가 도난당했다.

7. 2011년 9월 11일: 해커가 다시 마운트곡스 핫 월렛의 wallet.dat 파일에 접근할 수 있었다. 해커의 행동은 전혀 눈치채지 못한 채 2011년 10월 1일부터 2013년 중반까지 거래소에서 총 630,000 BTC의 자금을 훔쳤다. 마운트곡스 사용자들은 실제로 입금한 적이 없는데, 사용자 계정에서 자금이 인출되면서 추가로 30,000 BTC가 손실됐다.

8. 2011년 10월 28일: 마크 카펠레스는 마운트곡스 지갑을 관리하기 위한 새로운 소프트웨어를 만들었으나 코드에 버그가 있었다. 거래소에서 출금할 때, 비트코인이 송금될 목적지 주소를 넣는 대신, 새로운 코드는 목적지 필드에 NULL 또는 0을 넣었다. 이로 인해 마운트곡스에서 아무도 개인키를 갖고 있지 않은 주소로 다수의 인출이 일어났고 비트코인을 잃었다. 총 2,609 BTC가 같은 방법으로 손실됐다.

위 사건들의 가장 큰 문제점은 고객 및 투자자를 포함한 대중에게 대부분 비밀로 했다는 점이다. 붕괴 당시 마운트곡스는 100,000 BTC의 수익을 창출했고 고객 자금 95만 비트코인을 보관하고 있을 것으로 추정됐다. 그러나 2014년 2월 거래소가 문을 닫았을 때, 200,000 BTC만 구금돼 있었고, 당시 약 55억원 상당의 총 850,000 BTC가 행방불명됐다.

사건 7에서 잃어버린 630,000 BTC를 추적하려는 노력은 다음과 같다.

- 두 해커가 마운트곡스에서 훔친 코인을 세탁하기 위해 사용된 주소와 같은 주소가 거래소인 비트코이니카Bitcoinica와 비트플로어Bitfloor에서 자금 세탁으로 사용됐다(그림 8-4).
- 훔친 자금의 대부분은 러시아에 위치한 지금은 없어진 BTC-e 거래소에 입금됐다.
- BTC-e 거래소에서 의심되는 운영자는 알렉산더 비닉Alexander Vinnik이었다. 2017년 7월 BTC-e 거래소에서 40억 달러 이상의 자금 세탁을 도왔다는 혐의로 그리스에서 체포됐다. 2022년에도 법정 소송은 여전히 진행 중이다.

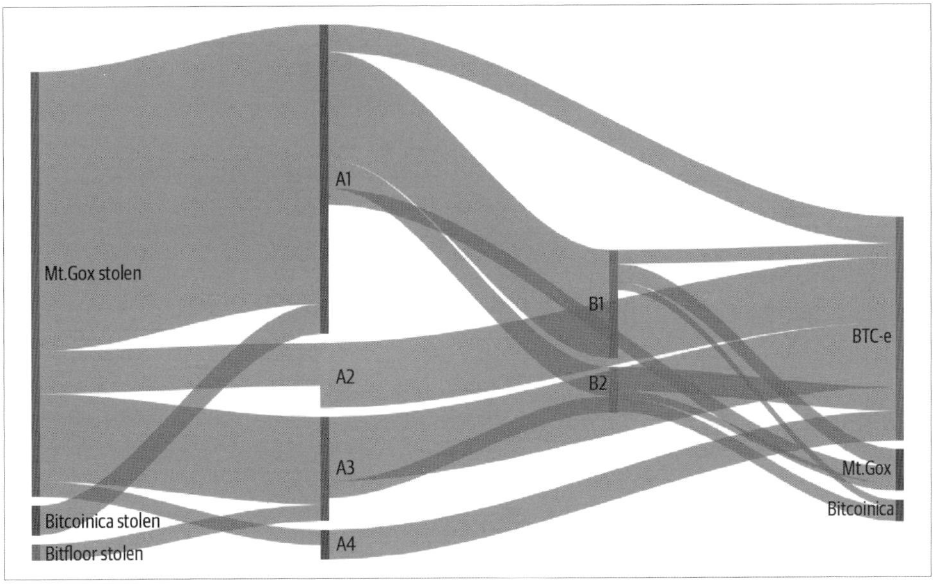

그림 8-4. 거래소를 통한 도난 자금의 흐름

비트파이넥스

2016년 홍콩에 본사를 둔 중앙집중화 거래소인 비트파이넥스Bitfinex는 약 120,000 BTC(당시 약 7천2백만 달러 상당)를 도난당했다. 비트파이넥스는 보안업체 비트고BitGo가 제공하는 멀티시그니처 기술을 사용했지만 시스템이 손상된 것으로 확인됐다. 2019년에는 해킹으로 인해 자금 일부가 3년 간 휴면상태로 있다가 블록체인을 타고 이동하기 시작했다. 같은 해, 2명의 이스라엘 국적의 해커가 해킹과 다른 음모에 연루돼 체포됐다. 그들은 총 1억 달러 상당의 암호화폐를 훔친 혐의로 기소됐다.

코인체크

2018년에는 일본 거래소에서 5억 달러 이상이 도난당했는데, 주로 넴NEM 암호화폐였다. 코인체크Coincheck는 고객 자금의 대부분을 콜드월렛에 보관하고 멀티시그니처 키 기술을 구현하는 등 대부분의 거래소가 사용하던 기본적인 보안 메커니즘을 활용하지 않았다. 거래소는 도난당한 넴의 토큰에 라벨을 붙이는 절차를 밟아 절도범들이 자금을 더 쓰기 어렵게 만들었다.

나이스해시

마이너들이 해싱파워를 대여하는 장터인 나이스해시NiceHash는 2017년 말 해킹을 당했다. 사용자들은 나이스해시에서 관리하는 사용자 지갑에서 암호화폐가 사라지고 있다고 신고했다. 지갑 주소가 도난당한 자금의 장소로 확인됐고, 총 4,700 BTC (약 6천4백만 달러 가치)이 넘었지만, 회수되지 않았다. 나이스해시는 몇 주 안에 운영을 재개했으며 매월 상환을 통해 고객에게 자금을 돌려주겠다고 약속했다.

기타 해킹

암호화폐를 소유한 사람들로부터 암호화폐를 빼앗을 수 있는 방법은 거래소를 공격하는 것 외에도 많이 있다. 다음 해킹 사례를 통해 암호화폐를 소유할 때 보안이 얼마나 중요한지 이해하는 데 도움이 되기를 바란다.

블룸버그 TV BTC 도난

2013년, 블룸버그 TV 기자 맷 밀러Matt Miller는 생방송으로 비트코인을 이동하는 몇 가지 방법을 시연했다. 그는 다른 호스트들에게 종이 지갑으로 20달러 상당의 비트코인을 줬다. 진행자 중 한 명인 아담 존슨은 생방송 중에 종이 지갑을 열었고, 개인키를 약 10초 동안 보여줬다. 밀키웨이마스타milkywaymasta라는 닉네임의 시청자는 개인키의 QR코드를 스캔해 자금을 가로챘다. 밀키웨이마스타는 존슨이 새 지갑을 만들면 20달러를 돌려주겠다고 약속했는데, 이는 개인키를 공개적으로 공유했기 때문에 다시 탈취할 수 있기 때문이었다.

이더델타 리다이렉션

2017년 해커들은 탈중앙화 거래소인 이더델타의 운영자 재커리 코번Zachary Coburn에 대한 개인정보를 다크웹에서 얻을 수 있었다. 해커는 개인정보 탈취 후 모든 전화가 다른 번호로 전송되도록 코번의 휴대폰에서 착신 전환을 설정했다. 해커들은 코번의 DNS 설정을 변경하고 이더델타 복제 사이트를 구축한 후 한 명의 사용자로부터 최소 80만 달러 상당의 암호화폐를 훔쳤다.

크립토락커와 랜섬웨어

크립토락커CryptoLocker는 랜섬웨어로 알려진 초기 버전이다. 2013년에 시작된 공격은 윈도우즈 컴퓨터를 대상으로 이메일 첨부 파일을 통해 확산됐다. 암호화를 사용해 사용자의 파일을 잠그는 트로이 바이러스를 포함하고 있었다. 파일을 해제하기 위해 크립토락커는 바우처나 비트코인을 통한 지불을 요구했다. 이 공격은 25만 대 이상의 컴퓨터를 감염시켰고 평균 3백 달러 지급을 요구했다. 비트코인 주소를 추적하면 크립토락커가 잠긴 사용자로부터 수백만 달러를 얻을 수 있음을 알 수 있다. 랜섬웨어는 그 이후로 계속 확산됐다.

SIM 스와핑

마이클 터핀Michael Terpin은 암호화폐 업계에서 홍보 회사를 운영하고 있다. 터핀은 해커들의 표적이 됐고, 해커들은 그가 소유하고 있는 다양한 암호화폐 2천4백만 달러 이상을 탈취했다. 해커들은 터핀의 통신사에 접근해 SIM 스와핑으로 터핀의 전화번호를 그들이 통제하는 SIM 카드로 이전시켰다. 그후 해커들은 접근 권한을 가지고 터핀의 거래소/지갑 비밀번호를 재설정했다. 터핀은 SIM 스왑 공격을 한 니콜라스 트룰리아Nicholas Truglia에 대해 민사 판결로 7천5백8십만 달러의 합의금을 받아냈다.

해커들이 블록체인 업계의 유명 인사들을 해킹하는 이유는 많은 양의 암호화폐를 보유하고 있을 가능성이 높기 때문이다. 암호화폐를 소유한 대부분은 보안 전문가가 아니기 때문에 자신의 자금을 보호하기 위해 복잡한 보안 절차를 도입해 관리하는 대기업에 신뢰를 가지고 있다.

해커가 암호를 훔치려고 누군가를 목표로 삼으면 먼저 타깃의 이메일에 침입한다. 전자우편 계정에 중요한 정보가 상당히 많아서 그 정보를 통해 해커는 대상의 다양한 인터넷 계정에 액세스하기가 쉽기 때문이다.

SIM 스왑 해킹의 단계를 알아본다.

1. 해킹 대상의 전화번호를 알아낸다. 사람들은 보통 이메일 서명이나 명함에 자신의 전화번호를 넣는다. 개인정보가 이미 침해됐다면 어둠의 통로로 정보를 구매함으로써 대상의 전화번호를 찾을 수 있다.
2. 미국의 통신사는 고객에게 전화번호를 다른 SIM 카드에 이식할 수 있는 기능을 제공한다. 고객이 핸드폰을 분실했을 때 매우 편리한 기능으로, 같은 전화번호를 유지하고자 할 때 사용한다. 일단 해커가 전화번호를 알게 되면, 통신사에게 대상의 전화번호 이동을 요청하도록 설득해야 한다. 이는 사회 공학적 기법(대상을 가장한 사람으로써 전화 이동을 요청하는 척하는 등)을 사용하거나 통신사 직원에게 뇌물을 주는 것 또는 이외의 창의적인 방법으로 접근할 수 있다.

SIM 스왑이 발생한 후 해커는 대상의 모든 SMS 메시지를 수신한다. Gmail 계정의 복구 옵션 중 하나로 전화번호를 설정하는 방법이 매우 일반적이다. 그림 8-5은 Gmail 가입 과정의 화면이다.

그림 8-5. Gmail 비밀번호 복구 옵션에는 전화번호가 포함돼 있다.

해커는 SMS 메시지를 사용해 이메일 계정의 복구 프로세스를 성공적으로 끝내 접근 권한을 얻을 수 있다.

해커가 대상의 전자 메일 계정을 제어하면 다음 작업을 모두 수행할 수 있다.

- 대상이 어떤 암호화폐 거래소에 계정을 갖고 있는지 확인하고, 비밀번호를 재설정한다. 이메일 계정에 접근하면 작업은 매우 간단해진다. 세컨드 팩터 인증[2FA]으로써 SMS를 송신하고 있지만, 해커는 이미 사용자의 핸드폰을 제어하고 있다.
- 구글 드라이브의 모든 문서에 액세스한다. 여기에는 개인키와 중요한 비즈니스 문서가 포함될 수 있다.
- 구글 포토에 있는 모든 사진에 접근한다. 개인키의 QR 코드, 구글 인증키 또는 탈취에 사용될 수 있는 사진이 포함될 수 있다.
- 대상이 크롬의 기본 제공 암호 관리자를 사용하는 경우 chrome://설정/비밀번호를 통해 대상 암호에 액세스한다.
- 대상의 전체 연락처 목록을 가져온다. 여기에는 블록체인 업계의 다른 많은 연락처가 포함된다. 해커가 데이터에 접근해 손상시킬 수 있는 것들은 많다. 구글 캘린더를 통해 대상의 현재 위치와 일정을 알 수도 있다.

모든 정보로 무장한 해커들은 암호화폐 거래소 계정에 침입해 대상의 암호화폐를 모두 인출할 수 있다. 블록체인 거래는 변경할 수 없기 때문에, 피해자와 거래소는 도난당한 자금을 회복할 수 있는 능력이 없다.

소비자용 기술 제품은 편의성과 강력한 보안 사이에서 이상적인 균형을 맞추기 위해 끊임없이 노력 중이다. SIM 스와핑의 취약성의 대부분은 사용자가 적절한 보안 관행을 스스로 교육해야 한다는 사실에 기인한다. 다음은 보안을 위해 해야 할 최소한의 작업이다.

- 통신사와의 계정 변경 시 PIN 번호 사용
- 2FA용 구글 보이스와 같은 VoIP 전화번호 사용
- 구글 인증서 또는 보조 2FA용 유비키[YubiKey]와 같은 하드웨어 장치 사용
- 1Password와 같은 보안 비밀번호 관리자 사용
- 암호 생성기를 사용해 정기적으로 암호 변경

요약

초기 암호화폐는 블록체인에서 원하는 결과보다는 좋지 않은 사건이 많았다. 그러나 규제 당국과 법 집행기관이 기술을 따라잡으면서 블록체인을 합법적으로 사용하겠다는 약속으로 사용가능성이 폭발적으로 증가하는 중이다. 9장에서는 기업 및 기타 조직이 실제 문제를 해결하기 위해 블록체인 애플리케이션을 어떻게 구현하는지 살펴본다.

9장

기타 블록체인

비트코인과 이더리움의 성공으로 블록체인 기술 작업을 시작할 수 있는 발판이 마련됐다. 비트코인과 이더리움이라는 두 네트워크의 탈중앙화적 특성과 관련해 흥미로운 사용 사례도 많다.

기업은 기업과 확보한 사용자 데이터를 보호해야 한다. 블록체인은 사용자 데이터를 보호할 수 있는 새로운 기술적 아이디어다. 블록체인 기술은 조직에서 많은 용도로 사용된다. 그러나 실제로 비트코인, 이더리움 등 공개 합의 네트워크가 어떻게 작동해 데이터 보안·규제 등 요건을 준수하는지 다시 생각해봐야 한다.

블록체인은 무엇에 좋은가?

비트코인이나 이더리움 같은 오픈 블록체인의 경우 소개한 사례는 대부분 투기적이었는데, 이 책에서 마켓, 디앱, 디파이를 다룬 것으로 블록체인이 투기에만 사용되는 것이 아님을 보여줬기를 바란다. 또한 기업 및 단체에서 관심 있는 블록체인의 용도가 달라, 관련한 시도도 많다.

블록체인이 암호화폐와 투기 외에 어떤 용도로 사용되고 있는지 다시 한번 살펴보자. 블록체인 만들기 위해 사용되는 핵심 기술은 다음과 같다.

합의(Consensus)

새로운 레코드의 유효성을 검사해 파손을 방지

해시(Hashing)

레코드를 통합해 감사 추적을 유지

암호화(Encryption)

디지털 데이터 전송 보호

분산화(Distribution)

퍼블릭 원장 레코드를 공유

블록체인 기술에서 파생된 특성을 기반으로, 블록체인이 수행하는 기능은 다음과 같다.

자기조직화(합의)

블록체인은 일반적으로 블록 생성 간격에 관계없이 프롬프트를 표시하지 않고 일정한 시간 단위로 데이터를 처리할 수 있다.

영구적인 레코드(해시)

블록체인 기술은 이미 블록에 배치된 레코드를 수정하는 것을 매우 어렵게 만든다.

자산 이동(암호화)

블록체인의 첫 번째 활용 사례는 서드파티의 개입 없이 자산을 이전하는 것이었다. 이는 암호화폐 단위에서 시작됐다.

데이터 공유(분산화)

서로 신뢰가 필요하지 않은 여러 당사자들은 블록체인을 사용해 다양한 데이터 구조에서 협업할 수 있다.

기존 기술이 해결하지 못한 문제를 해결하기 위해 블록체인을 활용할 이유를 찾는 사람이 많아졌다. 오픈 블록체인은 제3자의 개입 없이 누군가에게 지불할 수 있는 방법을 제공했지만, 오늘날 그들의 주된 용도는 투기가 됐다. 안타깝게도 투기는 기술 문제가 있는 기업에는 관련성이 있거나 매력적인 활용 사례가 아니다.

비즈니스에서의 사용 사례는 무엇이 있을까? 우선 데이터베이스를 고려해야 한다. 데이터베이스의 보안과 공유는 많은 조직이 해결해야 할 과제이며, 클라우드나 모바일 등과 같은 기술의 등장으로, 보안 취약성 문제도 대두되고 있다. 블록체인은 보안이 필요하지만 공유돼야 하는 정보를 기업이 조정할 수 있는 방법을 제공할 수 있다. 기업은 다음과 같은 질문을 할 수 있다.

- 블록체인은 거래 상대방이 합의할 수 있는 트랜잭션 메커니즘인가?
- 블록체인으로 작성해야 하는 데이터의 종류에 대해 당사자가 합의할 수 있는가?
- 블록체인 기술로 문제를 해결할 수 있는가?

어떤 질문이든 답은 확실히 '그렇다'이다.

데이터베이스와 원장

데이터베이스는 컴퓨터 시스템에 저장된 구조화된 정보 집합이다. 데이터베이스는 정보를 저장하는 것이 핵심이며 데이터 사용에 따라 여러 가지 다른 방식으로 액세스할 수 있다. 데이터베이스 관리 시스템DBMS은 최종 사용자가 데이터를 분류하고 검색하는 데 사용할 수 있는 인터페이스다. 사용자는 조직의 핵심 구성원으로, 급여 및 인사 등 다양한 분야에서 활동하고 있다. 오늘날 가장 인기있는 데이터베이스는 테이블을 사용해 정보를 정리하는 관계형 데이터베이스다. 데이터는 열을 기준으로 반복되지 않는 방식으로 구성된다.

복제 시스템은 데이터베이스와 함께 사용되고 배포된다. 복제는 데이터를 쉽게 업데이트하거나 동기화할 수 있는 방식으로 여러 곳에 저장하는 것을 포함한다. 복제 시스템을 구성하면 데이터의 가용성이 증가한다. 데이터베이스 시스템은 높은 가용성과 효율성의 균형을 맞춰야 하며 복제는 사용자가 다양한 데이터 세트를 병렬로 처리할 수 있게 해준다. 복제 시스템은 모든 사용자가 동일한 정보 집합으로 작업하고 있는지 확인하기 위해 지속적으로 데이터를 업데이트해야 한다. 데이터를 최신 상태로 유지하는 다양한 복제 모델이 있다.

원장이란 기록 보관 시스템을 설명하는 데 사용되는 용어다. 무허가 원장은 암호화 기반 블록체인을 묘사할 때 쓴다. 비트코인, 이더리움과 다양한 포크, 대부분의 알트코인이 포함된다. 블록체인은 허가를 받아야 하는 중앙집중식으로 운영되지 않기 때문에 누구나 참여할 수 있어 퍼미션리스(무허가) 블록체인이라고도 한다.

퍼미션리스 블록체인은 계좌와 결제가 내장된 분산 컴퓨팅 시스템이다. 분산 컴퓨팅 시스템으로 이득을 보지 못하는 조직도 있다. 퍼미션리스 시스템은 사용자에게 적절한 인센티브를 주기 위해 계좌, 지불 및 암호 해독이 필요하지만 반드시 퍼미션드(허가)가 필요한 원장의 경우는 아닐 수도 있다. 퍼미션드 블록체인에서 페이먼트와 계좌에 대한 인프라를 제공하는 것은 선택사항이다.

분산 원장 기술[DLT]은 블록체인형 원장 데이터베이스를 더 잘 설명하는 엔터프라이즈 용어다. 데이터베이스 구조는 일반적으로 개발자가 읽고 쓰고 쿼리할 수 있는 특정 스키마를 따른다. DLT는 데이터베이스 인프라에 새로운 스키마를 제공해 실시간으로 읽기 및 쿼리가 가능하다(합의 기반 시스템에서 쓰기는 항상 실시간으로 수행되지는 않으며 시계를 따르는 것과 비슷하다).

데이터베이스는 중앙집중식이다. 조직에서 관리자는 일반적으로 전체 시스템에 대한 액세스를 제어한다. 원장 시스템을 사용하면 여러 당사자가 중앙 관리자 없이 정보에 액세스할 수 있다.

중앙집중식 데이터베이스에는 문제가 없다. 그러나 블록체인 기술은 중앙집중식 이윤 추구(SNS에서의 타겟팅 광고 또는 온라인 시장 등 수수료를 받는 것) 대신 합의된 인센티브를 통해 정보를 공유할 수 있다.

탈중앙화와 중앙집중화

초기 암호화폐 지지자들은 기술의 핵심 요소로 탈중앙화를 받아들였다. 그러나 블록체인 플랫폼, 특히 조직을 위해 개발된 플랫폼은 훨씬 중앙집중적이다. 차이점을 살펴보자.

참가자

비트코인처럼 공개된 블록체인에서는 채굴 장비를 가진 사람이라면 누구나 네트워크에 가입해 채굴을 시작할 수 있다. 그러나 엔터프라이즈에서 적용하는 프라이빗 블록체인은 누가 참여하는지 통제해야 한다. 중앙집중화 제어는 시스템을 작동시키는 핵심 요소다. '합의보다 구성이 더 중요하다'는 프라이빗 블록체인을 표현하는 데 사용되는 공리다. 블록에 게시된 거래나 자료에 동의하는 방식도 중요하지만, 반드시 승인된 참가자만 참여시켜야 한다. 탈중앙화 블록체인과 중앙집중화 블록체인의 큰 차이점이다.

분산 검증 원장의 주요 특성

아파치 재단의 설립자이자 구글 리서치에서 일하는 암호학자인 벤 로리Ben Laurie는 퍼미션리스가 아닌 블록체인에 바람직한 특성을 요약한 분산 검증 원장 프레임워크Distributed Verifiable Ledger framework를 제시했다.

9장에서는 블록체인을 다른 블록체인이라고 했는데, 다른 각각의 구현들 사이에는 상당한 차이가 있기 때문이다. 그러나 모든 시스템에서 다음 측면을 반드시 고려해야 한다.

승인 통제(Admission control)

원장이 허용하는 내용과 형식을 어떻게 정해야 하는지에 대한 정의가 있어야 한다. 승인 통제는 시스템 보안의 핵심 요소로 IT 시스템에서 흔히 볼 수 있다.

합의(Consensus)

합의는 체인이나 원장에 게시된 정보의 유효성에 동의하는 것을 뜻한다. 작업 증명, 다수 규칙, 조합 또는 다른 방법을 통해 달성될 수 있다. 비트코인과 이더리움은 포크를 해결하기 위해 가장 긴 체인 규칙을 사용한다.

검증(Verification)

검증은 네트워크에서 일어난 이벤트가 정확하고 의도된 대로 수행되도록 보장한다. 승인 통제, 합의, 원장 검토 즉, 일부 심사 방법은 모두 분산 검증 원장의 구성 요소다.

집행(Enforcement)

질서를 유지하기 위해서는 집행이 필요하다. 비트코인과 같은 블록체인은 네트워크의 모든 사람이 가장 긴 체인에 동의한 특정 블록에 해당하는 체크포인트를 추가해 집행을 제공한다. 각 포크에서 새로운 '가장 긴 체인'은 모든 체크포인트를 포함해야 한다.

이더리움 기반 프라이버시 구현

퍼블릭 블록체인과 암호화폐 네트워크는 기업에서 쓰기에 적합하지 않다. 많은 조직이 경쟁적인 이유, 규정 준수 또는 기타 요인으로 인해 정보를 통제해야 하기 때문이다. 그러나 개인정보 보호 문제가 해결될 수 있다면 블록체인 기술은 잠재적으로 용도가 다양하다. 조직은 이더리움 블록체인을 포크하고 필요한 개인정보 보호 기능을 포함해 사용자 정의 구현체를 만들어야 한다.

나이트폴

나이트폴Nightfall은 회계법인 EY가 이더리움을 구현한 것이다. 스마트 콘트랙트 기술에 개인정보 보호 기능을 추가해 ERC-20 및 ERC-721 토큰을 프라이빗 블록체인으로 구동 가능하도록 설계했다. 나이트폴은 영 지식 증명을 이더리움에서 사용하기 쉽도록 구현한 라이브러리 조크라테스ZoKrates의 Zk-SNARKs 함수를 사용한 영 지식 증명을 제공한다. 조크라테스는 자바 언어로도 제공하고 있다.

쿼럼

투자은행 JP모건이 개발한 쿼럼Quorum은 이더리움 기반 블록체인으로 프라이빗 트랜잭션과 프라이빗 콘트랙트를 지원해 익명성을 보장한다. 또한 이더리움 엔지니어가 사용하는 개발 도구와 호환된다. 쿼럼은 영 지식 증명 기술을 사용해 개발한 제더Zether 프로토콜을 사용한다. ERC-20 콘트랙트에 연결돼 프라이빗 제더 계정을 만든다. 쿼럼은 비대칭키 암호화 기술인 엘가말 암호화ElGamal Encryption[1]를 사용해 공개키로 각 계정 잔액을 암호화한다.

엔터프라이즈 구현

이더리움으로 시작해 특정 사용 사례를 위해 처음부터 자체 솔루션을 구축하기로 결정한 기업이 많다. 이더리움이 아닌 독점 블록체인을 연구하는 그룹도 있다.

하이퍼레저

하이퍼레저Hyperledger는 리눅스 재단Linux Foundation에서 호스팅하는 블록체인 개발을 위한 오픈소스 플랫폼이다. 가장 잘 알려진 하이퍼레저 프로젝트로는 프로그래밍 언어 Go를 사용하는 원장 기술인 패브릭Fabric이다. 다국어를 지원하는 알로하Iroha 및 소투스Sawtooth 프로젝트는 C++로 구현했다. 하이퍼레저 패브릭은 이더리움과 마찬가지로 스마트 콘트랙트, 거래 및 합의를 지원한다. IBM과 오라클을 포함한 많은 엔터프라이즈 블록체인 프로젝트가 이 프레임워크를 기반으로 한다.

코다

컨소시엄 R3에 의해 개발된 코다는 프라이버시를 추구하는 기관에 초점을 맞추고 있다. 코다 플랫폼은 금융 업계의 기존 개발자에게 익숙한 JVMJava Virtual Machine을 기반으로 동작한다. 코다는 관계형 데이터베이스에 복제하는 원장 시스템을 사용해 쉽게 쿼리할 수 있다. 스마트 콘트랙트는 콘트랙트 코드와 함께 법률 언어를 사용한다.

1 엘가말 암호(ElGamal encryption): 타헤르 엘가말이 1985년에 고안한, 디피-헬먼 키 교환을 바탕으로 한 공개키 암호 방식- 옮긴이

코다 작동방법

코다는 그림 9-1에서의 설명처럼 기업 간 거래를 더 신뢰할 수 있고 효율적으로 만들기 위해 고안됐다. 코다가 없으면 두 회사의 데이터베이스는 고립된다. 회사들은 안전하게 거래를 관리하기 위해 코다로 협력할 수 있다.

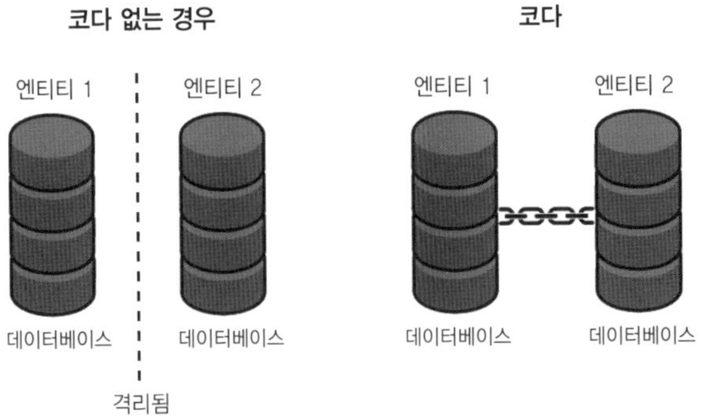

그림 9-1. 코다를 통해 프라이버시를 보호하면서 협업이 가능하게 한다.

일반적으로 두 개의 개별 엔티티가 트랜잭션을 수행할 때, 각 엔티티는 원장을 유지하고 간격을 두고 조정한다. 가령 완구 제조업체는 공급업체로부터 부품을 지속적으로 출하한다. 각 회사는 자체 소프트웨어와 프로세스를 이용해서 발송물을 추적한다. 두 회사는 매달 납품업체가 송장을 보낼 때 원장을 조정하고, 제조업체는 송장을 확인해 시스템에서 숫자가 같은지 확인한다.

모든 사업은 이런 관계를 갖고 있다. 회사가 파트너십을 맺을수록, 추적하기 위해 더 많은 노력과 자원이 필요하다.

기업이 혜택을 볼 수 있는 퍼블릭 블록체인의 속성은 크게 두 가지다.

트랜잭션 불변성(Transaction immutability)

거래가 원장에게 추가되면 변경하거나 제거할 수 없다.

피어 검증(Peer validation)

트랜잭션이 원장에 추가되기 전에 다른 네트워크 참가자는 트랜잭션이 유효한지 여부를 결정한다.

기업에 매력적이지 않은 블록체인의 속성도 있다.

트랜잭션 투명성(Transaction transparency)

기업이 트랜잭션을 완료하면, 네트워크상의 모든 사람이 종료된 트랜잭션을 알 필요는 없다. 트랜잭션에 참여한 참가자들만 자세한 내용을 알아야 한다.

제한된 확장성(Limited scalability)

중앙집중식 데이터베이스는 초당 수백만 건의 거래를 처리할 수 있지만 퍼블릭 블록체인은 기껏해야 초당 수백 건의 거래를 처리할 수 있다.

새로운 프로그래밍 언어와 개념

퍼블릭 블록체인에서 실행되는 디앱은 솔리디티나 바이퍼와 같은 새로운 언어로 만들어지며 개발자는 새 기술을 또 배워야 한다.

퍼미션리스(Permissionless)

퍼블릭 블록체인은 누구나 네트워크에 참여할 수 있지만, 회사는 거래 대상을 통제하고 싶어한다.

숨겨진 정체성(Hidden identities)

퍼블릭 블록체인의 참가자는 블록체인 주소로 식별되며, 이로 인해 많은 참가자들이 익명성을 갖게 된다. 그러나 기업은 거래 대상을 알고 싶어한다.

코다 프로토콜은 모든 사업 요건을 충족시키기 위해 만들어졌다.

코다 네트워크

코다 네트워크는 노드의 피어 투 피어 네트워크다. 각 노드는 법적 주체를 대표하며, 노드마다 하나 이상의 코다 응용 프로그램으로 코다의 인스턴스를 실행한다. 그림 9-2에서 설명하고 있다.

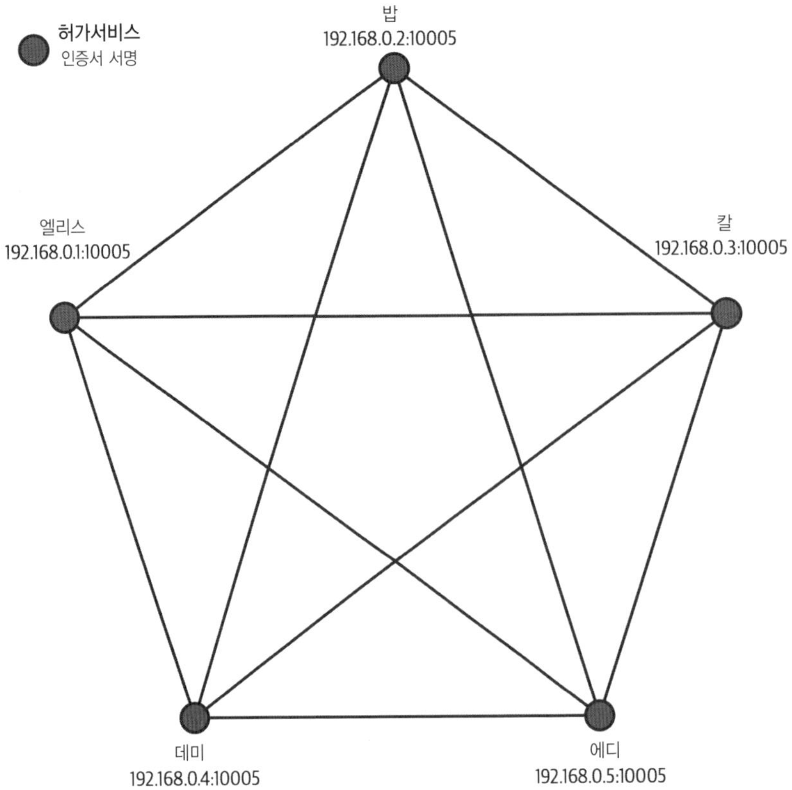

그림 9-2. 코다 네트워크의 예

누구나 자신의 코다 네트워크를 시작할 수 있지만 네트워크의 모든 노드는 네트워크 운영자로부터 가입 허가를 받아야 하며, 네트워크의 모든 참가자에게도 확인돼야 한다. 네트워크의 모든 노드는 전송 계층 보안[TLS]을 통해 네트워크의 다른 모든 노드와 직접적이고 비공개로 통신한다.

코다 레저

네트워크의 각 노드는 자체 중앙집중식 데이터베이스를 호스트하고 모든 트랜잭션은 피어 투 피어를 수행한다. 두 개 이상의 노드가 트랜잭션을 수행할 수 있다. 여러 노드가 트랜잭션을 완료한 후 노드는 트랜잭션을 자신의 데이터베이스에 저장한다. 그림 9-3에 설명된 바와 같이, 트랜잭션에 관련된 노드 또는 액세스가 주어진 노드만 트랜잭션에 대한 가시성이 있다. 트랜잭션은 변조 방지 기능이 있으며, 관련 당사자들의 디지털 서명을 포함한다.

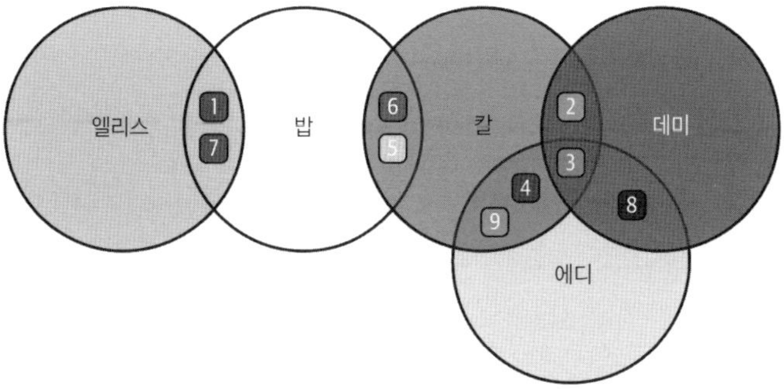

그림 9-3. 트랜잭션 가시성을 가진 노드를 나타내는 코다 네트워크의 예

그림 9-3에서 밥은 엘리스와 #1 및 #7 트랜잭션을 수행했으며, 칼과 #5 및 #6 트랜잭션을 수행했다. 밥은 4개의 트랜잭션을 모두 볼 수 있지만 엘리스는 1번과 7번 트랜잭션만 볼 수 있다.

코다 합의

거래가 원장에 포함되려면 다음 두 가지 검사를 통과해야 한다.

1. **타당성 합의**: 관련된 모든 노드가 다음 사항을 확인한다.
   a. 트랜잭션에 필요한 모든 서명이 유효하다.
   b. 트랜잭션은 관련된 스마트 콘트랙트에 정의된 모든 제약을 충족한다.
2. **고유성 합의**: 코다는 비트코인과 유사한 UTXO 모델을 따른다. 고유성 검사를 통해 트랜잭션에 포함된 입력이 이미 사용되지 않았음을 확인하고 이중 지출을 방지한다.

코다 언어

코다는 기술 산업에서 유명해 코다 솔루션을 구축하는 데 필요한 기술을 자격을 갖춘 엔지니어를 쉽게 찾아 훈련시킬 수 있다. 코다 디앱은 자바로 작성됐으며 Azure SQL, SQL

서버, Oracle 및 PostgreSQL 엔터프라이즈 데이터베이스와 함께 작업할 수 있다.

DAML

디지털자산Digital Asset이 개발한 DAML은 손쉬운 스마트 콘트랙트 작성을 위한 프로그래밍 언어다. 이전에 언급된 모든 블록체인 플랫폼을 지원한다. 개발자들은 블록체인과 분리된 층에서 DAML 콘트랙트를 체결한다. 스마트 콘트랙트 개발에 집중하는 것은 사업 사용 사례에 달려 있다. 콘트랙트가 체결된 후 더 쉽게 원장이나 스토리지 모델을 변경할 수 있다.

서비스로서의 블록체인

공급업체가 맞춤형으로 구현이 쉬운 솔루션을 제공하는 '서비스로서의 블록체인BaaS'이라는 블록체인 개념은 기술 활용 사례가 늘어나면서 성장 가능성이 크다. SaaS(서비스로서의 소프트웨어) 및 클라우드 오퍼링과 마찬가지로 블록체인 제품은 사용자의 중앙집중화 관리 및 노드 배포와 같은 요소를 제공한다. 몇 가지 사례를 알아보자.

아마존 퀀텀 레저

아마존 웹 서비스의 일부인 퀀텀 레저 데이터베이스QLDB는 암호화로 보호되며, 이더리움과 하이퍼레저 패브릭 프레임워크를 사용하는 원장이다. 그러나 노드 기반 분산 블록체인 설정이 더 어려워서 시스템이 중앙집중화된다. 장점은 사용자가 직접 변경할 수 없고 암호화된 안전한 원장을 제공한다.

애저

마이크로소프트의 애저 클라우드 플랫폼은 개발자들이 쿼럼과 코다와 같은 다양한 블록체인을 배치할 수 있도록 분산 모델을 제공한다. 사용하는 블록체인에 따라 애저는 스마트 콘트랙트 개발을 지원한다. 개발자는 블록체인 구현 내부에 유효성 검사기를 설치할 수도 있다. 애저 프레임 워크는 블록체인 정보를 보다 복잡한 쿼리를 허용하는 데이터베이스로 쉽게 내보낼 수 있게 해준다.

VM웨어

VM웨어 블록체인은 EVM, DAML 및 하이퍼레저를 지원하는 멀티 블록체인 플랫폼이다. 개발자는 VM웨어의 클라우드 기술로 보안 및 개인정보 보호를 강화하고 다양한 유형의 인프라 구현을 설정할 수 있다. 또한 비잔틴 내결함성 합의 엔진을 사용하여 탈중앙화의 기능을 제공한다.

오라클

오라클의 블록체인 플랫폼은 하이퍼레저 패브릭에 구축돼 하이브리드, 온프레미스 또는 두 가지 혼합해 유연성을 높였다. 규제 요건에 따라 특정 환경을 구성할 수 있도록 하자는 취지다. 오라클은 또한 사기 방지를 위해 기존 기업 데이터베이스 제공 범위에서 변조 방지 블록체인 테이블을 지원한다. 데이터베이스 내의 보관 체인, 에스크로 및 감사 로그 기능이 있다.

IBM

IBM은 하이퍼레저 패브릭을 지원하는 도구 세트를 핵심 기술로 제공한다. 도구 세트는 Node.js, Go, 자바 및 솔리디티에서 사용할 수 있는 스마트 콘트랙트 프로그래밍 기능으로 기업 개발을 위한 비주얼 스튜디오 코드Visual Studio Code 확장이 가능하다. 호스팅 옵션은 IBM 클라우드 온프레미스, 원격 또는 하이브리드 오퍼링을 사용해 유연하며 쿠버네티스Kubernetes로 관리되는 Red Hat의 오픈시프트OpenShift 컨테이너 플랫폼을 통해 배포된다.

SAP

SAP은 클라우드 플랫폼을 통해 배포 및 서비스를 제공하며, 하이퍼레저 패브릭 및 이더리움 메인넷을 지원한다. SAP 블록체인 비즈니스 서비스는 문서와 데이터를 변조로부터 보호한다. SAP는 또한 외부 블록체인과 노드가 다양한 서버 아키텍처인 SAP HANA를 포함한 시스템에 적용할 수 있게 해준다.

뱅킹

대형 금융기관들과 중앙은행들은 시대에 뒤떨어지거나 비효율적이거나 비용이 많이 드는 프로세스를 우회할 수 있는 방법을 모색하기 위해 블록체인 구현을 살펴보고 있다. 모든 것이 아직 완전히 적용 가능하진 않지만, 은행권 분야에서의 실험은 블록체인이 발전했다는 신호로 볼 수 있다.

로열 민트

영국에서 동전을 생산하는 로열 민트Royal Mint는 시카고 상업 거래소CME와 제휴해 금에 묶인 블록체인 기반 자산을 만들었다. 암호화폐 업체 비트고가 이 프로젝트를 위해 지갑 및 KYC 기술을 제공하기로 하였다. 그러나 2018년 말에 CME에서 중간에 프로젝트를 멈춘 이후 보류돼 자산이 어디서 거래될지에 대한 의문이 남았다.

프랑스 중앙은행

프랑스 중앙은행Banque de France은 블록체인을 어떻게 활용할지 일찍이 알아냈다. 2016년에 유로화 지불을 위한 디지털 정체성을 바탕으로 실험을 진행했다. 프랑스 중앙은행은 블록체인 산업에서 세계적인 규제를 요구하고 있다. 가장 최근에, 암호 경제학과 하이퍼레저, 코다 및 쿼럼 플랫폼에 정통한 블록체인 전문가를 찾는 구인 공고를 발표했다.

중국

시진핑 주석은 2019년 국가 블록체인의 발전 가속화를 발표했다. 중국은 중앙은행이 암호화폐로 나아가고 있으며, 디지털 위안화는 블록체인 기술을 활용할 것으로 예상된다. 이 계획은 시스템이 2단계로 나눠 현금과 비슷한 기능과 모바일 거래를 위한 오프라인 기능을 제공하는 것이다.

연방준비제도

미국의 중앙은행은 수년 간 암호화폐를 관찰했다. 2019년 보스턴 연방준비제도이사회(보스턴 연방저지)는 이더리움과 하이퍼레저 기반 블록체인 테스트를 기술한 논문을 발표했다(그림 9-4). 다양한 은행과 스마트 계약을 대표하는 월렛을 사용하며, 보스턴 지부가 담당하는 연방준비제도이사회FRB에 대한 지급을 조정하였다.

하이퍼레저 패브릭 v0.6 아키텍처

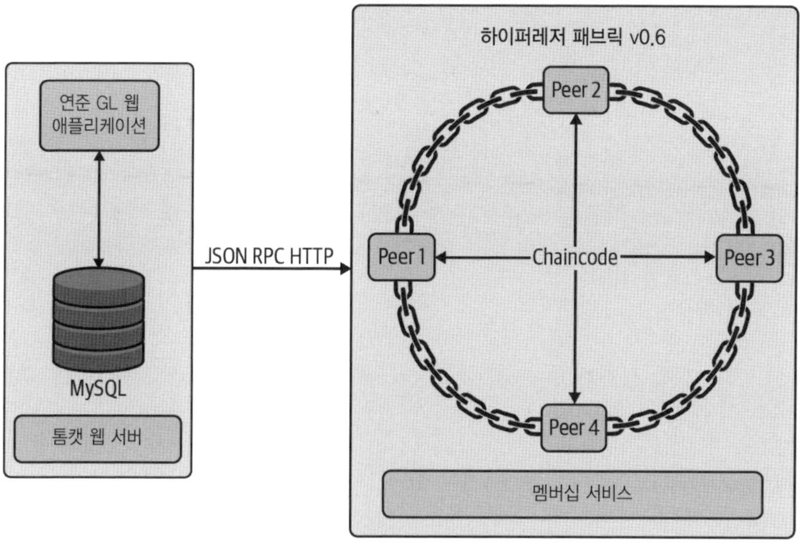

그림 9-4. 보스턴 연방준비제도이사회(보스턴 연준) 시험설계-하이퍼레저에서 '체인코드'는 스마트 콘트랙트를 의미한다.

JP모건

투자은행 JP모건은 이더리움을 기반으로 자체 블록체인인 쿼럼을 개발했다. 또한 자체 스테이블코인인 JPC 코인도 만들었다. 암호화폐는 쿼럼 블록체인을 활용해 비싸고 비효율적일 수 있는 국제 송금 방법으로 활용된다. 사용자는 은행에 피아트를 입금하고 JPM 코인을 발행받아 다른 곳에서 피아트 지불을 위해 상환할 수 있다.

퍼미션드 원장 사용

퍼미션드 시스템에 대한 사례는 개방형 블록체인의 사례와 매우 다르다. 앞서 설명했듯이 개방형 블록체인은 투기·토큰화·디지털 가치 저장에 좋을 수 있지만 기업은 속도, 개인정보 보호 및 개발 기능이 포함된다. 허가된 플랫폼은 테스트 및 검증을 거쳐 기업의 요구에 맞춘 다양한 사례의 개발로 이어졌다.

IT

보안은 엔터프라이즈 IT 시스템의 항상 존재하는 구성요소다. 디지털 자산의 DAML SDK는 많은 회사에서 사용하는 비주얼 스튜디오에서 개발할 수 있도록 환경을 제공한다. 원장에 관련된 스마트 콘트랙트는 시스템에 중요한 데이터를 검증하는 데 도움이 된다. 이러한 구성에는 네트워크 관리, 데이터베이스 모니터링 및 서비스 데스크가 포함된다. 가령 콘트랙트를 활용해 소프트웨어 패키지나 도커 이미지를 검증할 수 있다.

뱅킹

증권화, 현금화, 결제 시스템에 이르기까지 은행들과 중앙은행 모두 블록체인 기술을 연구하는 경우가 늘고 있다. 은행은 여러 다른 조직과 함께 운영해야 하기 때문에 블록체인은 서로 다른 단체들이 모두 동의하고 신뢰할 수 있는 중개자 역할을 할 수 있다. 그 예가 산탄데르Santander 은행이 발행한 디지털 채권이다. 관리인, 발행인 및 투자자들은 이 과정에서 토큰을 사용한다(그림 9-5 참조).

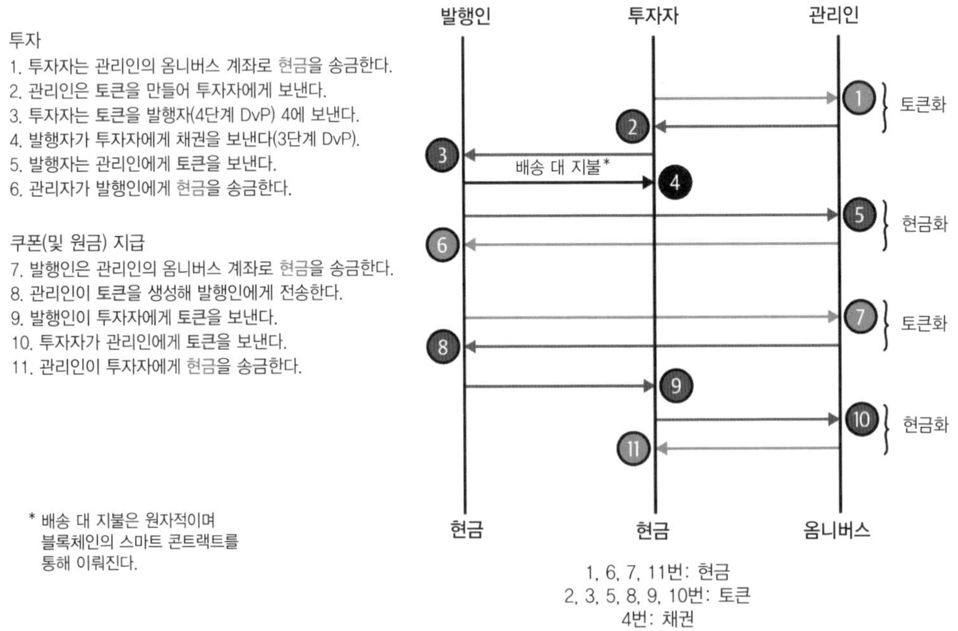

투자
1. 투자자는 관리인의 옴니버스 계좌로 현금을 송금한다.
2. 관리인은 토큰을 만들어 투자자에게 보낸다.
3. 투자자는 토큰을 발행자(4단계 DvP) 4에 보낸다.
4. 발행자가 투자자에게 채권을 보낸다(3단계 DvP).
5. 발행자는 관리인에게 토큰을 보낸다.
6. 관리자가 발행인에게 현금을 송금한다.
쿠폰(및 원금) 지급
7. 발행인은 관리인의 옴니버스 계좌로 현금을 송금한다.
8. 관리인이 토큰을 생성해 발행인에게 전송한다.
9. 발행인이 투자자에게 토큰을 보낸다.
10. 투자자가 관리인에게 토큰을 보낸다.
11. 관리인이 투자자에게 현금을 송금한다.
* 배송 대 지불은 원자적이며
블록체인의 스마트 콘트랙트를
통해 이뤄진다.
발행인
투자자
관리인
토큰화
배송 대 지불*
현금화
토큰화
현금화
현금
현금
옴니버스
1, 6, 7, 11번: 현금
2, 3, 5, 8, 9, 10번: 토큰
4번: 채권

그림 9-5. 산탄데르에 의한 블록체인 발행 채권 설계 프로세스

중앙은행 디지털 통화

CBDC[Central Bank Digital Currencies]란 한 나라의 피아트통화의 디지털 형태다. CBDC는 중개인이나 은행과 같은 제3자를 요구하는 대신 당사자간에 직접 실시간 지불을 가능하게 했다. CBDC는 기존의 데이터베이스를 사용할 수 있지만, 블록체인이나 분산 원장 기술을 도입하는 것도 고려되고 있다. 중국·미국·스웨덴·영국은 CDBC 개념을 고려하거나 테스트하는 나라들이다.

법률

법률 산업은 본질적으로 적대적이다. 양당이 주장을 제기하고 중립적인 사법부가 결정을 내리는 과정을 의미한다. 블록체인은 불변의 기술 혁신으로서 법적 절차에서 정보를 검증하는 데 도움이 된다. 또한 많은 법적 프로세스를 자동화하는 기술이 발전하고 있으며, 스마트 콘트랙트 개발의 개념을 활용하는 것이 유용할 수 있다. 예를 들어, 미국 법무법인인 베이커호스테틀러[BakerHostetler]는 화물 계약을 위해 스마트 콘트랙트을 사용하고 있다.

게임

비디오 게임을 해본 사람이라면 누구나 가상 무기, 파워업, 의류와 같은 아이템의 가치를 이해할 수 있다. 게임에서는 아이템이 큰 가치가 있지만 보통 특정 게임이나 시스템에만 한한다. 고유성을 상징하는 디지털 자산과 연결된 아이템 개념이 인기를 끌고 있는 것도 부분적으로 이더리움 기반의 크립토키티 덕분이다.

부정행위에 대처하기 위해서도, 블록 체인 기술이 이용된다. 그림 9-6에 나타난 온체인 체스는 베를린 공과대학이 이더리움 스마트 콘트랙트를 이용해 진행하는 프로젝트다. 선수들은 공공 콘트랙트 코드 때문에 게임을 조작할 수 없다는 것을 알고 있었다.

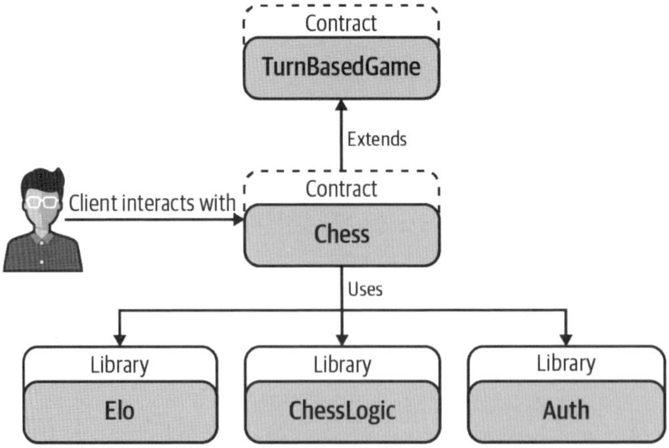

그림 9-6. 베를린 공과대학교의 온라인 체인 체스 도식

헬스 케어

의료계는 많은 데이터를 생성하고, 데이터의 대부분은 흩어져 있다. 환자들은 일반 의사, 전문의, 병원, 외래 진료소 등 다양한 장소에서 건강 관련 서비스를 받는다. 방문은 데이터를 생성한다. 환자들이 의료 업체가 제공한 모든 디지털 데이터에 접근할 수 있도록 하는 규정이 시행될 예정이다. 구글은 데이터 기록을 암호화하는 원장 기반 시스템인 검증 가능한 데이터 감사라는 것을 연구하고 있다.

사물인터넷

멀티탭에서 전구에 이르기까지 수십억 개의 스마트 디바이스가 대규모 네트워크와 협력할 때 보다 효율적으로 동작한다. 지금까지 기업은 이모든 기기를 사물인터넷IoT에 연결하고 검증 가능한 정보를 제공하기 위해 어떻게 비용을 지불해야 할지 여전히 고민하고 있다. 통제된 인프라에서 계정 및 결제 기능을 갖춘 블록체인이 솔루션의 일부가 될 수 있다. IBM의 인공지능 플랫폼 왓슨은 IoT 기기와 상호 작용하며 하이퍼레저 패브릭을 기반으로 하는 IBM 블록체인 플랫폼과 데이터를 안전하게 저장한다.

결제

블록체인 기반 결제에는 역할이 있지만, 오픈 블록체인은 비자와 같은 기존 네트워크와 경쟁하기 위해 고군분투했다. 여전히 많은 사람들이 다음과 같은 특정 결제 사례에 블록체인을 사용할 수 있는 기회를 보고 있다.

법인 결제

대규모 기업이 결제를 할 때 수반되는 관리 비용은 어마어마하다. 예를 들어, 청구서 수표가 계약에 명시된 구매 주문서와 일치하는지 확인하는 것이 있다. 또한 여러 나라에 지급하는 것도 여간 복잡한 일이 아니다. 관련된 일부 프로세스는 블록체인 기술로 자동화 및 검증될 수 있다. 비자카드는 2016년부터 문제를 해결하기 시작했고, 2019년 하이퍼레저를 활용한 'B2B 커넥트' 서비스를 시작했다.

은행 간 결제

대형 은행들도 국제 송금에 어려움을 겪고 있다. 전 세계 은행에 송금할 때 지불에 대한 정보가 부족하다는 점이 관련이 있다. JP모건은 JPM 코인과 함께 IIN^Interbank Information Network^이라고 불리는 것을 개발했다. 이는 은행 간 결제 정보를 전송하는 쿼럼 기반 시스템이다. IIN에는 현재 320명 이상의 멤버가 플랫폼을 사용하고 있다.

개인 대 개인 간 결제

그동안 퍼블릭 블록체인에 문제가 됐던 더 싸고 빠른 결제를 위해 블록체인 장부를 사용하는 아이디어에 대한 관심이 높다. 페이팔은 2019년 캠브리지 블록체인이라는 회사에 신원 기술을 투자했는데, 이 또한 도전 과제였다. 사용자 정보가 많은 페이스북은 다음에서 설명하는 것처럼 이미 문제를 해결했을 수 있다.

리브라

대부분의 엔터프라이즈 블록체인 실험은 비즈니스 프로세스에 초점을 맞추고 있다. 그러나 기업이 가상화폐와 블록체인의 핵심 개념을 활용해 사용자와 고객에게 새로운 기능을 제공할 수 있는 기회가 있다. 아직 초반이지만 페이스북과 같은 소비자 중심의 기업들은 특히 인터넷 결제 측면에서 모두에게 블록체인을 제공하고자 한다. 리브라는 페이스북이 주도하는 프로젝트의 이름이다.

리브라 협회

페이스북은 한동안 수십억 명의 사용자에 대한 블록체인 구현을 탐색했다. 리브라 협회는 리브라Libra라는 완전히 새로운 블록체인 시스템을 구현하기 위해 함께 모인 조직의 컨소시엄이다. 다음은 역할 및 관련 회사다.

- **결제**: PayU
- **기술**: Facebook, FarFetch, Lyft, Spotify, Uber
- **통신**: Iliad
- **블록체인**: Anchorage, BisonTrails, Coinbase, Xapo
- **벤처 캐피탈**: Andreessen Horowitz, Breakthrough Initiatives, Union Square Ventures, Ribbit Capital, Thrive Capital
- **비영리 단체**: Creative Destruction Lab, Kiva, Mercy Corps, Women's World Banking

기존 블록체인에서 빌려오다

리브라 협회는 핫스터프HotStuff로 알려진 VM웨어가 개발한 합의된 비잔틴 장애 허용 알고리듬을 활용해 인터넷에서 완전히 새로운 결제 시스템을 만들려고 한다. 협회 회원들은 시스템의 검증자가 된다.

핫스터프HotStuff는 유효성 검사기로 클라이언트의 트랜잭션을 받아들이고 검증을 위해 투표 메커니즘을 사용한다. 오류 또는 다운타임이 발생할 경우 다른 검증자가 선두를 차지할 수 있기 때문에 장애 허용성을 갖추고 있다. 비잔틴 장애 허용은 다른 블록체인 시스템, 특히 증명을 사용하는 작은 개방 네트워크에서 사용된다. 그림 9-7은 리브라의 합의 메커니즘을 보여준다.

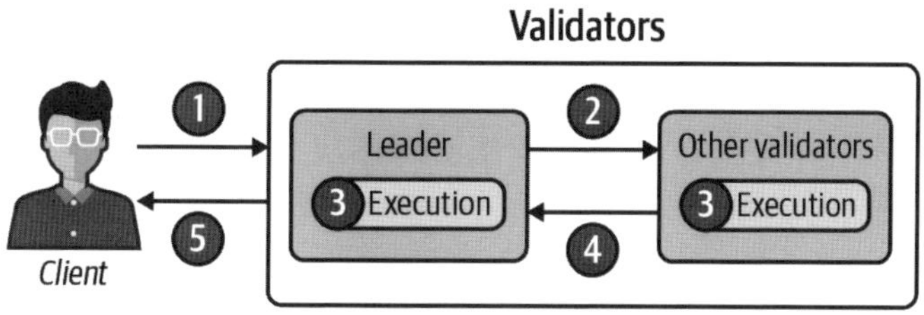

그림 9-7. 리브라의 합의 메커니즘

리브라 암호화폐는 법정 화폐와 국채를 포함한 자산들을 바스켓에 연동해 안정적인 가치를 유지할 것으로 예상된다. 대부분의 스테이블코인과 달리 미국 달러에 고정할 계획이 없으며 대신 법정화폐에 대한 자체 평가가 있는 디지털 통화로 존재할 것이다.

리브라는 타사 개발자가 애플리케이션을 만들 수 있는 스마트 콘트랙트 사용을 지원할 것이다. 이것은 무브[Move]라는 새로운 프로그래밍 언어를 통해 이뤄질 것이다. 무브 언어를 통해 프로그래머는 콘트랙트를 만들고 리브라 블록체인의 상태를 업데이트할 수도 있다. 무브는 '프로그래밍 가능한 리소스가 있는' 언어로 분류된다. 검증된 검증자와 특정 리소스 유형을 사용하면 리브라의 스마트 콘트랙트는 이더리움과 같은 개방형 블록체인보다 범위가 더 제한될 수 있다.

노비

페이스북 자체는 거래를 용이하게 하기 위해 노비[Novi]로 알려진 자체 지갑을 개발할 예정이다. 페이스북이 메신저, 인스타그램, 왓츠앱, 오큘러스 VR 등 많은 플랫폼에서 수십억 명의 사용자를 감안할 때 노비 지갑의 영향은 클 수 있다.

리브라는 또한 많은 제3자 지갑 구현을 지원할 예정이다. 지갑이 금융서비스의 관문이 되는 등 네트워크 자체가 개방될 가능성이 크다. KYC/AML은 노비의 구성요소가 돼야 할 것이고, 페이스북이 이미 많은 사용자 데이터를 갖고 있기 때문에 제품에 쉽게 구현할 수 있다.

리브라의 중앙집중화 도전

리브라는 많은 도전 과제에 직면해 있다. 네트워크가 중앙집중화되고, 확장된 지분 증명 합의 네트워크를 구축하는 계획을 과제로 삼았다. 과제를 달성하면 기술적 관점에서 발자국을 남기는 것이다.

규제상의 문제가 네트워크의 형성을 좌우할 가능성이 높아 시간이 지남에 따라 천천히 형성할 것으로 예상된다. 가령 대부분의 암호화폐와 달리 리브라는 소비자 보호에 관한 규정을 준수하기 위해 결제를 되돌릴 수 있어야 한다(결제복원, 결제취소 등). 그러나, 리브라는 이 책에서 다루는 기술들이 이전보다 더 큰 규모로 배포될 수 있다는 것을 보여준다. 리브라 협회는 네트워크의 탈중앙화를 주장하지만, 효율적이고 안정적이며 확장 가능한 시스템을 구축하기 위해서는 중앙화와 탈중앙화 사이의 균형이 필요할 것이다.

리프라 프로토콜 동작 방법

리브라의 네트워크는 두 가지 유형으로 유효성 검사기 노드와 풀 노드가 있다. 검증자 노드는 허가된 노드로, 리브라 협회의 조직으로 구성돼 있다. 노드는 LBFT 합의 프로토콜로 네트워크의 거버넌스를 관리하고 리브라 트랜잭션을 처리한다.

풀 노드는 누구나 실행할 수 있고 두 가지 목적을 달성할 수 있다.

1. 리브라 블록체인의 현재 상태를 실시간으로 브로드캐스트하는 역할을 한다. 풀 노드는 블록체인의 전체 사본을 유지하고 블록체인에서 읽어야 하는 클라이언트 요청에 응답한다.
2. 검증자가 처리한 트랜잭션을 재확인한다.

풀 노드는 읽기 요청을 제공하는 유효성 검사기 노드의 부담을 없애 리브라를 더 확장할 수 있게 해준다. 또한 잠재적인 DDoS 공격으로부터 유효성 검사기 노드를 보호한다.

리브라 모바일 지갑과 같은 클라이언트 애플리케이션이 네트워크와 상호작용하려고 하면 풀 노드에서 데이터를 읽고 트랜잭션 요청을 검증기 노드로 보낸다.

LBFT 프로토콜은 트랜잭션 및 거버넌스가 리브라 블록체인에서 수행되는 방법을 정의하는 규칙 집합이다. 네트워크상의 모든 검증기 노드가 식별돼 서로 신뢰하고 있어도, 어느 시점에서 한 개 이상의 노드가 악의적인 행위자가 돼 네트워크상의 비활성 트랜잭션을 포함시킬 수 있는 위험이 있다. 예를 들어 해커가 몇 개의 검증기 노드를 침해하는 경우가 있는데, 해커들은 다른 계좌에서 자신의 계좌로 자금을 보내는 트랜잭션을 처리하려고 시도할 수 있다.

블록

LBFT에서 블록체인에 추가된 각 트랜잭션 블록은 라운드의 리더에 의해 선출된다. 검증자는 리더로서 차례대로 역할을 맡게 된다. PoW[Proof-of-Work] 합의와는 달리 블록 생성 권한을 가진 노드를 결정하는 데 에너지나 시간이 낭비되지 않는다. 이는 LBFT를 빠르고 확장 가능한 방식으로 만든다. 리브라는 초당 1,000건의 트랜잭션 속도를 예상하고 있다. 이는 비트코인의 초당 7건의 트랜잭션과 비교된다.

리더가 새로운 트랜잭션 블록을 제안하면 모든 네트워크 검증자가 해당 블록이 유효한지 여부를 투표한다. 2f+1개 이상의 검증자가 블록이 유효하다고 동의하면 쿼럼 인증서가 생성된다. 쿼럼 인증서는 다음 블록에 연결되며 모든 블록을 상위 블록에 암호화해 연결한다.

블록은 모두 쿼럼 증명서를 가진 3개의 연속된 자식 블록이 있는 경우에만 리브라 블록체인에 커밋할 수 있다. 커밋 시점까지 블록은 고립된 블록이 될 가능성이 있다.

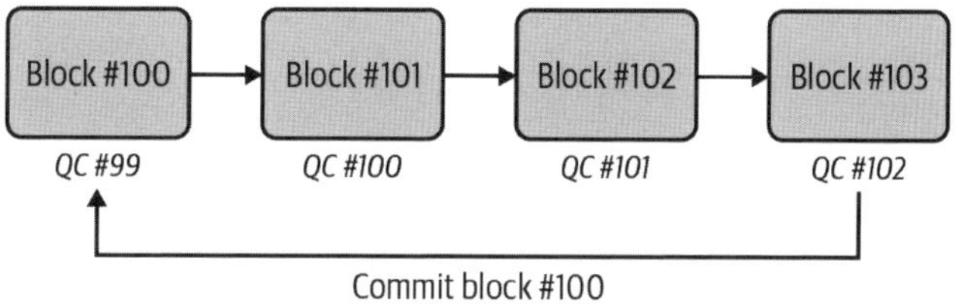

그림 9-8. 블록 #102의 쿼럼 증명서가 포함돼 있는 경우 블록 #103이 네트워크에 제안될 때까지 블록 #100은 블록체인에 커밋되지 않는다.

트랜잭션

리브라의 트랜잭션은 이더리움과 유사한 방식으로 구성돼 있다. 리브라는 비트코인과 같은 UTXO 모델이 아닌 계좌 모델을 따르기 때문에 입력과 출력이 없다. 리브라 트랜잭션의 구조는 표 9-1에 나타나 있다.

표 9-1. 리브라 트랜잭션의 구조

필드	설명
Sender address	트랜잭션 보낸 사람의 계정 주소
Sender public key	트랜잭션 서명에 사용되는 개인키에 해당하는 공용 키
Program	프로그램은 다음과 같이 구성돼 있다. • Move 트랜잭션 스크립트의 바이트 코드 • 스크립트에 대한 입력 목록(옵션)이다. 피어 투 피어 트랜잭션의 입력에는 수신자에 대한 정보와 수신자에게 전송된 금액이 포함된다. • 퍼블리시할 Move 바이트 코드 모듈 옵션 리스트.
Gas price (microlibra/gas 단위)	• 송신자가 트랜잭션을 실행하기 위해 가스 단위당 지불할 용의가 있는 금액이다. 가스는 계산과 저장에 대한 비용을 지불하는 방법이다. 가스 단위는 본질적인 실제 값이 없는 추상적인 계산 측정 값이다. • 1마이크로 리브라 = 0.000001 LBR (10^–6).
Maximum gas amount	트랜잭션이 소비할 수 있는 최대 가스 단위
Sequence number	발신자 계정에 저장된 시퀀스 번호와 동일해야 하는 부호 없는 정수
Expiration time	트랜잭션이 유효하지 않게 될 때까지의 시간
Signature	송신자의 디지털 서명.

요약

완전한 프라이빗 블록체인을 원하는 기업이 있어 R3 코다 구현이 유용하기도 하고, 대중이 사용할 수 있는 네트워크를 바라는 수요도 있다. 이점들이 바로 리브라 프로젝트가 채우려 하는 역할이다.

블록체인 사업의 아마존이 될 서비스는 아직 아무도 모른다. AWS는 배치와 개발이 매우 쉽기 때문에 경쟁 업체가 있음에도 불구하고 클라우드 컴퓨팅 분야에서 선두를 놓치지 않고 있다. 하지만 블록체인 시스템에서는 아직까지 어느 누구도 절대적인 지배력을 가지고 있지 않다.

비트코인이나 이더리움 같은 공개형 네트워크는 블록체인의 세계를 만들어냈다. 현재 기업들은 블록체인 개념을 취해 운영의 여러 측면을 개선하기 위해 사용하고 있다.

이건 단지 시작에 불과하다. 10장에서는 블록체인의 미래를 알아본다.

10장

블록체인의 미래

오늘날의 블록체인과 암호화폐를 인터넷 초창기와 비교하는 일이 완전히 잘못됐다고 볼 수는 없다. 초기의 소비자 인터넷은 느렸고 지금은 익숙한 대부분의 기능이 없었기 때문이다.

블록체인도 비슷한 단계에 있다. 블록체인을 채택하는 소비자는 여전히 매우 적고, 블록체인으로 일하기는 때론 혼란스럽고 어렵기도 하다. 반면, 개발자 입장에서는 블록체인 산업의 미래를 형성할 수 있는 엄청난 기회가 있음을 의미하기도 한다.

새로운 기술은 어느 때보다 빠르게 채택되고 있다(그림 10-1 참조). 블록체인에 적합한 애플리케이션을 찾는다면 블록체인은 도약할 차세대 소비자 기술이 될 수 있다.

물론 모든 것이 성공하는 것은 아니다. 인터넷은 유연하고 뛰어난 적응력이 진보를 위한 길이라는 교훈을 준다. 블록체인 세상은 빠른 속도로 움직일 수 있으므로 변하는 시장과 개발자 생태계에 적응하는 것이 관건이다.

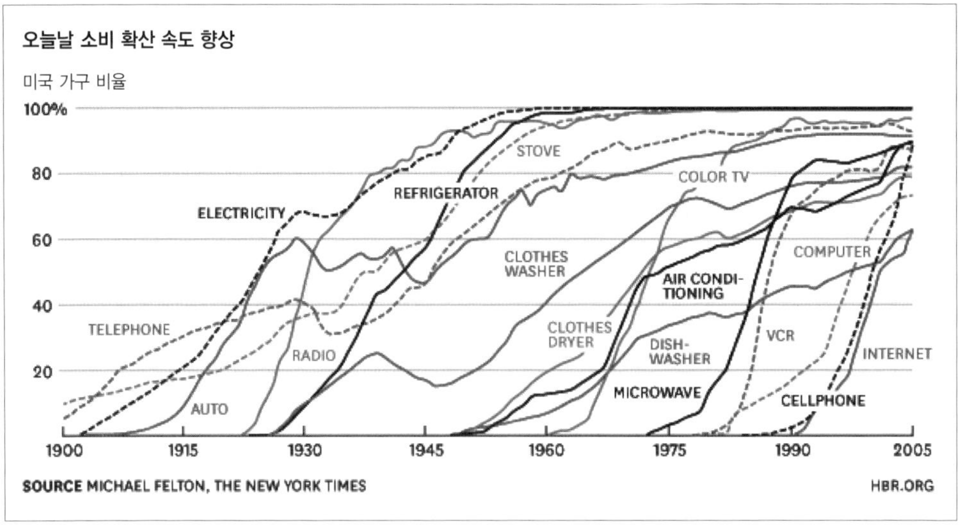

그림 10-1. 시간 경과에 따른 다양한 기술 채택률

더 많은 것들의 변화

인터넷이 시작된 1970년대에 미국, 영국, 프랑스의 컴퓨터 업계 대표들이 모여 OSI[Open Systems Interconnection] 모델을 고안했다. 인터넷상에서 데이터 교환을 위한 개방적이고 다층적인 표준화된 프로토콜 세트를 만들고자 했다. 1980년대까지 엔지니어, 규제 기관, 컴퓨터 및 통신회사를 포함한 많은 이해관계자들의 지지를 받으며 노력했다. 그러나 1990년대 초에는 보다 효율적이고 민첩한 두 가지 표준이 지배하기 시작했다. 바로 TCP/IP[Transmission Control Protocol and Internet Protocol]이다. 다음은 새로운 기술인 TCP/IP가 어떻게 주도권을 갖게 됐는지 간략히 살펴본다.

1960년대

데이터 전송 기술은 전화망의 구식 회선 전환에서 발전했다. 패킷 교환은 정보를 블록으로 분할해 송신해 수신측에서 데이터를 재구성한다. 인터넷의 초기 버전인 ARPANET[1]은 패킷 교환을 최초로 사용한 네트워크다.

1 ARPANET: 미국 국방부에서 연구 기관과 국방 관련 사업체 등 관련 기관 간의 정보 공유를 지원하기 위해 추진한 ARPA(The Advanced Research Project Agency) 프로젝트에 의해 개발된 컴퓨터망의 연동망 – 옮긴이

1970년대

전화 통신 사업자는 아날로그 회선의 수익을 보호하기 위해 제안된 '가상' 회선을 통한 패킷 교환 아이디어를 탐구한다. 그러나 패킷 교환의 원래 지지자들은 보다 혁신적인 분산 데이터그램 모델을 제안했고, 그에 따라 OSI 모델이 개발됐다.

1980년대

OSI의 참조 모델은 두 패킷 스위칭 구현 옵션을 포함해 공개됐다. 인터넷 연구의 주요 후원자인 미국 정부는 1990년까지 OSI 표준 컴퓨터를 구입하도록 지시했다.

1990년대

TCP/IP는 80년대에 처음 사용 및 개발돼 네트워크 제어 프로그램NCP의 후속으로 아파넷ARPANet에서 사용되고 있었다. TCP/IP를 확장하려는 엔지니어들의 반발로 OSI 표준이 거부됐다. OSI가 표준과 절차에 얽매인 동안 TCP/IP는 자유롭게 사용할 수 있었다.

2000년대

TCP/IP는 모든 디바이스에서 인터넷 통신 표준으로 OSI 표준보다 엔지니어들이 더 자유롭게 구축할 수 있어 우위를 점하게 되었다.

인터넷 통신 프로토콜의 스냅샷 역사가 블록체인의 미래와 무슨 관계가 있을까? 수십 년 전 초기 인터넷 개척자들은 아마도 OSI가 세계를 지배할 것이라고 생각했을 것이다. 그러나 실제로는 TCP/IP가 역할을 수행했다. 블록체인 생태계는 여전히 진화 중이므로 시간이 지남에 따라 자리잡은 인터넷 프로토콜들도 여러 가지 이유로 사라질 것이다.

인터넷은 누구도 직접적으로 볼 수 없다. 인터넷은 웹이나 이메일과 같은 애플리케이션을 통해 볼 수 있다. 블록체인도 거의 비슷하다. 인터넷과 마찬가지로 블록체인은 소비자용 애플리케이션의 백본backbone[2]이다.

2 백본(backbone): 기간(基幹)으로 번역되며, 랜에서 광역통신망(WAN)으로 연결하기 위한 하나의 회선 또는 여러 회선의 모음 – 옮긴이

암호화폐 네트워크와 이를 뒷받침하는 블록체인은 본질적으로 소프트웨어와 유사하다. 소프트웨어는 동적이고 완성되지 않았으며 더 큰 생태계의 일부이다. 암호화폐 역시 동적이며, 블록체인은 암호화폐의 기록 장치로써도 역동적으로 움직인다. 다가올 몇년 안에 많은 것들이 바뀔 것이다. 미래는 밝지만 확실히 정해진 것은 아니다.

주목해야 할 블록체인

비트코인·이더리움·각종 기업형 블록체인 외에 개발자들이 구축할 수 있는 프로젝트가 많다. 프라이버시, 효율성 또는 향상된 스마트 콘트랙트 기능으로 인해 가까운 미래에 다음 세 가지 플랫폼을 주목해야 한다.

EOS

운영체제와 스마트 콘트랙트 플랫폼인 EOS는 자원 사용을 줄이는 모델을 사용해 블록당 트랜잭션 수를 늘리고 수수료를 요구하지 않으며, 소수의 집중 노드만 활용해 블록체인상의 사용자에게 트랜잭션 대역폭을 제공한다. 블록 전파기는 특수 하드웨어 구성을 사용해 블록체인 스토리지 및 스마트 계약 실행을 네트워크에서 처리한다. 전파자들은 블록 생성와 지배구조에 대한 보상을 받는다.

(역주) EOS는 위임지분 증명(DPoS) 방식을 사용하는 제3세대 암호화폐다. 위임지분 증명 방식의 특징인 거버넌스(중앙조직)에 대한 의미로서 지배구조라고 표현했다.

카르다노

카르다노Cardano의 합의 메커니즘은 위임 지분 증명을 활용한 스마트 컨트랙트 플랫폼으로, 각 블록의 유효성을 검증하기 위해 임의의 이해 관계자를 선택한다. 사용자는 온라인에서 지속적으로 보상을 요구하는 스테이커에게 지분을 위임할 수 있다. 위임하는 동안 사용자는 멀티 서명 주소의 구조 덕분에 기본 ADA 암호화폐를 사용할 수 있다. 이 프로젝트는 학문적 성격과 프로그래밍에 존재하고 확립된 하스켈 라이브러리로 프로토콜에 사용하는 것으로 유명하다.

모네로

  프라이버시를 구현하고 현금 등 거래를 실행할 수 있는 능력으로 주목받는 블록체인 모네로는 링 서명, 링 기밀 거래, 스텔스 주소 등 세 가지 암호 전략을 구현해 거래 내역을 비공개로 한다. 모네로의 통화 심볼은 XMR이다.

블록체인의 개인정보 보호는 미래의 중요한 요소다. 모네로를 자세히 살펴보자.

모네로 동작 방법

모네로의 동작 모습을 알아보기 위해 예로 두 주소 간 0.5 XMR의 거래를 살펴본다.

대중에게 보이는 거래 세부 사항은 다음과 같다.

- **트랜잭션 ID**: 7de8 ...53f1
- **블록 넘버**: 2015291
- **마이너 수수료**: 0.0001781
- **입력**: 실제 입력 1 개와 디코이 입력 10 개만
- **키 이미지**: b142 ... da7e

입력은 공개적으로 볼 수 있다.

	링 구성원	블록	시각
1	3154…a729	1936368	2019-10-03 6:07
2	60c9…de58	1970318	2019-11-19 13:11
3	F6a2…b1e3	1997733	2019-12-27 2:14
4	9a62…a1a8	2006400	2020-01-08 2:01
5	d0aa…c50b	2014276	2020-01-18 22:55
6	31b6…0bbf	2014635	2020-01-19 11:20
7	d3a6…6ef1	2014688	2020-01-19 12:41
8	754e…3a4d	2015113	2020-01-20 3:11

	링 구성원	블록	시각
9	ce8b…6f7a	2015154	2020-01-20 4:34
10	0bab…594d	2015200	2020-01-20 5:58
11	228d…1bd0	2015278	2020-01-20 8:38

출력은 다음과 같다.

	스텔스 주소	수량
1	0152…19e4	?
2	c44f…e531	?

대중에게 숨겨진 입력은 다음과 같다.

	모네로 주소	수량	접근 대상
1	43Ao…GHU9	0.01	주소의 소유자, 트랜잭션도 생성한다.

숨겨진 출력은 다음과 같다.

	모네로 주소	수량	접근 대상
1	41qp…NxdK	0.005	주소의 소유자
2	43Ao…GHU9	0.00482319	주소의 소유자

링 서명은 모네로 트랜잭션에서 발신인의 공개 주소를 숨긴다. 모네로는 비트코인과 비슷한 UTXO 방식을 따른다. 비트코인을 사용하면 발신자가 트랜잭션을 만들 때 개인키를 제어하는 주소 입력만 포함된다. 이는 발신자가 모네로를 보낼 수 있는 권한을 부여하고, 거래에 서명할 수 있게 해주는 것이다.

그러나 모네로에서 발신자가 트랜잭션을 구축할 때 다른 사람이 소유한 주소에서 무작위로 선택한 미끼 입력이 포함된다. 그래서 거래에 많은 입력이 들어있음에도 불구하고 실제로 자금을 보내는 것은 단 한 가지 뿐이다. 어떤 입력이 공개적으로 자금을 보내는지 알 수 없다.

앞의 사례에서, 자금은 오직 한 입력에서만 조달되고 있다. 링 서명에는 11개의 주소가 있는데, 이는 10개의 미끼 입력이 있다는 것을 의미한다. 트랜잭션의 생성자는 자금이 보내는 주소가 # 11(228d ... 1bd0)이라는 것을 알고 있지만 실제 입력이라는 것을 아는 사람은 생성자 뿐이다.

이중 지출을 막기 위해 모든 모네로 트랜잭션에는 실제 트랜잭션 발신자가 생성하는 키 이미지가 포함된다. 발신자가 이미 발송한 입력에서 자금을 보내려고 시도하면, 생성하는 핵심 이미지는 모네로를 보낸 첫 번째 트랜잭션에서 생성된 핵심 이미지와 같을 것이다. 모네로 마이너들은 블록체인에서 이미 같은 키 이미지가 이전 거래에 포함됐기 때문에 이중 지출 시도를 검증하지 않을 것이다.

키 이미지는 모네로에서 비트코인의 거래 서명과 일치한다. 발신자가 생성한 마이너들은 발신자가 이중 지출을 하지 못하도록 핵심 이미지를 사용한다. 앞의 사례에서 키 이미지는 b142...da7e이다.

링 비밀 트랜잭션(링 CT)의 목적은 모네로 거래에서 보낸 금액을 숨기는 것이다. 암호를 통해 출력으로 전송되는 금액을 가리는 프라이버시 기능이 핵심이다. 트랜잭션의 발신자와 수신자만이 실제 자금이 송금되는 금액을 알고 있다.

요약하면 다음과 같다.

- 발신자는 거래 내역을 작성한 사람이며, 따라서 거래 금액을 알고 있는 사람이다.
- 모든 모네로 주소에는 개인/비밀 뷰 키가 있다. 모네로 트랜잭션에서 XMR을 받은 주소의 소유자는 개인/비밀 뷰 키로 보낸 금액을 복호화할 수 있다.

마이너들은 정확한 금액을 신경 쓰지 않는다. 그들의 목표는 단순히 거래가 유효한지 아닌지를 판단하는 것이다. 거래를 검증하려면 마이너가 그 범위를 증명해야 한다. 그들은 다음이 사실인지 확인해야 한다.

1. 입력의 합은 출력의 합과 같다.
2. 각 출력으로 전송되는 양은 0보다 크다.

마이너들은 송금된 금액을 알지 못하고, 암호를 통해 두 가지 확인 작업을 수행할 수 있다.

앞의 사례 거래에서 자금은 두 개의 출력으로 보내졌다. 첫 번째 출력은 41qp ... NxdK를 주소로 보내며, 해당 주소의 소유자는 비밀 뷰 키로 0.005 XMR의 양 값을 해독할 수 있다. 그러나 두 번째 출력의 양 값을 볼 수 없다.

스텔스 주소는 모네로 거래의 수신자를 숨긴다. 트랜잭션의 발신자는 수신자의 공개 뷰 키, 수신자의 공개 소비 키 및 무작위 값을 사용해 수신자에 대한 새로운 스텔스 주소를 만든다.

밈블윔블, 빔, 그린

밈블윔블Mimblewimble은 확장성과 프라이버시를 강조한 블록체인 프로토콜이다. 불렛프루프Bulletproofs라고 하는 영 지식 증명 기술은 트랜잭션이 유효하다는 것을 확인하고 상태 전환은 블록체인에 기록돼 세부 사항을 가린다.

익명성 프로토콜인 밈블윔블에 도입된 두 가지 프로젝트는 빔Beam과 그린Grin이다. 두 프로젝트는 상당히 다르게 운영된다. 그린은 비구조화된 오픈소스 그룹이지만 빔은 투자자의 지원을 받고 있는 팀이다.

빔과 그린은 모두 ASIC[3] 저항, 확장성 및 프라이버시와 같은 몇 가지 주요 속성을 공유하지만 거버넌스 이외의 몇 가지 차별화된 특징이 있다.

빔 특성은 다음과 같다.

- C++ 언어로 구현

3 ASIC: 특정 사용 사례 및 작업을 제공하기 위해 만들어진 컴퓨터. 암호화폐의 경우 ASIC 장치는 비트코인(또는 기타 암호화폐) 채굴 과정에 참여하도록 설계됨.– 옮긴이

- 이퀴해시[4] 기반의 작업 증명
- 가치 저장을 장려하기 위해 2억 6천3백만 달러를 공급
- 발신인과 수신인 지갑은 온라인에서만 거래 가능
- 에스크로 및 아토믹 스왑과 같은 트랜잭션을 넘어 확장하기 위해 '스크립트 없는 스크립트'를 사용

그린 특성은 다음과 같다.

- 러스트Rust 언어로 구현
- 쿠쿠 사이클[5] 기반의 작업 증명 사용
- 소비자를 유도하기 위한 무한한 공급
- 트랜잭션은 발신자와 수신자가 온라인에서만 거래 가능
- 가능한 한 간단하게 설계된 제한된 스크립팅

스케일링 문제

앞으로 많은 연구가 수수료가 낮고 암호를 사용하기 쉬운 효율적인 상태로 유지하면서 거래 용량을 늘리는 데 초점을 맞출 것이다. 비트코인은 현재 한계를 고려하면 확장성을 높여야 하는데, 비트코인은 초당 3~7건의 거래만 처리할 수 있기 때문이다. 암호화폐 네트워크가 대규모로 성장하기에는 현재로서는 많이 부족하다. 새로운 아이디어가 확장성 문제를 해결하는 데 필요한 이유다.

4 이퀴해시(Equihash): 작업 증명에 사용되는 채굴 알고리듬 – 옮긴이

5 쿠쿠 사이클(Cuckoo Cycle): 네덜란드의 컴퓨터공학자인 존 트롬프(John Tromp)가 발명한 세계 최초의 작업 증명(PoW) 알고리듬. 암호화폐 중에서는 코르텍스(Cortex)와 그린코인(Grin Coin)이 뻐꾸기 사이클 알고리듬을 이용한 작업 증명 방식을 사용함.– 옮긴이

사이드 체인

일부 온라인 데이터를 오프로드하는 방법으로 사이드체인은 메인 블록체인에서 네트워크 트랜잭션에 대한 추가 정보를 전달한다. 비트코인의 리퀴드 네트워크Liquid Network 등의 연합 사이드 체인은 신뢰받는 당사자 집합을 이용해 블록에 서명하고 다중 서명 주소로 자금을 보유한다. 아직 개발 중인 신뢰할 수 없는 사이드 체인은 사용자가 한 체인에서 다른 체인으로 자금을 분산시키는 방식으로 이동할 수 있게 해주는 양방향 페그two-way peg[6] 개념을 사용한다.

샤딩

샤딩은 대용량의 데이터를 분할하는 과정으로, 데이터베이스 시스템에서 사용되며 암호화폐 네트워크의 확장을 위해 제안된 해결책이다. 블록체인을 기반으로 한 피어 투 피어 네트워크에서 샤딩은 노드 간에 데이터 세트를 분할한 것이다. 이 정보는 네트워크의 다른 노드와 공유된다. 블록체인 네트워크에서 샤딩은 데이터를 공유하기 위해 안전한 프로토콜이 있어야 하기 때문에 복잡성을 높이는 요소다.

스타크

확장 가능한 투명한 지식 논증 즉, 스타크STARK는 9장에서 언급한 개인 정보 보호 중심의 zk-SNARKs 기술을 사용한다. 영 지식 증명은 거래가 정직한지 확인하기 위한 검증자로 사용될 수 있다. 스타크는 '프로버' 노드를 사용해 이뤄지며, 트랜잭션을 배치해 더 작은 블록을 만든다. 개별 잔액은 오프체인에 저장된다. 잔액의 증거와 증명 검증을 보여주는 스마트 콘트랙트는 온체인에 저장된다.

6 양방향 페그(two-way peg): 비트코인을 비트코인 블록체인에서 두 번째 블록체인으로 "보내기"위한 방법이다. 실제 동작하는 방식은 비트코인을 잠그고 두 번째 블록체인에서 같은 양의 토큰을 잠금해제하면서 비트코인을 두 번째 블록체인으로 보내는 것처럼 보이게 하는 방식 - 옮긴이

DAG

방향성 비순환 그래프DAG, Directed Acyclic Graph[7]는 블록체인의 구성 방식을 재고한다. 그림 10-2에서 알 수 있듯이 DAG는 체인의 블록 대신 상호연결된 데이터 구조이다. 트랜잭션은 사용자가 마이너 및 유효성 검사자 역할을 하는 시스템에서 서로 유효성을 검사한다. 이 디자인은고아 블록 및 긴 블록 시간과 같은 효율성 문제를 제거한다. 트랜잭션은 DAG를 통해 보다 분산되고 빠른 방법으로 완료할 수 있다.

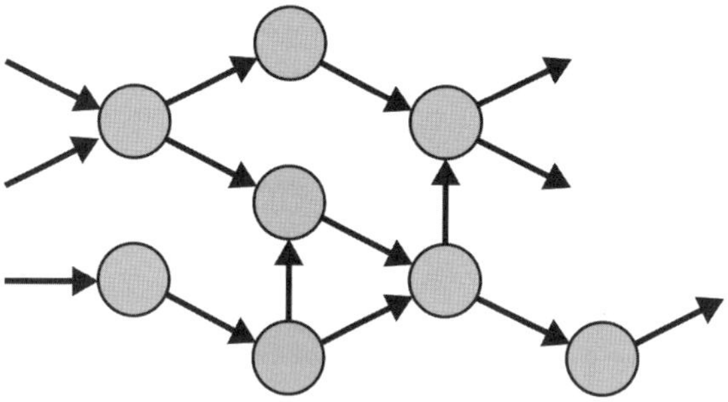

그림 10-2. DAG 네트워크 디자인

아발란체

아발란체Avalanche는 암호화폐를 위한 새로운 유형의 합의 메커니즘으로, 동적 인구 샘플링 투표 메커니즘을 활용해 유연한 블록체인을 만든다. 아발란체 즉, 합의 메커니즘은 적응력이 높은 규칙을 가진 유체 블록체인을 구현하는데 사용되며, '리더리스' 방식으로 모든 노드가 똑같이 취급된다. 아발란체는 다른 암호화폐 네트워크에서 발견되는 하드웨어 기반 채굴을 제거해 네트워크에 속한 동안 별도의 규칙을 가진 노드를 설정할 수 있다. 이런 식으로 플랫폼은 여러 스크립팅 언어와 가상 머신을 사용할 수 있다.

---

7 방향성 비순환 그래프(Directed Acyclic Graph, DAG): 개별 요소들이 특정한 방향을 향하고 있으며, 서로 순환하지 않는 구조로 짜여진 그래프 – 옮긴이

리퀴드

리퀴드Liquid는 비트코인 주변에 기술 제품과 서비스를 제공하는 업체 블록스트림의 기술이다. 상호운용성을 목적으로 비트코인을 잠그기 위해 보관하는 다중 서명 지갑이다. 사이드 체인은 잠긴 비트코인을 비트코인 및 기타 규칙 집합을 사용할 수 있는 다른 체인에 사용할 수 있게 해준다. 이는 잠재적으로 성능과 보안 요구사항을 변경하는 것을 의미한다.

리퀴드의 기본은 요소 오픈소스 프로젝트에서 나왔다. 이 요소는 개발자가 비트코인 기술을 기반으로 사이드 체인과 독립형 블록체인을 만들 수 있게 해준다. 이에 따라 새로운 자산을 발행할 수 있는 기능을 제공한다. 플랫폼은 또한 식별자와 금액이 블록체인에서 가려져 보이지 않게 처리되는 것을 의미하는 기밀 자산을 지원한다.

라이트닝

비트코인의 초당 거래 처리량 한계에 대한 해결책인 라이트닝Lightning은 그림 10-3에서 설명한 바와 같이 주요 비트코인 블록체인 밖에서 서로 개방하는 채널을 사용한다. 채널이 폐쇄되거나 오프라인으로 전환될 때 지불을 제공하면서 균형을 유지하기 위해 메인 블록체인에서 지원하는 해시 타임 잠금 콘트랙트Hash Time Locked Contracts를 사용한다. 블록스트림Blockstream의 c-lightning 및 라이트닝 랩스Lightning Lab의 LNDLightning Network Daemon를 포함해 라이트닝을 위한 몇 가지 소프트웨어가 있다. 스퀘어 크립토Square Crypto도 조만간 라이트닝 개발자 키트LDK를 출시할 계획이다.

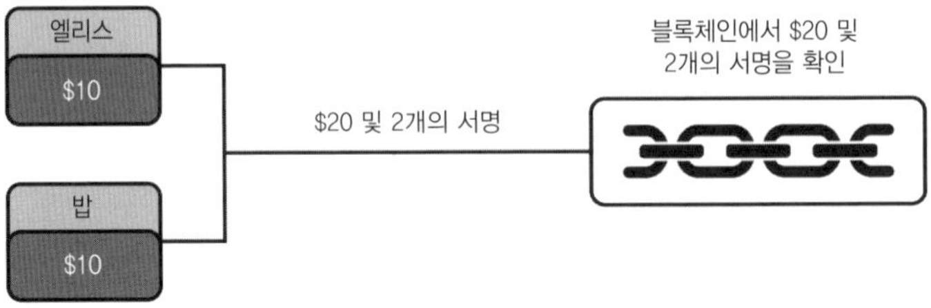

그림 10-3. 라이트닝 채널은 두 명 이상의 참가자가 만든 다음 비트코인 블록체인에 값을 할당

오늘날 암호화폐에 존재하는 스케일링 문제는 컴퓨터 네트워크가 직면한 것과 크게 다르지 않다. 필요성이라는 것은 발명의 어머니라고 한다. 인터넷의 인기가 높아짐에 따라 용량에 대한 필요성이 커지면서 수많은 기술적 해결책이 생겨났다. 기술적 해결책으로 다크 파이버 또는 광섬유 케이블이 포함됐다. 암호화폐의 보급이 확대됨에 따라 확장성에 대한 연구와 솔루션에 투자가 더 많이 이뤄질 것으로 예상된다.

라이트닝은 비트코인을 더 유용하게 만들기 위해 다음 확장성 문제를 해결하는 것을 목표로 한다.

트랜잭션 속도

앞서 언급했듯이 비트코인은 초당 7건 정도의 거래만 처리할 수 있다. 많은 소비자가 비트코인을 이용하고 싶어한다면 지금의 네트워크는 그 정도의 수요를 뒷받침할 수 없었다.

블록 시간

평균적으로 10분마다 새로운 거래 블록이 만들어지고 블록이 가득 차면 다음 블록이 발견될 때까지 더 이상 네트워크에서 처리할 수 없다. 비트코인으로 물건을 사는 사람이 있다면 거래가 처리됐다는 확인을 받기 위해 10~20분 이상 기다릴 수 없다.

비트코인 블록체인 크기

모든 마이너와 전체 비트코인 노드는 2020년 6월 현재 약 285 GB의 비트코인 블록체인 전체 사본을 유지해야 한다.

라이트닝 네트워크는 비트코인 주소가 결제 채널을 통해 비트코인을 거래할 수 있게 해줌으로써 이런 문제를 해결한다. 결제 채널은 비트코인 주소 두 개가 피어 투 피어를 관리하는 원장으로 활동하고 있다. 결제 채널을 통한 거래는 비트코인 블록체인에 기록되지 않고 오히려 오프라인에 기록된다.

지불 채널의 동작 방식에 대한 단순화된 설명으로, 실제 지불 채널에는 해시드 비밀과 잠재적으로 의도된 수신자와 발신자에게 도달하기 전에 몇 개의 피어 홉(hop)이 포함된다.

예를 들어, 앨리스가 밥에게 매일 커피 한 잔을 사주고 싶어 밥의 카페에 방문했다. 편리하게 지불할 수 있는 한 가지 방법은 백 달러짜리 상품권을 구매하고 매일 상품권으로 결제하는 것이다. 앨리스는 백 달러를 투자하고 상품권 회사는 모든 거래 내역을 관리한다.

라이트닝 네트워크의 경우 앨리스가 밥과 지불 채널을 열고 채널을 0.01 BTC로 투자하는 것과 같다. 앨리스는 0.01 BTC를 투자하고, 앨리스와 밥은 원장을 통제하는 제3자 대신 원장을 함께 관리한다. 암호화와 채널 자금 조달에 관련된 비용은 밥과 앨리스가 정직하게 행동하도록 요구한다.

자금 트랜잭션

앨리스는 밥에게 지불 채널 기금을 보유하고 있는 새로 만들어진 다중 서명 주소로 자금 트랜잭션을 보내 지불 채널을 열 수 있다. 자금 조달 주소는 밥과 앨리스가 공동 은행 계좌처럼 상호 통제한다. 그림 10-4에 설명된 사례에서 앨리스는 지불 채널 주소로 0.01 BTC를 보낸다.

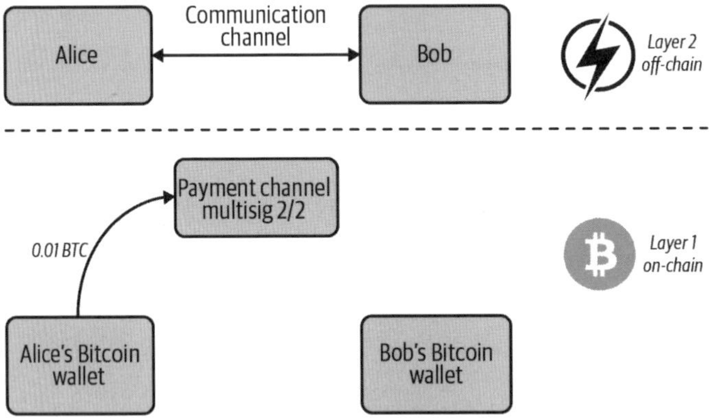

그림 10-4. 앨리스는 자금 트랜잭션으로 밥과 지불 채널을 연다.

일단 자금이 지불 채널에 있다면, 채널의 주소를 떠날 수 있는 방법은 두 가지뿐이다.

2/2 멀티시그 트랜잭션

유효한 트랜잭션을 만들기 위해 가능한 두 서명을 모두 제공해야 한다. 앨리스와 밥은 모두 유효한 멀티시그 트랜잭션을 수행하기 위해 개인키로 트랜잭션에 서명해야 한다.

환불 계약서

앨리스는 지불 채널에 자금을 지원하는 사람이기 때문에 밥이 관계에서 물러나 앨리스가 자금을 회수하는 데 도움이 되는 시명을 제공하지 않을 위험이 있다. 앨리스가 자금 거래에 포함된 것을 보호하기 위해 'x 블록을 통해 앨리스의 주소로 지불 채널 주소의 모든 자금을 환불하라'는 환불 콘트랙트가 있다.

오프체인 트랜잭션

앞으로 앨리스와 밥은 두 서명이 모두 필요한 인출 거래(그림 10-5)를 할 것이다. 문제는 앨리스와 밥이 미래의 거래에서 얼마나 많은 돈을 받을 것인가 하는 것이다. 앨리스가 밥의 카페에서 물건을 사기 전에 멀티시그 트랜잭션을 한다면 모든 돈을 앨리스의 주소로 돌려보내야 한다.

다음은 미래에 가능한 인출 트랜잭션 #1이다.

입력	출력
bc1q...3ktl 0.01 BTC (Payment channel)	3DZ5...2NZU 0.01 BTC (Alice)
Signature 1: 001443692e0c9ce1c70840847495c3216318b04a7793 (Alice's signature)	
Signature 2: cb8b99f482852b6c0d40a2f5bc249743ea6d5a80 (Bob's signature)	

앨리스가 밥의 가게에서 0.007 BTC를 사용한다면 멀티시그 거트랜잭션은 밥 0.007 BTC와 앨리스 0.003 BTC를 보내야 한다. 따라서 향후 인출 트랜잭션 #2 (그림 10-5에 표시)가 가능하다.

입력	출력
bc1q...3ktl 0.01 (Payment channel)	BTC 3DZ5...2NZU 0.003 BTC (Alice)
	38iS...E8SE 0.007 BTC (Bob)
Signature 1: 9a791cf4d808afec90ed7051314f80f4a9310372 (Alice's signature)	
Signature 2: 104f28ca0bf87c07ef5b97d33dae38f547d0435b (Bob's signature)	

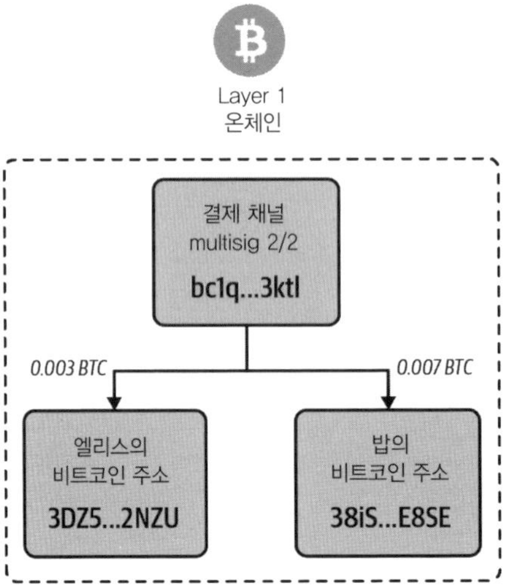

그림 10-5. 엘리스와 밥이 결제 채널 주소에서 자금을 인출

앨리스가 밥의 가게에서 커피를 사면서, 인출 거래에서 얼마나 많은 돈을 받는지 가치는 변한다. 값이 바뀔 때마다 앨리스와 밥은 새로운 거래를 만들고 서명해야 하며, 미래의 인출 트랜잭션을 승인하고 마이너들에게 새로운 인출 트랜잭션이 유효하다는 것을 증명해야 한다. 새로운 인출 트랜잭션을 만들고 서명하는 이 과정은 본질적으로 앨리스와 밥이 오프라인 거래를 하는 것과 동일하다.

라이트닝 노드와 월렛

라이트닝 지갑은 결제 채널을 열고 닫고 라이트닝 거래를 할 수 있는 추가 기능이 있는 비트코인 지갑이다. 라이트닝 사용자의 첫 번째 일반적인 실수는 지갑에 BTC가 없는 상태에서 지불 채널을 열려고 하는 것이다. 라이트닝 지갑에는 BTC가 있어야 채굴비를 지불할 수 있으며 지불 채널에 투자하기 위한 자금도 있어야 한다.

라이트닝은 트랜잭션 변조 가능성이 없는 블록체인을 요구하며, 이는 공격자가 일부 트랜잭션 데이터를 수정할 수 있는 취약성이다. 세그리게이트드 위트Segregated Witness 또는 세그윗은 기본 트랜잭션 데이터와 서명 데이터를 분리하는 비트코인 프로토콜에 대한 업데이트다. 원래 트랜잭션 데이터로 트랜잭션을 직렬화해 서명 기반 변조 공격을 막을 수 있다. 서명 데이터는 거래 증인 영역으로 들어가서 트랜잭션이 승인되었는지 확인하기 위해 SegWit-capable 풀 노드에서 사용된다.

> 세그윗은 트랜잭션 유효성을 확인하는 데 필요한 증인 데이터를 생성된 각 비트코인 트랜잭션의 다른 부분으로 이동시킨다. 가령 비트코인 블록체인에서 세그윗이 구현되기 전에 노드가 원래 서명된 트랜잭션에 포함되지 않은 프리해시 정보를 변경할 수 있었다. 이로 인해 네트워크에 대한 성형성 공격이 발생했다. 라이트닝 노드가 실현 가능하려면 이러한 성형성 공격의 위험을 제거해야 한다.

사용자가 라이트닝 노드를 실행하고 있다면 지불 채널을 열 수 있다. 그런 다음 공개된 지불 채널을 가진 여러 당사자가 거래에 협력할 수 있다. 이를 위해 커밋먼트 트랙잭션을 이용한다.

라이트닝은 블록체인 대신 채널을 사용하기 때문에 프라이빗 거래이다. 그러나 노드가 양방향 채널 중 하나에서 연결을 끊거나 다른 방법으로 끊으면 채널을 닫고 블록체인에서 트랜잭션을 해결한다. 또한 시스템에서 지불 라우팅이 발생한다. 라우팅은 어떤 이유로 채널이 열리지 않으면 지불이 노드를 통해 다른 당사자와 채널을 열 수 있음을 의미한다.

낙관적 롤업(Optimistic Rollups)

이더리움을 염두에 두고 설계된 낙관적인 롤업은 온체인 스마트 컨트랙트를 이용해 사이드체인 자금을 보유하는 기술이다. 사이드체인은 잔액을 포함한 사용자 정보를 포함하는 머클트리다. 온라인 정보는 효율성을 위해 하나의 블록으로 "롤업"된다. 집계자는 스마트 계약에 게시하기 위해 트랜잭션을 수집하고 이 집계자들은 스마트 컨트랙트에 참여하기 위해 채권을 게시하고 그 결과 수수료를 보상받는다. 유니피그(Unipig) 거래소는 낙관적 롤업을 사용하는 프로젝트의 사례다.

이더리움 2.0

이더리움은 용량을 늘리기 위해 네트워크에 큰 변화를 줬다. 이더리움 2.0에서, 네트워크는 복잡성을 추가하지 않고 더 큰 효율성을 가능하게 하는 캐스퍼Casper라는 일종의 증명으로 이동한다. 또한 10장의 앞부분에서 설명한 바와 같이 샤드로 나눌 것이다. 이 계획은 수 많은 새로운 아이디어를 결합한 것이다.

이더리움 2.0의 첫 번째 단계는 다음과 같은 사양을 포함한다.

비콘 체인

새로운 블록체인은 모든 샤드 체인에 합의를 제공함으로써 네트워크가 동기화되도록 보장한다. 각 샤드 체인은 샤드 블록에 트랜잭션을 추가하고 비콘 체인Beacon chain 및 모든 샤드 체인에 추가할 새 블록을 제안하는 역할을 하는 검증자를 가진다. 검증자는 비콘 체인에 의해 활성화되며 자발적으로 또는 잘못된 행동으로 인해 비활성화될 수 있다.

캐스퍼

이더리움 2.0을 위해 특별히 설계된 지분 증명 알고리듬이다. 캐스퍼Casper는 비잔틴 장애 허용Byzantine fault tolerant으로, 일부 노드가 신뢰할 수 없고 책임감이 있더라도 합의에 도달할 수 있다는 것을 의미한다. 잘못된 동작을 한 검증자는 스테이킹된 균형에 의해 불이익을 받는다. 이해 관계가 있는 검증자의 3분의 2가 합의에 도달하면 체인은 검증될 수 있다.

포크 초이스 룰

포크 초이스 룰Fork choice rule이란 검증자가 포크(검정자로부터 가장 많은 표를 받은 블록)의 경우 어떤 체인을 따라갈지 결정하는 데 도움이 되는 규칙이다. 네트워크는 블록 생성에서 유효성 검사기를 선택하기 위해 무작위 숫자 심박Random number heartbeat이라고 불리는 것을 사용하지만 포크 선택은 또 다른 보호 메커니즘이다. 공격자는 포크 선택 규칙을 어떻게든 수정할 수 있어야 효과적일 것이다.

예치 콘트랙트

예치 콘트랙트Deposit contract란 비콘 체인의 균형을 잡을 수 있는 콘트랙트이다. 이더리움 1.0 네트워크에 존재한다. 콘트랙트의 ETH는 일단 입금되면 1.0 네트워크에 쓸 수 없다. 검증자가 되기 위해 필요한 최소 보증금은 32ETH다. 대부분의 증거 시스템과 마찬가지로, 검증자 역할을 한 것에 대한 재정적 보상이 있다.

정직한 검증자 프레임워크

이더리움 2.0 네트워크를 안전하게 유지하기 위해 검증자들이 따라야 하는 일련의 기준이 있다. 여기에는 제안된 블록에 서명하고 투표(핫 월렛에 저장된 서명 키)를 위해 사용 가능한 개인키와 활성 검증자가 돼서 생성된 자금을 회수하기 위한 별도의 개인키가 포함돼 있는데, 이는 오프라인(철회 키)에 안전하게 저장돼야 한다. 해당 공개키는 검증자 예치 컨트랙트Validator Deposit Contract과 함께 트랜잭션의 일부로 등록된다.

네트워크 내 샤딩은 가스 비용이 증가하고 원자적인 트랜잭션 또는 한 번에 모든 트랜잭션을 수행하는 기능이 제거되는 결과를 가져온다. 이는 이더리움 2.0이 거래자들이 사용하는 금융적인 플랫폼이 아닌 소프트웨어 플랫폼으로 변화하는 가능성을 높일 것이다.

프라이버시

개인정보 보호는 향후 블록체인 기술의 가장 큰 성장 영역 중 하나가 될 것으로 예상된다. 개발자와 기타 이해관계자들은 거래에 대한 모든 공개적으로 전송하지 않아야 할 필요성을 깨닫고 있다. 다음은 현재 진행 중인 개인정보 보호 관련 프로젝트다.

시크릿 네트워크

원래 MIT 기반 프로젝트인 이그니마Enigma는 개인 데이터 계산을 가능하게 하는 일종의 피어 투 피어 네트워크다. 블록체인은 네트워크에 컴퓨팅 파워를 제공하는 '비밀 노드'를 보상하기 위해 사용되는 ERC-20 SRT 토큰으로 접근 제어와 ID를 관리한다. 따라서 사용자는 암호화를 사용해 데이터를 비공개로 유지하면서 데이터를 공유할 수 있으므로 제3자가 필요하지 않아 정보 유출의 위험을 줄일 수 있다(침해가 발생할 수 있음).

슈노르

디지털 서명의 한 형태인 슈노르Schnorr 알고리듬은 단순하고 효율적이며 짧은 서명을 가능하게 한다. 이를 통해 트랜잭션의 여러 서명을 하나로 결합할 수 있으며, 일부 데이터를 가릴 수 있다. 예를 들어 다중 서명 트랜잭션은 일반 트랜잭션과 동일하게 보일 수 있다. 'tweaking'이라는 암호화 기술을 사용할 수 있으며, 탭루트를 사용할 수 있다. 비트코인은 슈노르 서명을 가능하게 하기 위해 소프트포크를 할 것으로 예상된다.

탭루트

슈노르 키 쌍을 사용해 수행할 수 있는 흥미로운 작업 중 하나는 트랜잭션 스크립트에 서명하기 위해 탭루트 체계를 사용하는 것이다. 탭루트Taproot는 일부 스크립트 정보가 가려진 상태를 유지할 수 있는 데이터 구조인 MASTMerkelized Abstract Syntax Tree를 활용한다. 이것은 스크립트 논리 흐름의 여러 다른 경로를 인코딩하는 머클트리를 통해 수행된다.

상호운용성

상호운용성Interoperability은 블록체인의 대중적인 채택의 중요한 전조로 여겨진다. 폴카도와 코스모스를 포함한 수많은 프로젝트가 있다. 서로 다른 블록체인 간에 원활한 정보 공유, 스마트 콘트랙트 체결의 용이성, 보다 사용자 친화적인 경험을 가능하게 하는 것이 목표다.

모든 것을 토큰화

블록체인 산업을 둘러싼 잘못된 정보와 많은 오해를 해소하기 위해 이 책을 썼다. 그러나 글을 쓰기 시작하면서 산업이 얼마나 빠르게 변하고 있는지 깨닫고 모든 변화를 따라잡기란 도무지 말이 안 되는 일이라는 판단이 섰다.

독자만큼 많은 것을 배우는 과정이었다. 글을 쓰기 시작할 때 알고 있는 것만 썼더라면 범위는 훨씬 좁아졌을 것이다. 그래서 블록체인 산업의 전문가 커뮤니티의 도움을 받았다. 새로운 지식은 문제를 해결하는 예시로 활용하고자 했다.

요약

블록체인을 통해 계약을 종이에서 코드로 옮겨 신뢰를 높이고 탈중앙화하는 시스템을 구축할 수 있다. 언젠가는 수백만 블록체인이 작동해서 여러 종류의 데이터 구조를 나타낼 가능성이 있다.

이제 블록체인을 활용해 현실의 문제를 해결할 차례다.

찾아보기

ㅈ

ㅎ

A

B

U

V

W

Z

숫자

마스터링 블록체인

블록체인 기술과 암호화폐 생태계 이해

발 행 | 2023년 6월 30일

옮긴이 | 반 장 현 · 유 동 민
지은이 | 론 랜츠 · 다니엘 코위리

펴낸이 | 권 성 준
편집장 | 황 영 주
편 집 | 김 진 아
임 지 원
디자인 | 윤 서 빈

에이콘출판주식회사
서울특별시 양천구 국회대로 287 (목동)
전화 02-2653-7600, 팩스 02-2653-0433
www.acornpub.co.kr / editor@acornpub.co.kr

ISBN 979-11-6175-764-3
http://www.acornpub.co.kr/book/master-blockchain

책값은 뒤표지에 있습니다.